古籍校注叢刊

陳福成注

武經七書新註

——中國文明文化富國強兵精要

文史哲出版社印行

國家圖書館出版品預行編目資料

武經七書新註：中國文明文化富國強兵精要 /
陳福成注 -- 初版 -- 臺北市：文史哲
出版社, 民 111.08
頁； 公分. --（古籍校注叢刊；2）
ISBN 978-986-314-616-2（平裝）

1.CST：兵法 2.CST：中國

592.09 111013995

古籍校注叢刊 2

武經七書新註

中國文明文化富國強兵精要

注　者：陳　福　成
出版者：文史哲出版社
http:// www.lapen.com.tw
e-mail：lapen@ms74.hinet.net
登記證字號：行政院新聞局版臺業字五三三七號
發行人：彭　正　雄
發行所：文史哲出版社
印刷者：文史哲出版社
臺北市羅斯福路一段七十二巷四號
郵政劃撥帳號：一六一八〇一七五
電話886-2-23511028・傳真886-2-23965656
定價新臺幣五四〇元
二〇二二年（民一一一）八月初版

ISBN 978-986-314-616-2 19212

序：關於《武經七書》

《孫子兵法》、《吳起兵法》、《尉繚子兵法》、《姜太公兵法》、《李衛公問對》、《黃石公兵法》、《司馬穰苴兵法》。這是我國歷史上最著名的七本兵書，不是單純的兵法、兵學之作，甚至是中國文明文化之精華和源頭。因為這七本兵法名著，內容所述，實際上包含中國之哲學、政治、思想、乃至社會之學。

北宋神宗元豐六年(一〇八三年)，皇帝下詔，編訂吾國第一本軍事教科書，經當時學者專家研究，以上七本兵書被納編成《武經七書》。在有宋一朝，都是軍職人員，中高階以上的重要教本和讀物。

之後的千年間，神宗版不知在何時早已不存。流傳下來的，是南宋孝宗版。又數百年後，到清朝末年，僅存的一本孝宗版，典藏在「陸心源釙宋樓」。

不幸，一九〇七年被倭鬼岩崎彌之助竊走，藏在東京「靜嘉堂」。又二十八年後，上海「涵芬樓」取得岩崎影印本，《武經七書》才在《續古逸叢書》中，重新在中國社會流傳至今。

《武經七書》的核心內涵，就是富國強兵。當時序進入二十一世紀，因中國的崛起，我「中國夢」實現之際，國際局勢詭譎，百年來中國人所期許的富國強兵，使西方更加恐懼。就讓這些已歷五千年的兵法智慧，營養現代中國人，足以應付所有西方霸權之挑釁，乃至與戰敗之。順帶一說，本書作者放棄此書註釋著財權，歡迎廣為印製。贈於中華民族文化公共財，在神州大地廣為流傳，滋養生生世世的炎黃子孫，是吾至願。

台北公館蟾蜍山　萬盛草堂主人**陳福成**　誌於

佛曆二五六五年　西元二〇二二年五月

武經七書新註：中國文明文化富國強兵精要

目次

第一部　孫子兵法

孫武是齊國（今之山東）人，春秋時代末期，出任吳國（今之蘇州附近）王闔閭（前五一四—前四九六在任）的將軍。

關於孫子的事蹟略傳，在《史記》卷六十五〈孫子吳起列傳第五〉有記載。另在《荀子》、《國語》、《韓非子》、《吳越春秋》、《越絕書》、《東周列國志》等，均有所略述，現代學者也有不少研究，不再贅述其生平。

孫子的遠祖是大舜，舜的後代胡公在周朝封為陳侯，陳公子完，流亡到齊國，改名田完，他的五世孫田書為齊國大夫，齊景公賜姓孫，書子名馮。孫馮的兒子便是大兵法家、百代談兵之鼻祖、兵聖孫武，其傳世有《孫子兵法》十三篇。

《孫子兵法》在歷史上稱《孫子十三篇》，或簡稱《孫子》，亦稱《孫武子》。十三篇分別是：始計、作戰、謀攻、軍形、兵勢、虛實、軍爭、九變、行軍、地形、九地、火攻、用間。脈絡一貫、體系完整，為世界兵學之寶典。

第一章 始計篇第一

【原典】

孫子曰：兵者，國之大事，死生之地，存亡之道，不可不察也。故經之以五事，校之以計，而索其情，一曰道，二曰天，三曰地，四曰將，五曰法。（註一）道者，令民與上同意，可與之死，可與之生，而不畏危也。（註二）天者，陰陽、寒暑、時制也。地者，遠近、險易、廣狹、死生也。（註三）將者，智、信、仁、勇、嚴也。法者，曲制、官道、主用也。（註四）凡此五者，將莫不聞，知之者勝，不知之者不勝。故校之以計，而索其情。曰：主孰有道，將孰有能，天地孰得，法令孰行，兵眾孰強，士卒孰練，賞罰孰明，吾以此知勝負矣。將聽吾計，用之必勝，留之；將不聽吾計，用之必敗，去之。（註五）計利以聽，乃為之勢，以佐其外；勢者，因利而制權也。（註六）

兵者，詭道也。故能而示之不能，用而示之不用，近而示之遠，遠而示之近。利而誘之，亂而取之，實而備之，強而避之，怒而撓之，卑而驕之，佚而勞之，親而離之。攻其不備，出其不意，此兵家之勝，不可先傳也。（註七）

夫未戰而廟算勝者，得算多也；未戰而廟算不勝者，得算少也；多算勝，少算不勝，而況無算乎？吾以此觀之，勝負見矣。（註八）

註釋

註一 經理這五件大事，要經由核算來比較，透過事實來探求。道是思想，地是空間，將是精神，法是紀律。所要計較核算的，不外這五方面之事。

註二 「令民與上同意，可與之死，可與之生。」是使人民與國家（政府）之意志一致，可以為國家拋頭顱、灑熱血，而不畏危險，這就是道。要達到這種境界，有兩種途徑。第一是經由政治和政策手段，長期透過教育，可以統一「全民意志」，達成「令民對上同意」。第二是經由民族文化的深化，內化成全體軍民的文化信仰，便能令民與上同意，為國家民族而犧牲，不畏任何危險。

註三　「天者……時制也。地者……死生也。」指時間對機動力的限制，而空間（地形、地略）則決定了生死的全般情勢。時間的考量範圍很多，如晝夜陰晴、季節氣候等；空間更複雜，簡言之，有地形、地物、地略。

註四　為將必須具備智慧、威信、仁愛、英勇、嚴肅等五種精神和性格。法，包含組織制度、人事紀律、財務主計。

註五　事前從七件事就能得知勝敗：誰的統帥能團結軍民意志？誰的將領有才能？誰得天時與地利？誰的法令能貫徹執行？誰的軍隊戰力強？誰的部隊訓練有素？誰能賞罰嚴明？誰明白這個道理，作戰必勝，就留用；不懂這個道理的將軍，打仗必敗，就解去其職。

孫子有「將在外，君命有所不從。」何種狀況下才「君命有所不從」，是一門藝術，君也必須是「明君」。聽，是接受的意思。

註六　經比較敵我利害關係，再令部隊聽從接受，這就形成了對敵作戰的有利態勢，再採取外線作戰的輔助。而所謂「勢」，是根於我之利益所在，採行權宜措施，掌握變化，相機進行機動。

註七　兵者，詭道也。「詭道」是一種難以言說的奧妙，不能以合法或非法論之，其妙存乎一心。從「能而示之不能……親而離之。」都是刻意操作，意在迷惑對方。這是兵家取勝之道，變化之妙，不可能事先得知其秘訣。

註八 古代軍隊作戰前，先在宗廟裡策訂全般計畫（國防計畫），稱「廟算」，這始計篇三百四十一字，就是國防計畫（類似美國的國家安全政策）。計畫精詳可以打勝仗，不精詳不能打勝仗，何況計畫也沒有！由這途徑觀察，勝敗是可以事先預見！

第二章　作戰篇第二

【原典】

孫子曰：凡用兵之法，馳車千駟，革車千乘，帶甲十萬；千里饋糧，則內外之費賓客之用，膠漆之材，車甲之奉，日費千金，然後十萬之師舉矣。（註一）

其用戰也貴勝，久則鈍兵挫銳，攻城則力屈，久暴師則國用不足。（註二）夫鈍兵，挫銳，屈力，殫貨，則諸侯乘其弊而起，雖有智者，不能善其後矣。故兵聞拙速，未睹巧之久也；夫兵久而國利者，未之有也。（註三）

故不盡知用兵之害者，則不能盡知用兵之利也。善用兵者，役不再籍，糧不三載，取用于國，因糧于敵，故軍食可足也。（註四）國之貧于師者遠輸，遠輸則百姓貧，近于師者貴賣，貴賣則百姓財竭，財竭則急於丘役。力屈、財殫，中原內虛于家，百姓之費，十去其七，

公家之費，破軍罷馬，甲冑矢弩，戟楯蔽櫓，丘牛大車，十去其六。（註五）

故智將務食于敵。食敵一鍾，當吾二十鍾，𦮼稈一石，當我廿石。故殺敵者怒也，取敵之利者貨也。（註六）故車戰，得車十乘以上，賞其先得者，而更其旌旗，車雜而乘之，卒善而養之，是謂勝敵而益強。（註七）

故兵貴勝，不貴久；故知兵之將，民之司命，國家安危之主也。（註八）

註釋

註一　「馳車」和「革車」，都是古代軍車名稱。「馳」者乘也，一車四馬駕，所以「乘」也叫馴。饋是運輸補給，內外之資是軍隊在國內外的費用，賓客之用是外交或情報等費用。古代兵器弓矢甲楯等，多以膠漆塗之，故曰「膠漆之材」。軍隊作戰耗損極大，十萬軍出征，日費千金，形容軍費之多。

註二　大軍作戰以取勝為第一要務。戰爭久拖，武器裝備日趨損壞，軍隊疲憊，士氣低落，攻堅又耗損戰力。長年爭戰，必使國家財政困乏。

註三　「鈍兵、挫銳、屈力、殫貨」，鄰近敵國會乘機入侵，雖有智謀之主帥，也不能善後。所以「兵聞拙速」，就是速戰速決，「拙」是指平常的道理。戰爭拖延太久，說對國家有利，是絕不可能的。

註四　役是兵役，籍是動員召集，「役不再籍」，是常備軍最好動員一次，就解決了戰事。後勤補給大部從本國補充，但糧秣則可從敵國取用，軍食才能不虞匱乏。要澈底了解用兵之害，才能澈底了解用兵之利益。

註五　師者，用兵也。貴賣是物價高漲，「近于師」是軍隊集中附近百姓，因物價高而生活困難，故曰「百姓財竭」。「丘牛大車」是輜重革車，「破車罷馬」指作戰的馳車。周朝的井田制度，八家為井，四井為邑，四邑為丘，四丘為甸，賦役之事，都是以丘甸為徵發單位。這段講國家長年對外用兵，必造成財政枯竭，又急於加強增稅，人民生活困苦。總之，因戰事久拖，軍費平均都在國家總收入的六、七成以上，影響人民生計和國家財政很大。

註六　「鐘」是春秋時代齊國的一種容器。「萁」，ㄐㄧ音，豆萁也，「稈」，禾稈也，均為牛馬飼料或燃料。古代交通不便，千里饋糧，運費約為糧價的廿倍，所以才主張「因糧于敵」。

除了「因糧以敵」，「取敵之利者，貨也……是謂勝敵而益強。」也主張將敵之武器、裝備、車輛等，奪取為我軍之用，才是取勝之道。

註八　戰爭以取勝為第一要務，不貴持久。懂得用兵的將帥，他掌握民族的生命，也是國家安危的主宰。

本篇是動員計畫，三百四十九字。就一般作戰而言，「兵貴勝，不貴久」是王道，久拖總是不利。

第三章　謀攻篇第三

【原典】

孫子曰：凡用兵之法，全國為上，破國次之；全旅為上，破旅次之；全卒為上，破卒次之；全伍為上，破伍次之。是故百戰百勝，非善之善者也；不戰而屈人之兵，善之善者也。（註一）

故上兵伐謀，其次伐交，其次伐兵，其下攻城。攻城之法，為不得已；修櫓轒轀，具器械，三月而後成；距闉，又三月而後已；將不勝其忿，殺士卒三分之一，而城不拔者，此攻之災也。（註二）

故善用兵者，屈人之兵，而非戰也；拔人之城，而非攻也；毀人之國，而非久也。必以全爭于天下，故兵不頓，利可全，此謀攻之法也。（註三）故用兵之法，十則圍之，五則攻之，倍則分之，敵則能戰之，少則能守之，不若則能避之。故小敵之堅，大敵之擒也。（註四）

夫將者，國之輔也。輔周則國必強，輔隙則國必弱。（註五）故軍之所以患于君者三：不知三軍之不可以進，而謂之進；不知三軍之不可以退，而謂之退，是謂縻軍。不知三軍之事，而同三軍之政，則軍士惑矣。不知三軍之權，而同三軍之任，則軍士疑矣。三軍既惑且疑，則諸侯之難至矣，是謂亂軍引勝。（註六）

故知勝者有五：知可以戰與不可以戰者勝，識眾寡之用者勝，上下同欲者勝，以虞待不虞者勝，將能而君不御者勝；此五者，知勝之道也。（註七）

故曰：知彼知己，百戰不殆；不知彼而知己，一勝一負；不知彼，不知己，每戰必敗。（註八）

註釋

註一　全，是保全。破，破壞。全和破都指我軍而言。我國周朝軍制，天子六軍，大國三軍，小國二或一軍。每一軍是一萬二千五百人，一旅是五百人，一卒有百人，一伍有五人。

這段意思說：戰爭之法則，用兵之道，以保全自己國家和軍隊為上策，不得已戰爭受到傷亡是下策。百戰百勝，稱不上最好；不戰而能降服敵人，才是最好最高明的。

註二 上兵，是最高明的戰略。「伐」是採取某種主動積極作為，以爭取或攻擊所要目標。櫓是一種大楯，可防矢石，轒ㄈㄣ音，轀ㄨㄣ音，是一種攻城用的車。「距闉」是攻城時所修建的陣地工事，如地道、碉堡等工事之總稱。

註三 最高明的戰略，是以謀略取勝，從外交手段取勝也可以，其次是野戰，下策是直接攻城。攻城是不得已的，武器裝備的準備很耗時，將帥不勝其煩怒，攻城死傷三分之一以上兵力，真是災難啊！

註四 所以善於用兵的將帥，不用打仗而能降服敵人，不用攻堅而能奪人之城，要亡人之國也是速戰速決。是故，要從政、軍、經、心全方位進行鬪爭，才能爭取天下，而不勞頓兵力，可獲全利之目的，這就是國家大戰略（政略、謀略）之大法。

註五 至於野戰戰略，用兵之法，有十倍絕對優勢兵力可以包殲敵人，五倍可採攻勢消滅敵人，一倍兵力就分兵擊之，敵我同等兵力要出奇制勝，兵力少採守勢，兵力弱要避免決戰。如果是弱勢兵力，又固執不靈活，就要成為敵人的俘虜了！

註五 國家的軍事將帥，是國之棟樑，將帥健全，國家必定強盛；將帥不健全，國家必定衰弱。

註六 有三種元首對國家有害：不懂軍隊之不可進軍，而硬令軍隊進軍，不懂軍隊之不可退軍，而硬令退軍，會使軍隊錯亂，進退失據，這是「縻軍」。不懂軍政而干涉，使軍中迷惑，無所適從。不懂軍中的權宜應變，硬要干涉指揮，造成軍令紊亂。如是，則軍心疑惑，軍政錯亂，敵國就會乘隙入侵，這就是自我紊亂，引敵致勝。

註七　可以從五方面判斷，預知戰爭的勝利：(一)能看清狀況態勢，知道可以打，或不可打的，勝利。(二)知道兵力多與少如何用法的，勝利。(三)軍隊上下，同心團結，勝利。(四)我有充分準備，而敵無備，勝利。(五)將帥有能力，而國家元首不干涉牽制，勝利。這五個條件，是預知勝利的規律。

註八　所以：了解敵人，也了解自己，可以百戰不危；不了解敵人，只了解自己，或勝或敗；不了解敵人，又不了解自己，那是每戰必敗了。

本篇四百三十三字，類似現代的國家戰略，包含大戰略、軍事戰略、野略和政略。

孫子講「知彼知己，百戰不殆」，一般常錯引為「知彼知己，百戰百勝。」知彼知己，只能作到不敗，不可能必勝。

第四章　軍形篇第四

【原典】

孫子曰：昔之善戰者，先為不可勝，以待敵之可勝。不可勝在己，可勝在敵。故善戰者，能為不可勝，不能使敵必可勝。故曰：勝可知，而不可為。（註一）

不可勝者，守也；可勝者，攻也。守則不足，攻則有餘。善守者，藏于九地之下；善攻者，動于九天之上。故能自保而全勝也。（註二）

見勝，不過眾人之所知，非善之善者也。戰勝，而天下曰善，非善之善者也。故舉秋毫，不為多力；見日月，不為明目；聞雷霆，不為聰耳。（註三）

古之善戰者，勝于易勝者；故善戰者之勝也，無智名，無勇功。故其戰勝不忒，不忒者，其措必勝，勝已敗者也。（註四）故善戰者，

立于不敗之地，而不失敵之敗也。是故勝兵先勝，而後求戰；敗兵先戰，而後求勝。（註五）

善用兵者，修道而保法，故能為勝敗之政。兵法：「一曰度，二曰量，三曰數，四曰稱，五曰勝。地生度，度生量，量生數，數生稱，稱生勝。」故勝兵若以鎰稱銖，敗兵若以銖稱鎰。勝者之戰，若決積水于千仞之谿者，形也。（註六）

註釋

註一 「先為不可勝」，先使自己處於不敗之地，使敵無可勝之隙，不能取勝于我。

「以待敵之可勝」，乘敵之敗形出現而勝之。

「不可勝，在己，可勝在敵」，使自己立於不敗之地，其道在己；乘敵有隙而敗之，其機在敵。

「善戰者，能為不可勝，不能使敵必可勝」，部署我軍立於不敗之地，其權操之在我，故說「能為不可勝」；反之，欲乘敵有隙而攻之，其機在敵，其敗形未露，不能強其必勝，故說「不能使敵必可勝」。

「勝可知，而不可為」，自己有制勝之形，故「可知」，敵無可乘之機，故不能「強為之」也。

註二　使敵人不能勝我，是守勢作戰的事；要戰勝敵人，則要採攻勢作戰。防守會有兵力不足的感覺，攻擊則感到兵力有餘。善於防守者，能將戰力遁藏於九地深淵；善攻者，能像天兵下降。誠如是，防守時可保無虞，攻擊時可大獲全勝。

註三　「見勝，不過眾人之所知，非善之善者也。」敵已敗形，勝利已可見，這種勝利，不是最高明的勝利，因為庸將也能取勝。「戰勝而天下曰善，非善之善者也。」力戰而勝，必有傷亡，雖天下人都叫好，也非至善！能舉秋毫不能自誇有力，能見日月不能說眼力好，能聽到打雷也不能自誇耳聰。用兵亦然，敵之敗形已成，雖庸將也能取勝，豈能說是善戰者！

註四　「勝于易勝」，勝於無形，平常人都不可見、不理解，所以也「無智名、無勇功」。

註五　「忒」ㄊㄜ音，誤也，失也。「戰勝不忒」，善戰者的勝利，完美無缺，因為他的完善部署，又能補捉敵之敗形，已操必勝之算故也。善於作戰的人，都是先使自己立於不敗之地，才能捕捉到敵人敗象的機會。所以戰勝者，都是先已創造出必勝的條件，才尋求與敵開戰；而失敗者，總是沒有好好準備，只抱著僥倖心理，想碰運氣，就上戰場打仗，豈有不敗之理！

註六

本篇〈始計篇〉，道、天、地、將、法五事之申論，依五事計算「勝敗之政」。度是判斷，量是部署，數是人力物力的數量，稱是比較核算，勝是勝敵。

「地生度」，依地形之遠近、險易等作判斷。

「度生量」，根據地形判斷，決定作戰部署。

「量生數」，根據作戰部署，決定兵力火力等數量。

「數生稱」，比較敵我戰力數量之因素。

「稱生勝」，經以上準備和策訂之戰略，廟算已先勝。

「鎰」是古代度量衡之名，一鎰約等於廿兩。「銖」約是一兩的廿四分之一，其相差約有四百八十倍，這是形容輕重、大小、強弱等之懸殊也。「以鎰稱銖」，引申於作戰時兵力之運用，必須集中絕對優勢之兵火力，指向敵最弱之部，一舉全殲敵之有生力量，以取得全面勝利。反之，敗兵如「以銖稱鎰」，絕對弱勢面對絕對強勢，豈不死路一條。

「仞」是古代長度單位，一仞約是八尺，千仞就是八千尺。「勝者之戰，若決積水于千仞之谿者，形也。」勝利者之所以勝利，因其絕對優勢之強大力量，如水從八千尺高的地方衝擊下來，敵人不能抗拒，這是在形（戰略態勢）上已決定是必勝的。

本篇三百一十二字，講的約是現代之軍事戰略和野略，「軍形」，即部隊戰守之形，優劣之形勢、強弱之形勢等。

第五章　兵勢篇第五

【原典】

孫子曰：凡治眾如治寡，分數是也。鬥眾如鬥寡，形名是也。三軍之眾，可使必受敵而無敗者，奇正是也，兵之所加，如以碫投卵者，虛實是也。（註一）

凡戰者，以正合，以奇勝。故善出奇者，無窮如天地，不竭如江河，終而復始，日月是也；死而復生，四時是也。（註二）聲不過五，五聲之變，不可勝聽也。色不過五，五色之變，不可勝觀也。味不過五，五味之變，不可勝嘗也。戰勢不過奇正，奇正之變，不可勝窮也。奇正相生，如循環之無端，孰能窮之哉！（註三）

激水之疾，至于漂石者，勢也；鷙鳥之疾，至于毀折者，節也。是故善戰者，其勢險，其節短，勢如張弩，節如機發。（註四）紛紛紜紜，鬥亂，而不可亂也。渾渾沌沌，形圓，而不可敗也。（註五）亂生于治，怯生于勇，弱生于強。治亂，數也。勇怯，勢也。強弱，形也。（註六）故善動敵者，形之，敵必從之；予之，敵必取之；以利動之，以實待之。（註七）

故善戰者，求之于勢，不責于人，故能擇人而任勢；任勢者，其戰人也，如轉木石。木石之性，安則靜，危則動，方則止，圓則行。故善戰人之勢，如轉圓石于千仞之山者，勢也。（註八）

註釋

註一　治，管理。分數，編組。旌旗曰「形」，金鼓曰「名」，形名就是號令。「鬥」字，指的是部隊在作戰時的指揮管制等。管理眾多部隊和管理少數一樣，這是編組的問題。指揮大部隊作戰和指揮小部隊一樣，這是號令的問題。三軍之眾，敵人來攻而能不敗，這是奇正運用的問題。我用兵攻擊敵人，能以石擊卵，這是因為以我之實，擊敵之虛也。

註二　兵法上常說的「奇正」，「正」，以正規之方法，部署有利戰略態勢，與敵合戰。「奇」，出敵之不意，非常之手段，出敵意表，而不失敵敗亡之機也。

註三 善出奇兵的人，如天地變化無窮，如江河奔流不息，終而復始，如日月循環，如四季輪迴，死而復生，都是形容出奇（創意）之無窮。五聲、五色、五味，都是「正」，但聲、色、味都能有無窮變化，這就是「奇」。戰爭之形勢也同理，奇正變化可以無窮盡，如循環的道理一樣，是可以永無止境的。

註四 水從高地往下冲，速度飛快，能冲漂石頭，這是形勢所造成。老鷹從高空衝下來，能毀折小鳥骨翼，這是善於調節遠近，一鼓作氣的力量。所以善於作戰的人明白這種道理，其氣勢之險，強如張弩，敵人不能抵擋；而其節奏如發機，敵人不能避免。

註五 「紛紛紜紜」，形容在戰鬥狀態中，旗幟紛亂的現象，但有分數形名管控其行動，可以不亂。「渾渾沌沌」，形容作戰狀態中，行列看似不整齊，陣形由方變圓時，指揮得宜，又可不敗。

註六 「亂生于治，怯生于勇，弱生于強。」亂由治生，非真亂；怯由勇生，非真怯；弱由強生，非真弱，都是奇兵之用，故意示弱示怯，迷惑敵人。

「數」是軍隊的組織方式，為治亂之根源。「勢」是破敵的藝術，為勇怯之根本。「形」是兵力部署，為強弱之分岐點。治、勇、強三者，是奇正之根本，亂、怯、弱三者，是奇正之妙用。

註七　所以善於欺敵的指揮者，能立於主動地位，使敵人追隨我之意志，出現亂怯弱之敗象，中我利誘之計，然後以我之治勇強實待之。

註八　「求之于勢，不責于人。」善於作戰、有能力的將領，懂得用兵之道，能在開戰前佈出有利的戰略態勢，不苛求各級幹部；換言之，下級部屬如果不能發揮最大戰力，是因為將領本身的能力不足。所以良將能用人所長，造成有利態勢，以有利態勢對敵作戰，如轉動木石，在平地靜止，險斜地滾動。善於對敵作戰的將領，部署有利態勢，如石頭從高處滾下，這就是致勝的形勢。

兵勢篇三百四十三字，講的是戰爭藝術，既然是「藝術」，就是要發揮創意，正是所謂聲不過五，但可變化無窮；萬變亦不離其宗，就是要創造可以勝敵的有利形勢，這是古今不易之道理。

第六章 虛實篇第六

【原典】

孫子曰：凡先處戰地而待敵者佚，後處戰地而趨戰者勞。故善戰者，致人而不致于人。能使敵人自至者，利之也；能使敵不得至者，害之也。故敵佚能勞之，飽能飢之，安能動之。（註一）

出其所不趨，趨其所不意；行千里而不勞者，行于無人之地也；攻而必取者，攻其所不守也；守而必固者，守其所不攻也。故善攻者，敵不知其所守；善守者，敵不知其所攻。（註二）微乎微乎！至于無形；神乎神乎！至于無聲，故能為敵之司命。進而不可御者，衝其虛也；退而不可追者，速而不可及也。（註三）故我欲戰，敵雖高壘深溝，不得不與我戰者，攻其所必救也；我不欲戰，雖劃地而守之，敵不得與我戰者，乘其所之也。（註四）

故形人而我無形，則我專而敵分，我專為一，敵分為十，是以十攻其一也。則我眾而敵寡，能以眾擊寡者，則我之所與戰者，約矣。（註五）

吾所與戰之地不可知，不可知，則敵所備者多，敵所備者多，則我所與戰者寡矣。（註六）故備前則後寡，備後則前寡，備左則右寡，備右則左寡，無所不備，則無所不寡。寡者，備人者也；眾者，使人備己者也。（註七）

故知戰之地，知戰之日，則可千里而會戰。不知戰地，不知戰日，則左不能救右，右不能救左，前不能救後，後不能救前，而況遠者數十里，近者數里乎？以吾度之，越人之兵雖多，亦奚益于勝哉？故曰：勝可為也。敵雖眾，可使無鬥。（註八）

故策之而知得失之計，作之而知動靜之理，形之而知死生之地，角之而知有餘不足之處。（註九）故形兵之極，至于無形；無形，則深間不能窺，智者不能謀。因形而措勝于眾，眾不能知。人皆知我所以勝之形，而莫知吾所以制勝之形；故其戰勝不復，而應形於無窮。（註十）

夫兵形象水，水之形，避高而趨下；兵之形，避實而擊虛；水因地而制流，兵因敵而制勝。故兵無常勢，水無常形，能因敵變化而取勝者，謂之神。故五行無常勝，四時無常位，日有短長，月有死生。（註十一）

註釋

註一　「佚」是安詳有利的地位，「勞」是疲勞不利的地位。「致人而不致于人」，主動制敵而不受制於敵，先處戰地，可先掌握主動權。先到戰地整備可處於安全有利的地位，後到戰地倉促應戰便是疲勞不利。所以善戰的人，能主動制敵，而不受制於敵。敵人會來是受利益引誘，敵人不敢來是因來了有害。敵欲休息，要設法疲勞他；敵欲溫飽，設法使他饑餓，敵要安閒就讓他勞動。

註二　向敵人不注意的地方進攻，攻其所不意。能行軍千里而不疲勞，是敵人不能發現。攻而必得勝，是攻敵之虛。防守能夠鞏固，因我陣地險要，敵不敢來攻。善攻者，敵不知道怎樣守；善守者，敵不知道怎樣攻，因主動權被我掌控。

註三　微妙啊！至於無形，敵人看不到我軍行動，神奇啊！至於無聲，敵人什麼也聽不到，敵之命脈被我軍所掌握。我要前進敵人無法抵禦，因我軍攻其虛弱；我要後退敵人不能追，因我快速而敵來不及反應。

註四　我軍要與敵作戰，敵雖躲在高壘深溝中，仍被迫與我出戰，因我攻其所必救；我軍不想戰，雖畫地而守，敵人也不來攻，因在別的方面被我軍牽制了。

註五　「形人」，我軍透過某種手段（如佯動、虛張聲勢），使敵人暴露其兵力部署或弱點。「約」，我軍所收戰果，合乎兵力節約原則。我虛張聲勢，使敵人暴露弱點；而我深藏不露，敵不知我虛實。如此，我可集中兵力，而敵分散，我集為一，敵分為十，是我以十打一，以眾擊寡，收最大戰果，這叫做「約」，節約是也！

註六　我軍要與敵交戰的地方，不能讓敵人知道，敵要防備的地方就多，防備之處多，用來與我軍作戰的兵力，必然就減少了。

註七　這是兵力部署的基本原理。兵力放在前面防備，後面的兵力就薄弱；用在後面防備，前面弱了；左邊防備，右邊弱了；右邊防備，左邊亦弱；處處都有兵力防備，就處處都兵力薄弱。為什麼會兵力不足？是因為被動的去處處防備敵人所造成。兵力之所以能保持優勢，是掌握主動使敵備己所形成的。

註八　這段說明會戰時，時間和空間配合的要領。為將者知與敵會戰之地，又知會戰之日，則可千里會戰；反之，為將者不知戰地與戰日，則左不能救右，右不能救左，何況更遠！按此分析，越國雖兵多，也不能取勝我吳國。所以說：勝利是可以造成的，敵兵雖多，可使他無法同我們作戰。

（另註：孫子講這段話時，身份正在吳國任將軍，所以越不能勝吳。但後來孫子離開吳國，越國攻打吳國，吳王夫差自殺，吳亡，這是著名的「勾踐復國」的故事，也反映兵法家的重要。）

註九　依據發現的敵情做判斷，才能得知利害缺失；敵情必須深入偵察，才能知其動靜原因；有時進行威力搜索或局部戰鬥，探求敵我之間的險易虛實。

註十　「形兵之極」，指戰爭的千變萬化，使敵人看不到、不知道，如「無形」之存在。「因形而措勝于眾，眾不能知」，看破戰機，取勝於敵，眾人並不知道我之戰法。

「人皆知我所以勝之形，而莫知吾所以制勝之形。」人們知我軍打了勝仗，而不知道打勝仗用了什麼樣的戰法。「故其戰勝不復，而應形于無窮。」所以，打勝仗的方法，從來不做第二次用，而是要做到千變萬化。

註十一　所以戰爭形態就如水，水的形態是高處往下奔流，戰爭法則，不外避實擊虛。水流會因地形改變方向，作戰亦因敵情改變取勝的方法。所以說戰爭沒有固定的形勢，如水之沒有固定形態，能根據敵情變化而取勝，其用兵就可以叫「神」了。

五行相剋相生，不分誰勝；四時相互輪接，沒有固定，日光有長短，月有圓缺。自然現象變動不居，用兵亦然，不可拘泥於原理原則。本篇六百零八字，講的是機動戰、游擊戰或革命戰法，核心旨意在「致人而不致于人」，如何掌控戰爭之主動權，而不為敵人所支配。

第七章 軍爭篇第七

【原典】

孫子曰：凡用兵之法，將受命于君，合軍聚眾，交和而舍，莫難于軍爭。軍爭之難者，以迂為直，以患為利。故迂其途，而誘之以利，後人發，先人至，此知迂直之計者也。故軍爭為利，軍爭為危。（註一）

舉軍而爭利，則不及；委軍而爭利，則輜重捐。（註二）是故卷甲而趨，日夜不處，倍道兼行，百里而爭利，則擒三將軍，勁者先，疲者後，其法十一而至；五十里而爭，則蹶上將軍，其法半至；卅里而爭利，則三分之二至。（註三）是故軍無輜重則亡，無糧食則亡，無委積則亡。故不知諸侯之謀者，不能豫交；不知山林、險阻、沮澤之形者，不能行軍。不用鄉導者，不能得地利。（註四）

故兵以詐立，以利動，以分和為變者也。故其疾如風，其徐如林，侵掠如火，不動如山，難知如陰，動如雷霆。掠鄉分眾，廓地分利，懸權而動，先知迂直之計者勝，此軍爭之法也。（註五）

軍政曰：「言不相聞，故為金鼓；視而不見，故為旌旗。」夫金鼓旌旗者，所以一人之耳目也；人既專一，則勇者不得獨進，怯者不得獨退，此用眾之法也。故夜戰多火鼓，晝戰多旌旗，所以變人之耳目也。（註六）

故三軍可奪氣，將軍可奪心。是故朝氣銳，晝氣惰，暮氣歸。故善用兵者，避其銳氣，擊其惰歸，此治氣者也。以治待亂，以靜待譁，此治心者也。以近待遠，以佚待勞，以飽待飢，此治力者也。（註七）

無邀正正之旗，無擊堂堂之陣，此治變者也；故用兵之法，高陵勿向，背邱勿逆，佯北勿從，銳卒勿攻，餌兵勿食，歸師勿遏，圍師必闕，窮寇勿迫，此用兵之法也。（註八）

註釋

註一　「合軍聚眾，交和而舍」，從軍隊動員開始，組成大軍，開到前線宿營，準備與敵作戰。「軍爭」就是作戰目標，「以迂為直」是採取間接路線，「以患為利」是從患害中檢討出有利的方向。

註二　用兵之法，從將帥受命開始動員軍隊，組成大軍，開到前線宿營，準備與敵作戰，最難是決定作戰目標。作戰目標之所以難於決定，是因為要採行間接路線，從患害中檢討出有利條件。刻意行迂遠之路，誘敵以利，出其不意。所以我軍可後發而先得制敵之利，這就是以迂為直的策略。爭取作戰目標，是為了勝利，也是很危險的事。「舉軍」，所有作戰所需之武器、裝備、彈藥、兵馬糧草輜重等，全都攜行，則會拖累行軍速度。「委軍」，各項輜重等，部分先留置後方，有時如同丟掉一樣的用不上。所以部隊行軍作戰，「攜行量」多少？古今以來都是一門學問。

註三　「卷甲而趨」輕裝急行軍，日夜不休息，加倍行軍，趕到百里外去與敵作戰，戰力強的先到，疲憊者後到，結果只有十分之一人馬，趕到戰場，倉促應戰，只有吃敗仗，將帥都有被俘的可能。如果趕到五十里去應戰，有半數人馬趕到戰場，先遣部隊仍可能失敗。而趕三十里去應戰，有三分之二兵力可投入戰場。

註四　所以軍隊沒有後勤輜重不能生存，沒有糧食不能生存，沒有武器裝備也不能生存。凡不了解國際情勢，不能運用外交；不了解戰場地理險要、沮澤形勢者，不能行軍作戰；不用當地鄉民作引導，不能得到地理上的有利運用。

註五　「兵以詐立」，戰場上用兵，都不外用詭詐方法以誤敵。「掠鄉分眾」是因糧于敵，「廓地分利」類似今之戰地政務工作，「懸權而動」乃著眼全局，「權」，稱也，懸稱其輕重為行動準則。
作戰不外用詐欺敵，以利誘敵而有隙可乘，再來分合應敵，極奇正之變。所以軍事行動，快如風、緩如林，攻敵如火燒，靜止又如山，難知如陰藏，行動如雷霆。佔領敵區進行戰地政務工作，因糧于敵，利益分賞部眾，再權宜輕重，策訂爾後行動。凡是先知道運用間接路線，就能取勝，這是爭取作戰目標的最好方法。

註六　「軍政」是古代兵書。「金鼓、旌旗」是古代作戰時，指揮、管制、通信、連絡的重要方法。「一人之耳目」是統一律定部隊行動，「人既專一」乃號令齊一。「變人之耳目」，所以加強軍隊中「指、管、通、連」運用的訓練。

註七　本段說明作戰的三大目標，即軍爭之三大目的：(一)「奪氣」，挫敗敵軍之士氣。(二)「奪心」，挫敗敵軍將帥的作戰意志。(三)「治力」，打擊敵人之有生力量。所謂朝氣、暮氣、晝氣，是舉一日始末為比喻，並非直指時間。
所以善用兵者，要避開敵之朝氣，乘其疲憊時進攻，這是掌握士氣的方法。紀律嚴明，指揮若定，是培養指揮官心志定力的方法。以近待遠，以佚待勞，以飽待飢，是培養戰力的方法。針對這三大目標的努力，能挫敗敵人士氣，挫敗敵軍將帥意志，打擊敵人之有生力量。

註八 「治變」，因應敵之變化所採取之行動。「高陵勿向」，敵居高地，不要仰攻。「背邱勿逆」，敵居高臨下而來，不可迎戰。敵軍嚴整攻來，切莫作正面直接攻擊，要因應變化而出擊。所以用兵之以，敵據高地不要仰攻，敵從高處攻來不可迎敵。佯敗之敵不要去追擊，朝氣旺者不可攻，誘我之兵不可取，要歸去之敵不要阻止，包圍敵人要留下缺口（誘其外出、設法殲滅），窮敵不要再壓迫，他會全力反噬。這些都是在爭取作戰目標時，因應敵之變化，所要採取的權宜對應作為。

本篇四百八十一字，講的是作戰目標。軍爭之法，先言爭「利」，後說爭「勝」；爭利是國家目標，爭勝是野戰之戰場目標。而奪氣、奪心、治力，是野戰取勝的辦法，可以說是軍隊作戰的三大目標。

第八章　九變篇第八

【原典】

孫子曰：凡用兵之法，將受命于君，合軍聚眾；圮地無舍，衢地交和，絕地無留，圍地則謀，死地則戰。途有所不由，軍有所不擊，城有所不攻，地有所不爭，君命有所不受。（註一）故將通于九變之利者，知用兵矣。將不通于九變之利者，雖知地形，不能得地之利矣。治兵不知九變之術，雖知地利，不能得人之用矣。（註二）

是故智者之慮，必雜于利害，雜于利而務可信也，雜于害而患可解也。是故屈諸侯者以害，役諸侯者以業，趨諸侯者以利。（註三）

故用兵之法，無恃其不來，恃吾有以待之；無恃其不攻，恃吾有所不可攻也。（註四）

故將有五危：必死可殺，必生可虜，忿速可侮，廉潔可辱，愛民可煩。凡此五者，將之過也，用兵之災也。覆軍殺將，必以五危，不可不察也。（註五）

註釋

註一 「圮地」是低溼的地方，「衢地」是四通八達之地，「絕地」是四面險要阻絕之地，「圍地」是容易被包圍的地方，「死地」幾無機會脫困的地方。這裡的「不由、不擊、不攻、不爭、不受」，都是為戰場上的勝利，而必須採間接路線的權宜措施。

用兵之法，從將帥受命開始，進行軍隊動員，到編成大軍。低溼之地不要駐營，四通八達之地要分進合擊，阻絕之地不可留，易被包圍之地速謀脫離，難以脫困的地方只有死戰。有些路可以不走，有些敵人可以不攻擊，有些城可以不攻，有些地方不必爭奪，有些君命可以不接受。這些都是將帥在戰場上，為爭取勝利，採行間接路線的權宜措施。

註二 「九變」，形容奇正變化之無窮。古代以九為數之極，凡言極者，皆冠以九字，如極危險為九死，極深之泉為九泉，極深之淵為九淵，九變也是，形容變化之極。變者，不拘常法，權宜行之。

所以為將者，要能通權達變，把握彈性之利益，他就是能用兵的將領；不懂得通權達變，雖知道地形，也不能得地利；治兵不懂得通權達變，雖知地利，也決無法「得人之用」，以獲全勝。

註三

「雜」是兼顧。「雜以利害；雜于利而務可信也，雜于害而患可解也。」是說智考的考量，必能兼顧利害兩種狀況，兼顧到利的方面，任務便可以達成，兼顧到害的方面，禍患可以解除。

「屈諸侯者以害」，要使敵國（或某國家）屈服，必須制中他的要害，掌握住他的「生命線」。

「役諸侯者以業」，「役」是奴役、苦勞、「業」是瑣碎事務（故意利用的藉口）。要拖垮敵國（或某一國家），要不斷的給他疲勞轟炸，找藉口利用瑣碎事務擾亂他。

「趨諸侯者以利」，「趨」是指使或連絡之意，「趨」也是一種「動作」，促使對方順我之意。要促使敵國（或某國家）順我之意行事，必須有足夠的利益引誘才行。

這個道理不論用在古代國際社會（東西方），或現代的冷戰、後冷戰、新冷戰國際大鬥爭，都一樣適用。見利而趨，是人類天生的大弱點，智者加以利用乃成大功立大業。君不見，戰國時代，張儀之連橫，蘇秦之合縱，都在「利」字上下功夫。

註四 所以用兵之法，不要先自己認為敵人不來，重要是自己有實力有準備可以應敵；不要以為敵人不會對我軍有起攻擊，依靠實力使敵不敢來攻。

註五 作為將領的人，有五種性格，對軍隊有很大危害。

「必死可殺」，將領有「必死」之念，通常就是一個有勇無謀的人，可以設計殺之。

「必生可虜」，一味求生，貪生怕死，可設計襲擊虜獲他。

「忿速可侮」，急躁易怒的將領，堅忍定力都不足，可以陵侮他，擾亂他的判斷力。

「廉潔可辱」，過度廉潔，沽名釣譽的將帥，經不起辱謗，可造謠（假新聞）侮慢他，可動搖他的意志力，他便一事無成。

「愛民可煩」，過於溺愛人民，必受煩累，養出很多刁民，便成為軍隊的禍害。

所以這五危，都是將帥本身的大病。身為將帥，性格偏執，剛愎自恣，不知通權達變，真是「兵之災也」。軍隊被殲，將帥敗亡，都源自此五危，不可不特別小心察考！

本篇二百四十七字，講的是統帥術，即為將之道。所謂「將帥無能、累死三軍」，這「無能」大約就在五危的範圍內吧！

第九章 行軍篇第九

【原典】

孫子曰：凡處軍相敵：絶山依谷，視生處高，戰隆無登，此處山之軍也。（註一）絶水必遠水，客絶水而來，勿迎于水內，令半濟而擊之利。欲戰者，無附于水而迎客，視生處高，無迎水流，此處水上之軍也。（註二）絶斥澤，惟亟去無留，若交軍于斥澤之中，必依水草，而背眾樹，此處斥澤之軍也。（註三）平陸處易，右背高，前死後生，此處平陸之軍也。凡此四軍之利，黃帝之所以勝四帝也。（註四）

凡軍好高而惡下，貴陽而賤陰，養生處實，軍無百疾，是謂必勝。邱陵堤防，必處其陽，而右背之，此兵之利，地之助也。（註五）上雨水沫至，欲涉者，待其定也。凡地有絶澗、天井、天牢、天羅、天陷、天隙，必亟去之，勿近也；吾遠之，敵近之；吾迎之，敵背之。軍旁有險阻、潢井、蒹葭、林木、翳薈者，必謹覆索之，此伏奸之所處也。（註六）

敵近而靜者，恃其險也。遠而挑戰者，欲人之進也。其所居易者，利也。（註七）眾樹動者，來也。眾草多障者，疑也。鳥起者，伏也。獸駭者，覆也。塵：高而銳者，車來也；卑而廣者，徒來也；散而條達者，樵採也；少而往來者，營軍也。（註八）

辭卑而益備者，進也。辭強而進驅者，退也。輕車先出其側者，陣也。無約而請和者，謀也。奔走而陳兵者，期也。半進半退者，誘也。杖而立者，飢也。汲而先飲者，渴也。（註九）見利而不進者，勞也。鳥集者，虛也。夜呼者，恐也。軍擾者，將不重也。旌旗動者，亂也。吏怒者，倦也。殺馬肉食者，軍無糧也。懸缻不返其舍者，窮寇也。（註十）

諄諄翕翕，徐與人言者，失眾也。數賞者，窘也。數罰者，困也。先暴而後畏其眾者，不精之至也。來委謝者，欲休息也。兵怒而相迎，久而不合，又不相去，必謹察之。（註十一）

兵非貴益多也，惟無武進，足以併力料敵取人而已。夫惟無慮而易敵者，必擒于人。（註十二）

卒未親附而罰之，則不服，不服則難用也。卒已親附而罰不行，則不可用。故令之以文，齊之以武，是謂必取。令素行以教其民，則

民服；令不素行以教其民，則民不服；令素行，與眾相得也。（註十三）

註釋

註一　「處軍」是軍隊部署，「相敵」即研判敵情。

「絕山依谷」，凡處軍於山地，一面佔領制高點，同時佔領有利山谷，以便駐軍和進出。

「視生處高」，視，重視。生，有利的地方。重視有利之地的佔領，攻防都要佔領制高點以瞰制敵人。

「戰隆無登」，敵已佔領有利高地，不要仰攻，設法迂迴為有利。以上是山地作戰的要領。

註二　「絕水」即渡河，「遠水」渡河後儘快離開河岸，以免成為敵之目標。「客」指敵人，敵人初渡河不要攻擊他，等他們一半上陸，一半在水內，集中兵力痛擊之。要打河川戰，不要沿河岸部署兵力，佔領有利地方，在敵陣上流渡河。

「視生處高、無迎水流」，都講河川戰時，要選有利地點。以敵陣為準，在其下流者為迎水流，「無迎水流」，就是在敵陣上流渡河才正確。

註三　「絕斥澤」是渡過沼澤地。這種地區不可久留，盡速離開，若不得已在此作戰，迅速佔領水草樹木多的地方，形成有利據點，這是沼澤地作戰之要領。

註四　平地作戰就在平易之地佈置民力，「右背高」是至少一翼有依托之意。「前死後生」，前面是可以控制敵人的死地，後面是我方運動便利的生地，這是平地作戰的要領。

註五　大凡軍隊所駐防的地方，高處較佳，厭惡低濕之地，最好日光充足，避開晦暗，做好衛生工作，軍中減少疾病。這是勝利的基礎。邱陵、隄岸，要佔領其高陽之地，用為依托，此用兵之利，亦地利之助。

註六　河川發現有泡沫流下，上遊必有大雨，很快會有大水奔流危險，等水稍定再渡河。

「絕澗」，絕壁斷崖之深澗。

「天井」，高山險峻中，如陷井一般之地。

「天羅」，荊棘叢生，溝渠縱橫，易失方向之地。

「天陷」，低濕泥濘，流沙鬆軟，極難通行之地。

「天隙」，兩傍都斷崖，絕壁之隘路。

「天牢」，山林錯綜，進去容易，出來困難之地。

以上六種「死地」，最好遠離，若不得已碰到，有兩個對策：(一)吾遠之，敵近之。(二)吾迎之，敵背之。我離開，敵進來，乘其進退兩難攻擊之。

我軍之附近有險要地形、沼澤水草、蘆葦叢生、森林、野草茂盛等，要加強搜索，這些地方都是敵人埋伏之處，當特別小心！

註七　敵人離我很近，而沒有什麼動靜，敵必有險可恃。敵離我尚遠，而急來挑戰，必有伏兵，誘我前進。敵佈陣在開擴地，利於大軍運動，必是想誘我軍與他進行決戰。

註八　樹林裡枝葉搖動，是有敵在該地區向我來了。敵結草做障礙、隱蔽，為迷惑我軍而有計謀。鳥突然驚飛，其下必有伏兵。有野獸奔走，是有敵軍潛行而來。

塵土飛揚，是敵軍車隊來了；塵低而濃廣是敵步兵來了；塵少而成條狀是敵之樵採買物者；塵少而往來浮動是敵駐防營區。

註九　敵軍來使，態度謙虛，而其軍隊戒備深嚴，是準備要向我進攻。反之態度傲慢，說要進攻，則可能是要退兵。先派出輕戰車在主力兩側，是在掩護主力佈陣。兩軍對戰中突然提出議和，必另有所謀。人車到處佈陣，是預期準備作戰。半進半退，是想要吸引我方主力。士卒依憑而立是飢餓，取水爭先飲用，是太渴了，表示敵營缺水。

註十　見有利而不爭取，是太疲勞了。敵區飛鳥落集，必已退兵，此地空虛。夜間士卒驚恐，營區紛亂是將領失去威嚴，旌旗紛亂是戰鬥序列失序，當官的易怒是疲憊，殺馬取食是糧斷久矣。部隊炊具不用，士卒野外謀食，必已成窮寇。

註十一　長官告誡部眾，語氣和緩，一再重復，是已失軍心。一再進行賞罰，表示情況已面臨窮困。軍令嚴厲在先，其後姑息，是不了解統兵之道。兩軍對戰中，尚未休戰，敵派來使稱謝，是要休息。敵軍士氣旺盛，不攻又不退，必有奇謀，要謹慎察考！

註十二　作戰之兵力，並非多多益善，只要不武斷冒進，正確判斷敵情，集中優勢兵力，以實擊虛，則勝利可期。反之，考量不週到，又輕敵妄動，這必定是打敗仗又被敵人擒俘的。

註十三　這裡的「卒」，是在戰區裡收附的新兵。

新卒初到部隊，教育訓練沒有進行，尚未取得信任就處罰，不會心悅誠服，不服就難以指揮他作戰。教育訓練已完結，仍恃寵而驕，處罰亦無用，則不可用於作戰。所以，要用仁義道德教化他，用軍紀律法約束他，必能取得信任可用。

對於人民，政令也要經常宣導，人民才會信服；政令沒有推行，軍民都難於接受服行。所以，國家之政令要能順利推行，軍民都能相得了解，就可以上下一心，團結致勝。

本篇六百十七字，講的是用兵之術。包含處軍之道、相敵之法、用兵要訣和戰地民眾組訓問題。行軍包含作戰，到整個戰區（含致勝後的佔領區），所進行之戰地政務工作，都是行軍篇範圍。

第十章　地形篇第十

【原典】

孫子曰：地形有通者、有掛者、有支者、有隘者、有險者、有遠者。我可以往，彼可以來，曰通；通形者，先居高陽，利糧道以戰，則利。可以往，難以返，曰掛；掛形者，敵無備，出而勝之，敵若有備，出而不勝，難以返，不利。（註一）

我出而不利，彼出而不利，曰支；支形者，敵雖利我，我無出也；引而去之，令敵半出而擊之，利。隘形者，我先居之，必盈之以待敵；若敵先居之，盈而勿從，不盈而從之。（註二）險形者，我先居之，必居高陽以待敵；若敵先居之，引而去之，勿從也。遠形者，勢均，難以挑戰，戰而不利。凡此六者，地之道也，將之至任，不可不察也。（註三）

故兵有走者、有弛者、有陷者、有崩者、有亂者、有北者；凡此六者，非天地之災，將之過也。（註四）夫勢均，以一擊十，曰走。卒強吏弱，曰弛。吏強卒弱，曰陷。大吏怒而不服，遇敵懟而自戰，將不知其能，曰崩。將弱不嚴，教道不明，吏卒無常，陳兵縱橫，曰亂。將不能料敵，以少合眾，以弱擊強，兵無選鋒，曰北。凡此六者，敗之道也，將之至任，不可不察也。（註五）

夫地形者，兵之助也。料敵制勝，計險阨遠近，上將之道也。知此而用戰者，必勝；不知此而用戰者必敗。（註六）故戰道必勝；主曰：無戰；必戰可也。戰道不勝，主曰必戰，無戰可也。故進不求名，退不避罪，惟民是保，而利于主，國之寶也。（註七）

視卒如嬰兒，故可以與之赴深谿；視卒如愛子，故可與之俱死。厚而不能使，愛而不能令，亂而不能治，譬若驕子，不可用也。（註八）

知吾卒之可以擊，而不知敵之不可擊，勝之半也；知敵之可擊，而不知吾卒之不可擊，勝之半也。知敵之可擊，知吾卒之可以擊，而不知地形之不可以戰，勝之半也。（註九）故知兵者，動而不迷，舉而不窮。故曰：知彼知己，勝乃不殆；知天知地，勝乃可全。（註十）

註釋

註一　「通形」，有廣闊的平原上，敵我往來都方便。「高陽」，平原起伏中，較高且向陽的地方，要先期佔領，可形成制高點。但因敵我往來方便，特須防止後方補給線被敵人以大迂迴方式所切斷。

「挂形」之地，較小型的隘路，進入容易，後退困難，或前低後高。這種地形，敵無備可進而攻之，敵有備攻之也未必勝，因後退困難，不利於作戰，萬一必須撤退會是大麻煩。

註二　「支形」之地，一般是敵我各據有利地形對陣中，而中間較平易之地，如兩軍各據山頭佈局，或挾大河（江）對峙之情勢。此時，我出擊不利，敵出擊亦不利。若敵以利誘我，不可出戰；若能引敵先出戰，乘其半出（渡）而擊之，最為有利。

「隘形」之地，形勢較大的隘路（如吾國之山海關、南口、娘子關或重要江河之渡口）。這種地方通常是戰略要地，若我軍先佔，須重兵部署，使敵無隙可乘。若敵先佔，我軍要慎重從事，若不得已攻之，應設法以實擊虛，攻其薄弱處。

註三　「險形」之地，這是「一夫當關、萬夫莫敵」的地形，居高臨下的險峻要口，應先期佔領。若敵先佔領，則引軍而去，勿冒然進攻。

「遠形」之地，通常在大平原、大沙漠之地，敵我距離尚遠，我主動前往求戰，則敵佚我勞，彼來亦不利。若能誘之使來，擊之有利。

以上六種地形（通、挂、支、隘、險、遠），是地形學運用的基本原理，是將帥的重要職責，必須詳細用心考察。

註四　有六種情形打了敗仗：走、弛、崩、亂、陷、北，都不是地形的問題，而是將領的過錯。

註五　「走」，兩軍勢均對峙，沒有集中優勢兵力就開戰，以我之一，攻敵對十，自取敗亡，曰走。

「弛」，兵強馬壯，軍隊素質也好，但指揮的將領庸弱無能，軍紀廢弛，曰弛。

「陷」，士卒教育訓練不足，導至不能發揮戰力，或其他原因（如疾病）削弱戰力。則雖有優秀的指揮官，也將陷於敗亡，曰陷。

「崩」，高級幹部驕橫，遇敵憤而自行出戰，將帥又無力節制之，軍隊必然崩亡，曰崩。

「亂」，將領庸弱，軍紀不嚴，又教導無方，上下都不守軍紀，兵力部署混亂，也是遲早面臨敗亡的徵候，曰亂。

「北」，將領對敵情判斷經常犯錯，以弱擊強，以虛擊實，用兵無重點，沒有形成優勢，打敗仗是必然的，曰北。

以上六種敗亡（走、弛、陷、崩、亂、北），都是將領的責任，不可不詳細用心考察。

註六　任務、敵情和地形，是指揮官下達決心的三大基礎，所以說地形是

註七 輔助用兵作戰的重要條件。狀況判斷，運用地形地物的優勢，配合兵力運用，為良將克敵制勝的方法。懂這個道理戰必勝，不懂必敗。所以對作戰有必勝把握時，元首說不戰，也必須堅持作戰到底以取勝。確定是打不勝的仗，元首說要戰，也要堅持不戰。為將者，進不求名，退不避罪，完全以國家民族利益為依歸，且對元首也是有利，才不愧為「國之寶」。

註八 把士兵當嬰兒一樣愛護，他便能與你共赴深山幽谷，把士兵當兒子看待，他就願意同你上戰場拼死。但溺愛而不聽命令，厚待而不使用他，違反軍紀也不能懲治，這就像是慣壞的孩子一樣，是不能用來作戰的。所以愛不可過度，過度則溺。

註九 確定我軍能打仗，而不了解敵人不可攻打，這樣的作戰，按成功公算，勝利的機會只有一半。了解敵人可以攻打，不了解我軍不能打，這樣的作戰，按成功公算，勝利的機會也只有一半。最瞭敵人可以打，也明白我軍確實可以打，但不了解地形對作戰不利，這樣的作戰，按成功公算，勝利的機會仍然只有一半。

註十 所以善於用兵的將領，作戰行動都有計畫，絕無迷惑之處，奇正變化，運用無窮。是故：了解敵人，了解自己，能打勝仗，不陷有危；若能再懂得運用天時地利，就可以叫做完全完美的勝利了。

本篇五百四十五字，講的是地形學，說明戰場地形之種類與戰略戰術上運用的價值。最後以「知彼知己，知天知地，勝乃可全。」為結論。作戰離不開地形，運用地形取勝，則在乎人。

第十一章 九地篇第十一

【原典】

孫子曰：用兵之法，有散地，有輕地，有爭地，有交地，有衢地，有重地，有圮地，有圍地，有死地。諸侯自戰其地，為散地。入人之地而不深者，為輕地。我得則利，彼得亦利者，為爭地。我可以往，彼可以來者，為交地。諸侯之地三屬，先至而得天下之眾者，為衢地。入人之地深，背城邑多者，為重地。山林、險阻、沮澤，凡難行之道者，為圮地。所由入者隘，所從歸者迂，彼寡可以擊吾之眾者，為圍地。疾戰則存，不疾戰則亡者，為死地。是故散地則無戰，輕地則無止，爭地則無攻，交地則無絕，衢地則合交，重地則掠，圮地則行，圍地則謀，死地則戰。（註一）

古之所謂善用兵者，能使敵人前後不相及，眾寡不相恃，貴賤不相救，上下不相收，卒離而不集，兵合而不齊。合于利而動，不合于利而止。（註二）敢問：「敵眾整而將來，待之若何？」曰：「先奪其所愛，則聽矣；兵之情主速，乘人之不及，由不虞之道，攻其所不戒也。」（註三）

凡為客之道，深入則專，主人不克。掠于饒野，三軍足食，謹養而無勞，併氣積力，運兵計謀，為不可測，投之無所往，死且不北，死焉不得，士人盡力。（註四）兵士甚陷則不懼，無所往則固，深入則拘，不得已則鬭。是故，其兵不修而戒，不求而得，不約而親，不令而信，禁祥去疑，至死無所之。（註五）吾士無餘財，非惡貨也；無餘命，非惡壽也。令發之日，士卒坐者涕沾襟，偃臥者淚交頤，投之無所往者，諸劌之勇也。（註六）故善用兵者，譬如率然；率然者，常山之蛇也，擊其首，則尾至，擊其尾，則首至，擊其中，則首尾俱至。敢問：「兵可使如率然乎？」曰：「可。」夫吳人與越人相惡也，當其同舟濟而遇風，其相救也如左右手。（註七）

是故，方馬埋輪，未足恃也，齊勇如一，政之道也；剛柔皆得，地之理也。故善用兵者，攜手若使一人，不得已也。（註八）

將軍之事，靜以幽，正以治。能愚士卒之耳目，使之無知。易其事，革其謀，使人無識，易其居，迂其途，使人不得慮。（註九）帥與之期，如登高而去其梯，帥與之深，入諸侯之地而發其機，若驅群羊，驅而往，驅而來，莫知所之。聚三軍之眾，投之于險，此將軍之事也。九地之變，屈伸之力，人情之理，不可不察也。（註十）

凡為客之道：深則專，淺則散；去國越境而師者，絶地也；四達者，衢地也；入深者，重地也；入淺者，輕地也；背固前隘者，圍地也；無所往者，死地也。（註十一）是故散地吾將一其志；輕地吾將使之屬；爭地吾將趨其後；交地吾將謹其守；衢地吾將固其結；重地吾將繼其食；圮地吾將進其途；圍地吾將塞其闕；死地吾將示之以不活。故兵之情：圍則禦，不得已則鬥，逼則從。（註十二）

是故不知諸侯之謀者，不能預交。不知山林險阻沮澤之形者，不能行軍。不用鄉導，不能得地利。此三者不知一，非霸王之兵也。夫霸王之兵，伐大國則其眾不得聚，威加于敵，則其交不得合。（註十三）是故不爭天下之交，不養天下之權，信己之私，威加于敵，則其城可拔，其國可墮。施無法之賞，懸無政之令，犯三軍之眾，若使一人。（註十四）

犯之以事，勿告以言；犯之以利，勿告以害；投之亡地然後存，陷之死地然後生。夫眾陷于害，然後能為勝敗，故為兵之事，在于順

詳敵之意，併力一向，千里殺將，是謂巧能成事。（註十五）

是故政舉之日，夷關折符，無通其使，厲于廊廟之上，以誅其事，敵人開闔，必亟入之。（註十六）先其所愛，微與之期，踐墨隨敵，以決戰爭。是故始如處女，敵人開戶，後如脫兔，敵不及拒。（註十七）

註釋

註一　「散地」，諸侯自戰其地，國勢不如人，被外國人侵，在自己國境內發生戰爭，所以「散地則無戰」，避免在自己國境內發生戰爭。這表示最好是決戰境外，不使本國人民陷於戰火。

「輕地」，我軍入侵別國尚未深入，兵士思鄉，又感前途危險，軍心不固，所以說「輕地則無止」，應盡速前進，擊敗敵人，以固軍心。

「爭地」，戰略要地，為雙方所必爭，一旦敵人先佔領，必以重兵駐守，所以說「爭地則無攻」，不要正面強攻，徒自損兵折將也。

「交地」，我可往、彼可來之地（如朝鮮半島），各方都設法先佔，阻對方不得來，同時確保後方補給線，不能中斷，所以叫「交地則無絕」。

「衢地」，一地與多國（或多地）有連接，成為四通八達的要域，此為兵家必爭之地。吾國如武漢、徐州，古之鄭國，今之比利時等

都是，佔領衢地先以外交途徑取得掌控，所以說「衢地則合交

「重地」，已深入敵境，遠離自己鄉國，不憂士卒之逃亡，憂糧械之不繼。所以「重地則掠」，因糧于敵，掠奪敵之資源，供我軍持久戰。

「圮地」，山林險阻沮澤之地，通行困難，不利作戰，所以叫「圮地則行」，盡速通過離開。

「圍地」，山林錯縱複雜，容易迷失方向，避免進入。若誤入或不得已進入，「圍地則謀」，要籌謀脫離，以保存戰力。

「死地」，前有強敵，兩側亦危，後無退路，要有必死決心速戰可存活，不決心速戰必亡，所以叫「死地則戰」。死中求生，始得存活也。

註二　古時善於用兵的將領，能使敵之先頭部隊和後續部隊脫節，使其主力與一部不能相助，使其兵將相猜疑而各自為戰，上下失去連絡，兵力分散而不集中，就算集中也不能統一指揮。作戰要有利才行動，不利就停止，這是用兵法則。

註三　敢問：「如果敵人以優勢兵力，分進合擊（外線作戰），向我進軍，要如何應付？」答說：「先擊破其要害，敵將陷於被動，聽我擺佈；一般用兵法則，不外速戰速決，出敵不意，從敵人設想不到的地方，進攻敵人無備之虛弱處。

註四　「客」就是現代軍語稱「外線作戰」，或深入敵國之我軍部隊；「主人」指敵軍或敵國，「主人不克」是敵軍無力抵抗。以二〇二二年春之俄烏戰爭為例說明，俄羅斯打的正是「外線作戰」戰法，而烏克蘭則是所謂的「主人」不克，無力抵抗也。

我軍從外線深入敵國，官兵團結奮戰，敵人無力抵抗，因糧于敵，三軍足食，善加培養戰力，鼓舞士氣，以詐用兵，敵人不能測知我軍動向。此時，投入優勢兵力，士卒都會抱必死決心，全力奮戰。

註五　在戰場上一般士兵心理，都是深陷敵境後，無處可去就不怕了，軍心得以鞏固，到了困境只好全力以戰。所以，不必強調要整飭軍紀，士卒就會自我警惕，不必要求就會自動，不須約束就會團結，不必三令五申都知道服從命令；嚴禁鬼神迷信，官兵心中沒有疑惑，寧可戰死也不離開。

註六　士卒身上錢財少，並非他們不愛錢財，而是公爾忘私。朝夕可死，並非不愛惜生命。作戰命令下達之日，傷病輕的坐著涕沾襟，重者躺著涕交頤，都恨不得同往殺敵。此時把兵力投入任何地方，士卒都會像專諸、曹劌一樣勇敢。

註七　所以善用兵的將領，就像「率然」一樣，率然是常山的大蛇，打它頭尾來救，打尾頭來救，打中間頭尾都來救。敢問：「用兵作戰可以如率然嗎？」答案是「可」。如吳越兩國人是世仇，但當他們同船共渡遇大風浪時，也會互相救援，如左右手之合作無間，這是求生的本能。

註八 譬如併馬而縛之，或把車輪埋在地下，強為一致的行動都不可靠。把握領導統御之道，才能萬眾一心；剛柔都得以運用其利，是利用地形的道理。所以，善用兵的人，統帥大軍，有如指揮一個人一樣，此不得已也，非戰不可！

註九 身為將領最重要的事情，是保持冷靜的頭腦，思慮深遠，公正無私，治軍嚴整，能使士卒服從上級命令，好像自己沒有耳目無知覺一般。改變任務、變更計畫，大家也一致服從無異議；駐地移防、行軍迂迴繞路，都不必有任何顧慮。

註十 領導部隊按時投入預定戰場，如登高去其梯，有進無退；率軍深入敵國，如射出的箭，一往直前，如趕群羊，趕過去，趕過來，都依令行事，而不問去哪裡。聚合三軍之眾，投入戰場決勝點的危險大事，這是將帥的真本領。地形地略千變萬化，奇正運用之利，人性心理之妙用，不可不詳察！

註十一 「絕地」，遠征他國，戰地與本國隔絕之意，與〈九變篇〉之絕地無留，意義不同。「輕地」是初入敵國，當一志前進。從外線入侵別國，進入很深就能意志專一，入淺容易潰散。遠征他國，戰場與本國隔絕。四通八達的地方叫衢地，已深入敵境叫重地，入境尚淺叫輕地。敵背靠堅固陣地，而前有隘路叫圍地。哪裡也去不成的地方，就叫做死地。

註十二所以，在散地要一志前進，在輕地要做好上下連絡以固軍心，爭地要迂迴勿正面攻之，交地要謹慎防守，衢地要鞏固外交關係，重地要確保糧秣後勤補給，圮地迅速通過不久留，陷入圍地要封閉缺口，死地就拼命了，有必死決心方有生路。一般兵士之心裡，被包圍就會堅強抵禦，不得已就死拼，危急時就會專心服從，決無二心！

註十三「霸王之兵」，是同盟國中之主盟領袖國家，如春秋時代之齊國（齊桓公主政）。以現在國際為例，美國是「北約」的主盟領袖國家，所以歐盟只好聽命美國，難以獨立自主。

所以不能深悟國際情勢，不能運用外交。不了解山川地理形勢，不能行軍作戰。不會利用當地人做引導，不能得地略之利用。以上三者，有一項不成，就不叫盟主的軍事力量。所謂盟主的戰力，伐大國能使其軍隊不能動員集中，要對任何國家發動攻勢，就可以先使其外交孤立無援。

註十四如果不爭取友邦和盟國，又不知培養權謀人才，只憑自己權力私欲，就要去威侵別（敵）國，則本身可能城破國亡。動用超過常規的獎賞，頒行特別法令，則指揮三軍，就像指揮一個人一樣。

註十五「犯之以事，勿告以言」，即軍隊下達命令，不須解釋命令的理由：「犯之以利，勿告以害」，對部隊只說有利以增強信念，不說害處打擊士氣。給軍隊任務命令，不須說明理由，只說有利，不說有害。投之亡地，方得生存，陷於死地，方有生機。士卒於危險困境，往往死中求生，轉敗為勝。用兵之法尚有巧妙，假作順詳敵意，集中優勢兵力，攻其虛弱。如是，則千里之遙，也可以敗其軍、殺其將，這就是巧於作戰得以取勝。

註十六「政舉之日」，政，作「征」。即決定征伐，對敵宣戰之日：「夷關折符」，即封鎖關隘、國境，禁止出入通行。一旦決定征討，對敵宣戰，就先封鎖國境、關隘，禁止通行，不通來使。並在宗廟祭告列祖列宗，慎重決定戰爭大計。發現敵之關隘開闔有間隙，應就把握戰機，乘隙侵入。

註十七微，是秘密進行。期，是預期準備。踐，是實行。墨，是法度。隨敵，是因應敵情。先攻取敵人最愛（最重要）的地方，秘密準備，預期作戰，照原訂計畫，因應敵情，決定戰事之進行。所以戰爭開始如處女藏於深幽，打開了敵人門戶後，快如狡兔，來不及防守。

本篇一千零七十二字，講的是地略、地緣戰略之學。（地緣戰略不僅古代重視，在今之冷戰、後冷戰、新冷戰的現代國際，也是最夯的名詞。）「九地」只是形容極限，不是說地形只有九種或十種。不論古今，強權爭霸，地緣戰略都是關係存亡的一門學問，看不清或誤解，都可能亡國亡種（如今之烏克蘭）。

第十二章 火攻篇第十二

【原典】

孫子曰：凡火攻有五：一曰火人，二曰火積，三曰火輜，四曰火庫，五曰火隊。行火必有因，煙火必素具。發火有時，起火有日。時者，天之燥也。日者，月在箕壁翼軫也。凡此四宿者，風起之日也。（註一）

凡火攻，必因五火之變而應之，火發于內，則早應之于外。火發而其兵靜者，待而勿攻。極其火力，可從而從之，不可從而止。（註二）火可發于外，無待于內，以時發之。火發上風，無攻下風，晝風久，夜風止。凡軍必知有五火之變，以數守之。故以火佐攻者明，以水佐攻者強，水可以絕，不可以奪。（註三）

夫戰勝攻取，而不修其功者凶，命曰費留。故曰：明主慮之，良將修之。非利不動，非得不用，非危不戰。（註四）主不可以怒而興師，

將不可以慍而致戰；合于利而動，不合于利而止。怒可以復喜，慍可以復悅，亡國不可以復存，死者不可以復生。故明君慎之，良將警之。此安國全軍之道也。（註五）

註釋

註一　「火人」，火燒敵之軍營、城鎮、軍民、人馬等。

「火積」，火燒敵之工業區，毀其積蓄製造等。

「火輜」，火燒敵之後勤補給運輸、糧秣軍品等。

「火庫」，火燒敵之倉庫器材、武器裝備之庫存等。

「火隊」，火燒敵之集結部隊、行軍序列等。

中國古代天文學，分星象為二十八星宿，其中箕、壁、翼、軫為好風之星宿，現代天文、氣象當然更科學。但近三千年前，西方各族仍住土洞或樹上，吾國先賢有如斯之天文觀象法，殊為可敬！

火攻有五種：火人、火積、火輜、火庫、火隊。火攻要注意先決因素，火攻器材要先準備好。火攻要看天時，選適當日期，天時是季節和氣候乾燥；日期指風向，月亮行經箕、壁、翼、軫四個星宿時，就是起風的日子。

註二　凡是火攻，必依據前述五種火攻變化來運用。火從內部發起時，要有兵力從外部配合；火已燒起，而敵軍仍保持安靜，應加以等待觀察，不可馬上攻打，讓火勢擴大，可攻則攻，不可攻就停止。

註三　火攻也可以從敵人外部開始，不一定要有內應，注意天候時間的配合。火在上風燒起，不可從下風處進攻，白天起風較久，晚上起風到晨間就停。

軍隊要了解五火之變化，依天時地利運用之，以火助攻，夜戰有照明作用。以水助攻，威力強大，只能隔絕敵軍，無法奪取其陣地。

註四　「費留」，是戰事拖延太久，軍隊暴師戰場，又不能早日班師復員，浪費大量國家的人力財力物力，敵我都不得和平安寧。此類案例古今甚多，如美軍在越南、阿富汗，都是雙方的災難。

凡戰勝攻取後，仍不能得到和平，都會留下凶險，浪費國家兵力財力，叫作「費留」。所以明智的國家元首，決定戰事要很謹慎，將領的作戰指導也要思慮週詳。利於國家才行動，要有戰果才用兵，非到急迫不得已，不要發動戰事。

註五　國家元首不可因憤怒而興師，將領不可因怨恨而致戰。要合於國家利益才行動，否則不戰。憤怒可恢復歡喜，怨恨可恢復高興，但國亡不能復存，不死不能復生。所以明主要特別慎重，良將要格外警惕，這是國家安全、軍隊存亡的重要關鍵。

本篇二百九十字，講的是火攻，現代學者有解釋成核子戰，我以為過度解釋，有失原意，因為二千多年前並無核戰概念。火攻就是用火助攻，古代有很多方式，如火球、火箭、火砲等都是。當然，若要擴大解釋，無明、無形之火也可以，乃至如二戰時，美軍對倭國東京大轟炸、大焚燒，燒死十多萬人，是現代規模最大的火攻之戰。

第十三章　用間篇第十三

【原典】

孫子曰：凡興師十萬，出征千里，百姓之費，公家之奉，日費千金，內外騷動，怠于道路，不得操事者，七十萬家。相守數年，以爭一日之勝，而愛爵祿百金，不知敵之情者，不仁之至也，非人之將也，非主之佐也，非勝之主也。（註一）故明君賢將，所以動而勝人，成功出于眾者，先知也；先知者，不可取于鬼神，不可象于事，不可驗于度；必取于人，知敵之情者也。（註二）

故用間有五：有鄉間、有內間、有反間、有死間、有生間。五間俱起，莫知其道，是謂神紀，人君之寶也。鄉間者，因其鄉人而用之。內間者，因其官人而用之。反間者，因其敵間而用之。死間者，為誑事于外，令吾間知之，而傳於敵。生間者，反報也。（註三）

故三軍之事，親莫親于間，賞莫厚于間，事莫密于間。非聖智不能用間，非仁義不能使間，非微妙不能得間之實。微哉，微哉，無所

不用間也。間事未發而先聞者，間與所告者皆死。（註四）

凡軍之所欲擊，城之所欲攻，人之所欲殺，必先知其守將，左右，謁者，門者，舍人之姓名，令吾間必索知之。必索敵間之來間我者，因而利之，導而舍之，故反間可得而使也。（註五）因是而知之，故鄉間內間可得而使也；因是而知之，故死間為誑事，可使告敵；因是而知之，故生間可使如期。五間之事，主必知之，知之必在于反間，故反間不可不厚也。（註六）

昔殷之興也，伊摯在夏。周之興也，呂牙在殷。故明君賢將，能以上智為間者，必成大功。此兵之要，三軍之所恃而動也。（註七）

註釋

註一　按吾國周朝，行井田制，以八家為鄰，一家從軍出征，七家供奉之。發動一場戰爭，國內受到影響而不能正常生產的國民，約是出征作戰兵力的七倍以上，才有如是之計算。

凡動員十萬大軍，出征千里，人民的負擔和公家的費用，一日千金（形容很多），國內外騷動，負責後勤補給，奔走於路途上，達七十萬家之多。

敵我相持數年，為爭最後一天的勝利。如果只知道愛惜封賞爵祿和吝嗇錢財，以至於情報工作沒作好而不明敵情，真是不仁之至。如此，不是官兵的好將領，不是國家的好將帥，也難以戰勝敵人。

註二　所以明智的國家元首，賢能的將領，一戰就能取勝。之所以勝利成功，眾人都感到意外，這是情報工作好，先知敵情。要先知敵情，不能迷信鬼神，不能假定象徵，不能憑空推測，不能占卜問卦，必須善用人才，從情報戰來探取敵情才行。

註三　「鄉間」，從本國人民居住在敵國者，培養出為我之間諜，為祖國做情報工作者。

「內間」，利用（收買、壓迫）敵國之官員，成為我方之間諜，為我方做情報工作者。

「反間」，發現敵之間諜，威脅利誘色誘，乃至控制其生命，或諸種方法，為我方所用。

「死間」，以我方間諜，陽洩我方企圖，送假情報給敵方，因極危險，可能有去無回，故叫死間。

「生間」，我方間諜在敵國工作，隨時回國報告敵情。這種生間，有些以公開的外交人員行之。

註四　有關三軍之事，情報最需要親自處理，情報人員最需要厚賞，最要保密是他們的身份。所以，非聖智不能用間，非仁義不能使間，非

註五 思維精細微妙，不能得知間諜的實情。妙啊！妙啊！任何時地都是間諜活動的範圍。但間諜洩漏機密，間諜和傳密者，都要處以死刑。凡是要攻取的目標，要奪下的城堡，要殲滅的敵軍，先把他的將領、部屬、連絡人員、警衛官、侍從官等姓名、性格，都由我方情報人員探查得知。進而查出敵方藏在我陣營內的間諜，以收買、威脅等一切方法加以利用，成為我方之反間諜。

註六 由於反間之可以利用，鄉間和內間的運用更方便，而死間之誑事，也較容易傳達給敵方，生間也就可以如期回報。這五種情報工作，國家元首要明白，了解關鍵在反間利用，所以反間不可不厚待重賞，必可完善全部情報工作。

註七 從前商朝之可以興起，因有伊尹在夏朝為官；周朝之可以興起，因有姜尚在商朝作事。英明的國家元首，賢能的將領，如果能用有智慧的人材，作情報工作，一定能成大功，這是用兵要務，三軍作戰所依據而行動者也。

本篇四百七十一字，講的是間諜戰，即情報工作，包含間諜的分類和運用要訣。這是三千年前的古代世界，孫子就有如此甚深微妙之論述，不愧是世界兵聖，百代談兵之鼻祖。

第二部　吳起兵法

吳起，吾國歷史上僅次於孫武的兵法家、軍事家，往往合稱「孫吳兵法」。周考王元年（前四四〇年），吳起出生在當時的衛國（今山東曹縣一帶），年輕時曾入孔子的高徒曾子門下讀書。

吳起初在魯國為將，後奔魏國，被魏文侯（前四四五—前三九六年在任）賞識，任命他為將軍，他西擊強秦，拔四城。不久文侯去世，他兒子武侯繼位，宰相公叔妬嫉吳起，陰謀陷害，吳起只得亡命到楚，楚悼王（前四一〇—前三八一年在位）任命他為令尹（宰相）。

吳起率軍南平百越，北併陳、蔡兩國，擊退趙、魏、韓各軍，西攻強秦，連戰皆勝。吳起在楚進行變法，楚國日漸強大。可惜悼王死後，貴族報復吳起，因而死於非命，這是周安王廿一年（前三八一年）的事。

世傳《吳起兵法》有六篇，圖國、料敵、治兵、論將、應變、勵士、為本部之六章。

第一章 圖國篇

【原典】

吳起儒服以兵機見魏文侯。

文侯曰：「寡人不好軍旅之事。」（註一）

起曰：「臣以見占隱，以往察來，主君何言與心違。今君四時，使斬離皮革，掩以朱漆，畫以丹青，爍以犀象。（註二）冬日衣之則不溫，夏日衣之則不涼。為長戟二丈四尺，短戟一丈二尺。革車奄戶，縵輪籠轂，觀之於目則不麗，乘之以田則不輕，不識主君安用此也？若以備進戰退守，而不求能用者，譬猶伏雞之搏狸，乳犬之犯虎，雖有鬥心，隨之死矣。（註三）

昔承桑氏之君，修德廢武，以滅其國。有扈氏之君，恃眾好勇，以喪其社稷。明主鑒茲，必內修文德，外治武備。故當敵而不進，無逮於義矣；僵屍而哀之，無逮於仁矣。」（註四）

於是文侯身自布席，夫人捧觴，醮吳起於廟，立為大將，守西河。與諸侯大戰七十六，全勝六十四，餘則鈞解。闢土四面，拓地千里，皆起之功也。（註五）

吳子曰：「昔之圖國家者，必先教百姓而親萬民。有四不和：不和於國，不可以出軍；不和於軍，不可以出陳；不和於陳，不可以進戰；不和於戰，不可以決勝。（註六）是以有道之主，將用其民，先和而造大事。不敢信其私謀，必告於祖廟，啟於元龜，參之天時，吉乃後舉。民知君之愛其命，惜其死，若此之至，而與之臨難，則士以進死為榮，退生為辱矣。」（註七）

吳子曰：「夫道者，所以反本復始。義者，所以行事立功。謀者，所以違害就利。要者，所以保業守成。若行不合道，舉不合義，而處大居貴，患必及之。（註八）是以聖人綏之以道，理之以義，動之以禮，撫之以仁。此四德者，修之則興，廢之則衰。故成湯討桀而夏民喜悅，周武伐紂而殷人不非。舉順天人，故能然矣。」（註九）

吳子曰：「凡制國治軍，必教之以禮，勵之以義，使有恥也。夫人有恥，在大足以戰，在小足以守矣。（註十）然戰勝易，守勝難。故

曰：『天下戰國，五勝者禍，四勝者弊，三勝者霸，二勝者王，一勝者帝。』是以數勝得天下者稀，以亡者眾。」（註十一）

吳子曰：「凡兵之所起者有五：一曰爭名，二曰爭利，三曰積惡，四曰內亂，五曰因饑。其名又有五：一曰義兵，二曰強兵，三曰剛兵，四曰暴兵，五曰逆兵。禁暴救亂曰義，恃眾以伐曰強，因怒興師曰剛，棄禮貪利曰暴，國亂人疲、舉事動眾曰逆。五者之數，各有其道，義必以禮服，強必以謙服，剛必以辭服，暴必以詐服，逆必以權服。」（註十二）

武侯問曰：「願聞治兵、料人、固國之道。」

起對曰：「古之明王，必謹君臣之禮，飾上下之儀，安集吏民，順俗而教，簡募良材，以備不虞。昔齊桓募士五萬，以霸諸侯。晉文召為前行四萬，以獲其志。秦繆置陷陣三萬，以服鄰敵。（註十三）故強國之君，必料其民。民有膽勇氣力者，聚為一卒。樂以進戰效力、以顯其忠勇者，聚為一卒。能踰高超遠、輕足善走者，聚為一卒。王臣失位而欲見功於上者，聚為一卒。棄城去守、欲除其醜者，聚為一卒。此五者，軍之練銳也。有此三千人，內出可以決圍，外入可以屠城矣。」（註十四）

武侯問曰：「願聞陳必定、守必固、戰必勝之道。」

起對曰：「立見且可，豈直聞乎！君能使賢者居上，不肖者處下，則陳已定矣。民安其田宅，親其有司，則守已固矣。百姓皆是吾君而非鄰國，則戰已勝矣。」（註十五）

武侯嘗謀事，群臣莫能及，罷朝而有喜色。起進曰：「昔楚莊王嘗謀事，群臣莫能及，罷朝而有憂色。申公問曰：『君有憂色，何也？』曰：『寡人聞之，世不絕聖，國不乏賢，能得其師者王，能得其友者霸。今寡人不才，而群臣莫及者，楚國其殆矣！』此楚莊王之所憂，而君說之，臣竊懼矣。」於是武侯有慚色。（註十六）

註釋

註一　「儒服」，儒家學者的衣帽服裝，古代穿著儒服，象徵自己是一個知識份子。魏文侯，戰國時代魏國君主，姓姬，名斯，周貞定王廿三年（前四四六年）到周安王五年（前三九七年）在位。

註二　見，同現。吳起說：「臣依據顯現出來的徵侯，觀察隱藏在內部的事情，從過去推斷未來，君王怎麼說話言不由衷呢？現在君王四季派人捕獸剝皮製革，並在革上塗紅漆，烙上光彩耀眼的犀牛和大象圖形。」

註三 「革車奄戶」，奄，通掩，覆蓋之意；戶，通護。革車奄戶，是用皮革保護戰車。「縵輪籠轂」，是將戰車用鐵皮和布幔等物覆蓋遮掩，有保護和偽裝作用。田，同畋，打獵。

吳起說：「這些冬天穿不暖，夏日穿不涼。君王又派人打造長短戟兵器；又用皮布覆蓋戰車，也不華麗，用來打獵也不輕便，不知君王用來做什麼？若要用來作戰，也不見有訓練人來用它們。這樣有如小雞鬥狸貓，小狗戰老虎，雖有決心，卻是必死！」

註四 承桑氏，神農氏時東夷部落之一。有扈氏，夏禹時部落之一，禹傳位於子夏啟，有扈不服，興兵伐之，為啟所滅。

吳起說：「從前，承桑氏國君只講文德而廢武備，結果亡了；有扈氏依恃兵多，好勇鬥狠，不修文德，也亡國。英明的君主有鑑於此，要文治武備都修。所以敵人來了而不迎擊，說不上是義，看到死傷的將士才哀傷，也不算是仁。」

註五 於是魏文侯親自為吳起安排席位，夫人捧著酒杯，在祖廟為吳起舉行拜將儀式，任命他為大將，防守西河地區。後來，吳起與各諸侯國大戰七十六次，有六十四次全勝，十二次不分勝負，打了平手。魏國向四方擴張領土達千里之廣，都是吳起的功績！

註六 從前想治理好國家的君主，必先教育貴族百官親近民眾，關心民生疾苦。有四種不和要注意：國內人心不和、不可出兵；軍隊內部不團結，不可出戰；出戰部隊不合作，不可進攻；兵種戰鬥不協同，也是不可能打勝仗。

註七　英明的君主，徵召人民前，先求內部團結才出兵。凡有所謀，不敢按自己謀畫，必到祖廟祭告，用大龜占卜吉凶，參照天時，吉兆才有所行動。人民知道國君愛護他們的生命，不忍人民有傷亡。到此地步，人民願意共赴國難，以犧牲戰死為榮，而且以退卻偷生為恥。

註八　「道」是用來恢復人的自然本性的，「義」用來建功立業，「謀」用來趨利避害，「要」用來保護現有成果。如果行為不合「道」，措施不合「義」，就算官居要職，位高權重，遲早也大禍臨頭。

註九　所以聖人以「道」安天下，以「義」治國，以「禮」來動員人民，以「仁」撫慰百姓。這四個美德，能發揚則國家興盛，廢棄了國家就衰敗。所以商湯伐夏桀而夏人高興，周武王伐商紂而商人不怪罪，這是由於所作皆順天理、合人情，才有的結果。

註十　凡治國治軍，都必須從禮教開始，用義來鼓舞，使國民有羞恥心。人們有了羞恥心，所產生的力道，大者可戰，小者可守。

註十一　然而戰勝容易，守住勝利的成果很難。所以說從事戰爭的國家，得勝五次會招來災難，得勝四次導至疲憊，得勝三次可以稱霸，得勝兩次稱王，得勝一次就能成就帝業。所以連年爭戰雖勝，因而亡國者很多。

所謂五勝成災，四勝疲憊，形容戰爭太久太長，雖都打了勝仗，但打死了敵人，自己也必有大量傷亡，國力耗損，必也是災難。一勝稱帝，二勝稱王，形容速戰速決，國力尚稱強大，故能稱王稱帝。戰爭拖太久，最後雖然得到「慘勝」，仍不免亡國。相信民國的中日之戰是鮮明實例，中國慘勝，但中華民國已經亡了（老校長 蔣公之言）。

註十二戰爭起因有五：爭名位、爭利益、積怨仇、起內亂、遭饑荒。用兵的性質有五種名稱：義兵、強兵、剛兵、暴兵、逆兵。推翻暴政平定內亂叫義兵，依靠兵多侵略別國是強兵，怒而起兵叫剛兵，違背禮義而圖利益叫暴兵，不顧國亂民困仍興師叫逆兵。對這五種性質不同的軍隊，各有不同應付之道：對義兵以禮法折服它，對強兵以謙讓折服它，剛兵以婉言折服它，暴兵用計謀收拾它，逆兵用權勢折服它。吳起之計，含以柔克剛，以弱示人的思想，「強必以謙服，剛必以辭服」，類似孫子「能而示之不能」之意。

註十三武侯，魏文侯之子，姓姬，名擊，文侯死，子擊繼位，於周安王五年（前三九七年），到周安王廿一年（前三八一年）在位。秦繆，繆通穆，即秦穆公，春秋時秦之國君，姓嬴，名任好。周惠王十八年（前六五九年），到周襄王三十一年（前六二一年）在位。

武侯問：「請談談軍隊治理、人口編成和鞏固國家的方法。」吳起說：「古代賢明的君王，必謹守君臣之禮，講究上下有度，安撫聚集百官和人民。依善良風俗進行教育，選拔賢能，準備緊急待用。從前齊桓公招募五萬壯士而稱霸，晉文公招四萬勇士當前鋒，就實現了目標。秦穆公以三萬衝鋒陷陣的部隊，就制服了要入侵的鄰國。」

註十四所以謀求富國強兵的君王，一定要正確了解自己的人民。有膽識又強壯的編成一隊，樂於進攻以示忠勇者編成一隊，能越高跳遠善跑的編成一隊，獲罪罷官想重建功勳者編成一隊，曾棄城逃跑想要洗刷恥辱的編成一隊。這五種編隊組訓，就是部隊之精銳。有此三千精銳，從內部出擊能突破敵人包圍，從外部攻擊可以摧毀敵人的城邑。

註十五武侯問：「我想知道陣勢穩定、防守必固、作戰必勝的方法。」吳起說：「馬上就讓您看到，不光只是知道。要使賢才在上位，不肖者居下位，則陣勢就穩定了。使人民都安居樂業，親近官吏，防守就牢固了。百姓都擁護自己的國君而不滿敵國，則戰爭就已經勝利了。

註十六武侯有一次和大臣商討國事，群臣見解都不如他，退朝後他頗有自得之喜色。吳起就進言說：「以前楚莊王與臣議事，群臣都沒有他高明，退朝後他面露憂色。申公看到問：『君王為何面有憂色？』莊王說：『我聽說世上不會沒有聖人，國家不會沒有賢才，能夠得到他們做老師就可稱王，得到他們做朋友可稱霸。現在我不才，群臣竟不如我，楚國有危險了。』楚莊王擔憂的事，您卻高興，我私下真為此憂心。」武侯才面露慚愧之色

在〈圖國篇〉裡，吳起講了八個重點：㈠內修文德、外治武備，㈡先教百姓、親和黎民，㈢順乎天理、合乎人情㈣禮義廉恥、可戰可守，㈤義以禮服、強以謙服，㈥爭取人才、富國強兵，㈦賢者居上、不肖居下，㈧謙虛謹慎、容納人才。

第二章　料敵篇

【原典】

武侯謂吳起曰：「今秦脅吾西，楚帶吾南，趙衝吾北，齊臨吾東，燕絕吾後，韓據吾前。六國兵四守，勢甚不便，憂此奈何？」

起對曰：「夫安國家之道，先戒為寶。今君已戒，禍其遠矣。臣請論六國之俗：夫齊陳重而不堅，秦陳散而自鬥，楚陳整而不久，燕陳守而不走，三晉陳治而不用。」（註一）

「夫齊性剛，其國富，君臣驕奢而簡於細民，其政寬而祿不均，一陳兩心，前重後輕，故重而不堅。擊此之道，必三分之，獵其左右，脅而從之，其陳可壞。（註二）秦性強，其地險，其政嚴，其賞罰信，其人不讓，皆有鬥心，故散而自戰。擊此之道，必先示之以利而引去之，士貪於得而離其將，乘乖獵散，設伏投機，其將可取。（註三）

楚性弱，其地廣，其政騷，其民疲，故整而不久。擊此之道，襲亂其屯，先奪其氣，輕進速退，弊而勞之，勿與戰爭，其軍可敗。（註四）

燕性慤，其民慎，好勇義，寡詐謀，故守而不走。擊此之道，觸而迫之，凌而遠之，馳而後之，則上疑而下懼，謹我車騎必避之路，其將可虜。（註五）三晉者，中國也，其性和，其政平，其民疲於戰，習於兵，輕其將，薄其祿，士無死志，故治而不用。擊此之道，阻陳而壓之，眾來則拒之，去則追之，以倦其師。此其勢也。」（註六）

「然則一軍之中，必有虎賁之士；力輕扛鼎，足輕戎馬，搴旗取將，必有能者。若此之等，選而別之，愛而貴之，是謂軍命。其有工用五兵、材力健疾、志在吞敵者，必加其爵列，可以決勝。厚其父母妻子，勸賞畏罰，此堅陳之士，可與持久，能審料此，可以擊倍。」

武侯曰：「善。」（註七）

吳子曰：「凡料敵有不卜而與之戰者八：一曰疾風大寒，早興寤遷，剖冰濟水，不憚艱難。二曰盛夏炎熱，晏興無間，行驅飢渴務於取遠。三曰師既淹久，糧食無有，百姓怨怒，祆祥數起，上不能止。四曰軍資既竭，薪芻既寡，天多陰雨，欲掠無所。五曰徒眾不多，水地不利，人馬疾疫，四鄰不至。六曰道遠日暮，士眾勞懼，倦而未食，解甲而息。七曰將薄吏輕，士卒不固，三軍數驚，師徒無助。八曰陳而未定，舍而未畢，行阪涉險，半隱半出。諸如此者，擊之勿疑。」（註八）

「有不占而避之者六：一曰土地廣大，人民富眾。二曰上愛其下，惠施流布。三曰賞信刑察，發必得時。四曰陳功居列，任賢使能。五曰師徒之眾，兵甲之精。六曰四鄰之助，大國之援。凡此不如敵人，避之勿戰。所謂見可而進，知難而退也。」（註九）

武侯問曰：「吾欲觀敵之外以知其內，察其進以知其止，以定勝負，可得聞乎？」

起對曰：「敵人之來，蕩蕩無慮，旌旗煩亂，人馬數顧，一可擊十，必使無措。諸侯未會，君臣未和，溝壘未成，禁令未施，三軍匈匈，欲前不能，欲去不敢，以半擊倍，百戰不殆。」（註十）

武侯問敵必可擊之道。

起對曰：「用兵必審敵虛實而趨其危。敵人遠來新至，行列未定，可擊。既食未設備，可擊。奔走，可擊。勤勞，可擊。未得地利，可擊。失時不從，可擊。旌旗亂動，可擊。涉長道，後行未息，可擊。涉水半渡，可擊。險道狹路，可擊。陳數移動，可擊。將離士卒，可

擊。心怖，可擊。凡若此者，選銳衝之，分兵繼之，急擊勿疑。」（註十一）

註釋

註一 三晉，周威烈王廿三年（前四〇三年），晉國大夫韓、魏、趙三家瓜分晉國，周天子封三家為諸侯，進入戰國時代，史稱「三家分晉」。韓、魏、趙亦稱「三晉」，吳起指的是韓、趙兩國。

武侯問吳起：「現在秦國威脅我國西部，楚國圍繞我國南部，趙國盯著我國東北，齊國緊逼我國東部，燕國阻絕在我國後方，韓國守在我國前方，六國軍隊對我形成四面包圍，形勢對我國很不利，我很憂慮，該怎麼辦？」

吳起答說：「保障國家安全之道，先有戒備最要緊，現在您已有了戒備，禍患就遠了。請允許我分析一下六國情況：齊國雖有重兵但陣勢不夠堅強，秦國陣勢分散而慣於各自為戰，楚國陣勢嚴整但不持久，燕國陣勢長於防守但不善機動。韓、趙兩國，陣勢看起來整齊，但缺乏戰鬥力。」

註二 「齊國人個性剛烈，他們國家富足，君臣驕奢，不關心人民的利益，政治鬆散，分配不均；他們軍隊人心不齊，兵力部署前重後輕，所以陣勢很大但不堅實。打擊這種對手的方法，要將我軍分三路，兩路夾攻其左右兩翼，另一路乘勢追擊，就可以攻破其陣勢而取勝。」

註三 秦國人性情強悍，他們地勢險要，政令嚴明，賞罰分明，士卒臨陣勇於奮戰，所以陣勢雖分散仍能各自為戰。打擊這種對手的方法，先以小利引誘，使其分散脫離指揮，再打擊其分散的小部隊，以伏兵伺機取勝，就可擒獲其將領。」

註四 楚人個性柔弱，他們領土廣大，政令混亂，人民疲困。所以他們陣勢雖嚴但不持久。打擊這種對手的方法，先襲擾其駐地，動搖其士氣，相機進擊再突然撤退，使他疲於奔命，不要急著決戰，這樣就可以打敗他的軍隊。

註五 燕國人老實而純樸，行為謹慎，好勇尚義，但欠謀略思維，所以他們陣勢長於防守而不善於靈活出擊。應付這種對手的方法，一交戰就壓迫他們陣勢，入侵再快速撤退，同時出擊其後方，使其將領疑惑而士卒恐懼，我以軍騎埋伏於其退路上，就可以俘獲敵方之將領。

註六 韓趙乃中原之國，人民個性溫順，政治平和，百姓不好戰，且輕視他們的將領，將士待遇太低，沒有效死命之決心，所以陣勢整齊但不中用。打擊這種對手的方法，以強大兵力制壓，敵整眾而來就和它對陣，退卻就追擊它，使其軍隊疲困。這是當前魏國所面對，六國之形勢。

註七 「虎賁（音奔）」，勇猛如虎的戰車甲士，商朝以後戰車上才有甲士，春秋有車下甲士，類似今之坦克隨伴步兵。「五兵」，戈、殳、戟、酋矛、弓矛；另步兵的五兵是：弓、矢、矛、戈、戟。或泛指古代作戰常用兵器。

「我軍隊中定有勇猛之人，其力可輕易舉起大鼎，健足者能追上戰馬，能在戰鬥中，奪敵旗、殺敵將，必有這種能人。像這樣人才，要特別選拔，給他特別待遇，重視並重用，這是部隊的精銳。凡善於五種兵器，強壯敏捷，有志於殺敵建功者，要加官進爵，用他們與敵決戰，厚待他們的父母妻兒，有獎賞也要有軍法的約束警戒。他們是軍隊的中堅力量，能持久戰鬥，正確的運用這些人才，能擊敗兩倍於自己的敵人。」

武侯說：「真是太好了！」

註八

吾國周朝軍制，天子有六軍，大國三軍，每軍有一萬二千五百人。春秋時，晉國稱中、上、下三軍，楚國稱中、左、右三軍。一般軍隊也統稱三軍。

吳起說，不必經由占卜，只要判斷敵情，就可以出擊敵人，有八種情況：

(一)在大風寒冷中晝夜行軍，破冰渡河，不顧士卒艱苦。

(二)炎夏行軍不休息，士卒飢渴，只顧趕往遠地。

(三)軍隊長期在外缺糧，百姓積怨，不祥之兆屢屢出現，將帥無能制止。

(四)補給耗盡，柴火飼料所剩無幾，天氣陰雨連綿，無處可以掠取補充。
(五)兵力不足，水土不服，人馬得病，鄰國不相救。
(六)部隊遠程趕路，時已黃昏，人馬疲困恐懼又飢餓，正解甲休息中。
(七)將領幹部能力差，軍心不穩，夜間常有驚叫聲，各部隊都孤立無援。
(八)部署未妥，宿營未畢，或翻山越險走到半途。諸如以上敵情，快速出擊，不必懷疑。

註九 也有六種情況，不必占卜，就應該避免與敵作戰：
(一)土地廣大，人民眾多，國家富裕。
(二)君主愛護人民，恩惠普及全國。
(三)賞必有信，罰必明察，行動及時。
(四)論功授位，任用賢能。
(五)軍隊眾多，裝備精良。
(六)鄰國相助，大國支援。
凡是在這些方面不如敵人，都應避免作戰，不必質疑。簡單的說，作戰不外就是視敵情能打就打，知難以取勝就退。

註十 武侯問：「我想從敵軍的外部徵候察知內情，從其行動判斷它真正的企圖，以決定勝負，有什麼辦法？可以說來聽聽！」

吳起答說：「敵人向我方來時，散漫又沒有警惕，旗幟紛亂，人馬左顧右盼，這種狀況，我軍可以一擊十，必使敵軍驚荒失措。敵人各路軍隊尚未會師，君臣意見不合，防禦工事尚未構築完成，命令不貫徹，部隊喧譁不安，不進不退。這種情形，我軍以半數兵力攻擊成倍敵人，可百戰不敗。」

註十一 武侯問能戰勝敵人的時機。

吳起回答說：「用兵打仗首要明察敵人虛實，攻擊敵之弱點。敵軍遠來，部署未定，可以攻擊。剛吃完飯尚未就戰備狀態，可以攻擊。驚慌奔跑中，可以攻擊。疲勞可以攻擊。沒有佔領有利地形，可以攻擊。天候對敵不利，可以攻擊。部隊混亂可以攻擊。長途行軍未得休息，可以攻擊。過河半渡可以攻擊。通過隘路險關可以攻擊。屢次變換陣勢可以攻擊。將士分離可以攻擊。軍心動搖可以攻擊。凡遇到以上敵情，以我精銳向敵發起攻擊，再用後續兵力接應，快速進攻，不可遲疑。」

料敵篇就是敵情判斷，吳起指出六大重點：㈠國家安全、先備為要，㈡知己知彼、百戰不殆，㈢組建特戰、必有能者，㈣可勝則戰、知難而退，㈤徵候判斷、知敵內情，㈥審敵虛實、攻其危弱。

第三章 治兵篇

【原典】

武侯問曰：「用兵之道何先？」

起對曰：「先明四輕、二重、一信。」

曰：「何謂也？」

對曰：「使地輕馬，馬輕車，車輕人，人輕戰。明知險易，則地輕馬。芻秣以時，則馬輕車。膏鐧有餘，則車輕人。鋒銳甲堅，則人輕戰。進有重賞，退有重刑。行之以信。審能達此，此勝之主也。」（註一）

武侯問曰：「兵何以為勝？」

起對曰：「以治為勝。」

又問曰：「不在眾乎？」

對曰：「若法令不明，賞罰不信，金之不止，鼓之不進，雖有百萬，何益於用？所謂治者，居則有禮，動則有威，進不可當，退不可追，前卻有節，左右應麾，雖絕成陳，雖散成行。與之安，與之危，其眾可合而不可離。可用而不可疲，投之所往，天下莫當，名曰父子之兵。」（註二）

吳子曰：「凡行軍之道，無犯進止之節，無失飲食之適，無絕人馬之力。此三者，所以任其上令。任其上令，則治之所由生也。若進止不度，飲食不適，馬疲人倦而不解舍，所以不任其上令。上令既廢，以居則亂，以戰則敗。」（註三）

吳子曰：「凡兵戰之場，立屍之地。必死則生，幸生則死。其善將者，如坐漏船之中，伏燒屋之下，使智者不及謀，勇者不及怒，受敵可也。故曰：用兵之害，猶豫最大；三軍之災，生於狐疑。」（註四）

吳子曰：「夫人常死其所不能，敗其所不便。故用兵之法，教戒為先。一人學戰，教成十人。十人學戰，教成百人。百人學戰，教成千人。千人學戰，教成萬人。萬人學戰，教成三軍。以近待遠，以佚待勞，以飽待飢。圓而方之，坐而起之，行而止之，左而右之，前而

後之，分而合之，結而解之。每變皆習，乃授其兵。是謂將事。」（註五）

吳子曰：「教戰之令，短者持矛戟，長者持弓弩，強者持旌旗，勇者持金鼓，弱者給廝養，智者為謀主。鄉里相比，什伍相保。一鼓整兵，二鼓習陳，三鼓趨食，四鼓嚴辨，五鼓就行。聞鼓聲合，然後舉旗。」（註六）

武侯問曰：「三軍進止，豈有道乎？」

起對曰：「無當天灶，無當龍頭。天灶者，大谷之口。龍頭者，大山之端。必左青龍，右白虎，前朱雀，後玄武，招搖在上，從事在下。將戰之時，審候風所從來，風順致呼而從之，風逆堅陳以待之。」（註七）

武侯問曰：「凡蓄卒騎，豈有方乎？」

起對曰：「夫馬，必安其處所，適其水草，節其饑飽。冬則溫廄，夏則涼廡。刻剔毛鬣，謹落四下。戢其耳目，無令驚駭。習其馳逐，閑其進止，人馬相親，然後可使。車騎之具，鞍、勒、銜、轡，必令完堅。凡馬不傷於末，必傷於始。不傷於飢，必傷於飽。日暮道遠，

必數上下。寧勞於人，慎無勞馬。常令有餘，備敵覆我。能明此者，橫行天下。」（註八）

註釋

註一　武侯問：「用兵打仗，先要注意什麼？」
吳起答說：「先要明白四輕、二重、一信。」
武侯又問：「這話怎麼講呢？」
吳起回答說：「四輕就是：地形便於跑馬，馬便於駕車，車便於載人，人便於戰鬥。熟悉地形險易就便於讓馬奔馳，飼養得好馬兒便於駕車，車軸常保養潤滑就便於載人，武器裝備好士卒便於戰鬥。二重，勇敢前進重賞，怕死後退重罰。一信就是賞罰必講信用。以上能做到，就能主宰勝利了。

註二　金，鉦（音爭）也，古代軍樂器，作戰時鳴金表示收兵信號；擊鼓，則是進軍出戰的信號。
武侯問：「軍隊怎樣才能打勝仗呢？」
吳起答說：「軍隊治理好就能打勝仗。」
武侯又問：「不在兵力多少嗎？」
吳起答說：「如果法令不嚴明，賞罰無信用，鳴金不停止，擂鼓不前進，雖有百萬之眾，又有何用？所謂治理好，平時守禮法，戰時有威勢，前進銳不可擋，後退快不可追，前進後退都嚴不亂，左右移動配合指揮；被敵截斷仍能不亂，被衝散又恢復行列。官兵同甘共苦，團結一致，連續作戰而不疲憊，投向任何地方，誰也不能抵擋。這種軍隊叫父子兵。」

註三　吳起說：「用兵打仗的原則，不違反前進和停止的節制，不耽誤適時供食，不耗盡人馬體力。這三項基本做到，能完成上級交待任務。完成任務，就達到治軍的要求。若進退不能節制，飲食不能適時供給，人馬疲困沒得休息，就不能完成上級授予任務。不能完成任務的軍隊，駐地必然混亂，要開赴上戰場，必然只有打敗仗。」

註四　吳起說：「軍隊作戰的戰場，就是會死傷的地方。有必死決心反而會有生路，貪生怕死更容易死。善戰的將領，如乘漏船上，又像在火燒的屋內，無論多機智也來不及謀畫，勇者也會慌怒，唯一能做的是迎敵奮戰。所以說，最壞是猶豫不決。全軍失敗的災難，大多肇因於孤疑不決，行動遲緩。」

註五　吳起說：「士卒在戰場上往往死於能力不足，敗於不熟悉戰法。所以用兵之法，以戰鬥教練為先。一人學好戰鬥本領可教會十人，十人學好教百人，百人學好教千人，千人學好教萬人，萬人學好全軍都好了。重要的戰法是我軍能以近待遠，以逸待勞，以飽待飢。陣形操練，圓陣變方陣、坐下起立、前進停止、向左向右、向前向後、散開到集中、集中變散開，各種陣勢都要訓練到熟悉，才能授給兵器。這些是身為將領的人，該做的要事。」

註六 廝養，從事炊事的勤務兵。周朝軍制中，五人為伍，十人為什，是軍隊最小的戰鬥編組。古代「辨」字同辦，嚴整裝束之意。
吳起說：「士卒教戰之原則，身材矮的用矛或戟，高的可以操作弓弩，強壯的舉軍旗，勇者鳴金擊鼓，身體差的當炊事兵，聰明的出謀策。此外，同鄉人編在一起，什伍相互聯保。每人都要了解指揮信號，打第一通鼓是整理兵器，第二通鼓練習戰陣，第三通鼓是快速早餐，第四通鼓整理裝束，第五通鼓列隊準備出發。再聽到鼓聲齊響，就高舉軍旗出發了。

註七 青龍：吾國古代二十八星宿中，東方七宿之總稱，方位代表東方，又叫「蒼龍」。古代軍旗以青龍為名，一般是青色，上繪龍，為左軍之軍旗。
白虎：二十八宿中西方七宿總稱，代表西方，軍旗白色，上繪虎或熊，一般為右軍之軍旗。朱雀：二十八宿中南方七宿總稱，代表南方，軍旗紅色，上繪鳥或象，一般為前軍之軍旗。
玄武：二十八宿中北方七宿總稱，代表北方，軍旗黑色，上繪龜或蛇，一般為後軍之軍旗。

招搖：北斗七星杓端的星宿，代表中央方位，有指揮之意。軍旗黃色，上繪北斗七星，一般為中軍之軍旗，中軍通常也是主力。

武侯問：「軍隊前進、停止，有什麼原則嗎？」

吳起答：「不要在『天灶』紮營，不要在『龍頭』駐兵。天灶是大山谷的谷口，龍頭是大山的山頂。軍隊指揮，左軍必用青龍旗，右軍必用白虎旗，前軍用朱雀旗，後軍用玄武旗，中軍招搖旗為總指揮，部隊跟著旗號行動。臨戰前要觀測氣候風向，順風有利於乘勢前進，逆風有利於固守陣地，待機破敵。」

註八

廄，馬房。鬣，馬的鬃毛。四下，是馬的四蹄。落四下，指為馬鏟蹄釘掌。戢，訓練。閑，通嫻，熟悉。上下，上馬和下馬，交替行之，讓馬可以休息。

武侯問：「馴養戰馬，有什麼法則嗎？」

吳起答：「要使馬匹處於舒適狀態，喝水吃草要適中，饑飽有節制，馬房冬天要保持溫暖，夏天通風涼爽。經常修剪馬鬃，細心為牠鏟蹄釘掌，訓練奔馳，熟悉前進和停止的動作。要做到人馬相互熟悉，才能完善使喚牠。駕車馬具，如馬鞍、籠頭、銜子、韁繩等，都要完好牢固。通常，馬不是傷於使用後，就是傷於使用初；不傷於太餓，就傷於太飽。當天色已晚而路途尚遠，應騎馬和步行交替，讓馬休息。寧可讓人疲勞些，千萬不能讓馬過勞，要使馬常保有餘力，以防敵人突然來襲。能懂這些基本道理，就能讓自己橫行天下了。」

治兵篇講的是軍隊治理，主要在立「信」，不立信，兵再多也沒有戰鬥力。吳起指出八個重點：㈠四輕、二重、一信，㈡進有重賞、退有重罰，㈢進止有度、後勤保障，㈣必死則生，幸生則死，㈤訓練、訓練、訓練，㈥因材施教，因材用人，㈦戰術、指揮、連絡，㈧戰馬馴養與運用。

第四章　論將篇

【原典】

吳子曰：「夫總文武者，軍之將也。兼剛柔者，兵之事也。凡人論將，常觀於勇，勇之於將，乃數分之一爾。夫勇者，必輕合，輕合而不知利，未可也。故將之所慎者五：一曰理，二曰備，三曰果，四曰戒，五曰約。理者，治眾如治寡。備者，出門如見敵。果者，臨敵不懷生。戒者，雖克如始戰。約者，法令省而不煩。受命而不辭，敵破而後言返，將之禮也。故出師之日，有死之榮，無生之辱，」（註一）

吳子曰：「凡兵有四機：一曰氣機，二曰地機，三曰事機，四曰力機。三軍之眾，百萬之師，張設輕重在於一人，是謂氣機。路狹道險，名山大塞，十夫所守，千夫不過，是謂地機。善行間諜，輕兵往來，分散其眾，使其君臣相怨，上下相咎，是謂事機。車堅管轄，舟利櫓楫，士習戰陣，馬閑馳逐，是謂力機。知此四者，乃可為將。然

其威、德、仁、勇，必足以率下安眾，怖敵決疑。施令而下不犯，所在寇不敢敵。得之國強，去之國亡。是謂良將。」（註二）

吳子曰：「夫鼙鼓金鐸，所以威耳。旌旗麾幟，所以威目。禁令刑罰，所以威心。耳威於聲，不可不清。目威於色，不可不明。心威於刑，不可不嚴。三者不立，雖有其國，必敗於敵。故曰：將之所麾，莫不從移。將之所指，莫不前死。」（註三）

吳子曰：「凡戰之要：必先占其將而察其才。因形用權，則不勞而功舉。其將愚而信人，可詐而誘。貪而忽名，可貨而賂。輕變無謀，可勞而困。上富而驕，下貧而怨，可離而間。進退多疑，其眾無依，可震而走。士輕其將而有歸志，塞易開險，可邀而取。（註四）進道易，退道難，可來而前。進道險，退道易，可薄而擊。居軍下濕，水無所通，霖雨數至，可灌而沈。居軍荒澤，草楚幽穢，風飆數至，可焚而滅。停久不移，將士懈怠，其軍不備，可潛而襲。」（註五）

武侯問曰：「兩軍相望，不知其將，我欲相之，其術如何？」

吳起回答說：「令賤而勇者，將輕銳以嘗之。務於北，無務於得，觀敵之來，一坐一起，其政以理，其追北佯為不及，其見利佯為不知，如此將者，名為智將。勿與戰矣。若其眾讙譁，旌旗煩亂，其卒自行

自止，其兵或縱或橫，其追北恐不及，見利恐不得，此為愚將，雖眾可獲。」（註六）

註釋

註一　總，統領、統帥之意。兵，此處指軍隊。輕合，輕易與敵交戰。克，勝利、完成。

文武兼備的人，才能勝任軍隊的將領。剛柔並用的人，才能統兵作戰。一般評論將領只說到勇，其實勇對將領該具備的條件，只是若干條件之一。只有勇者的將領必輕率應戰，輕易與敵交戰而不顧利害，是不可取的。有五件事（條件）將領要謹慎：

㈠理：治理眾多的軍隊，和治理少數軍隊同樣有條理。

㈡備：（出門如見敵），軍隊任何時候都保持戒備。

㈢果：臨陣與敵交戰時，不考慮個人生死。

㈣戒：（雖克如始戰），打勝仗仍和初戰一樣謹慎。

㈤約：法令、命令，簡明而不繁瑣。

再者，接受任命決不推辭，擊敗敵人才說班師回朝的話。所以將領從出征之日起，就只有光榮犧牲，絕無忍辱偷生之心。

註二　大凡負責用兵打仗的將領，要注意四個關鍵：

㈠氣機，掌握士氣：三軍之眾，百萬之師，掌握輕重緩急，在將帥一人，這就是掌握士氣的關鍵。

㈡地機，利用地形：狹路險道，名山要塞，十人防守，千人不能通過，這就是利用地形的關鍵。

㈢事機，善於謀算：善用情報，以輕騎不斷擾亂敵人，以分散其兵力，使其上下不合，是謀算之關鍵。

㈣力機，發揮兵力：戰車、戰船與零附件處於最佳狀態，士卒熟悉戰陣，戰馬善於馳騁，這是發揮兵力之關鍵。

懂得把握這四個關鍵，才能為將。而他的威、德、仁、勇都必須是全軍的表率，能安撫部屬，威懾敵人，決斷疑難。他的命令部下不敢違背，所到之處，敵人不敢抵抗。得到這樣將才，國家就強盛，失去他國家就滅亡。這叫做良將。

註三 鼙、鼓、金、鐸，古代軍隊作戰的四種工具，透過聽覺「威耳」（使耳聽命）；旌、旗、麾、幟，也是四種不同指揮工具，透過視覺「威目」（使眼睛聽命）。威，引申使士卒服從命令。

鼙鼓金鐸、旌旗麾幟，都是用來指揮作戰，士卒才能服從命令；禁令刑罰，則是用來威懾軍心。聲音傳達到耳朵不可不響亮，顏色傳達到眼睛不可不鮮明，軍心受制刑罰不可不威嚴。三者如果不確立，雖有國家，遲早必被敵人打敗。所以說：將領指揮軍隊，無不依令而行；將領所指向的地方，無不拼死前進。

註四　前，古通剪，消滅之意。穢，繁茂、多草之意。

一般而言，作戰最重要先探知敵將何人？考察他的才能。依形勢用計謀，可不費兵力而大功告成。敵將愚昧輕信於人，可用詐計誘惑他。敵將貪婪而忽視名譽，可用金錢收買。敵將輕率無謀，可疲勞轟炸使他困頓。敵高級幹部多金又驕橫，基層幹部窮困而多怨，可以離間分化他們。敵進退不決，部隊無所適從，可以震憾嚇跑他們。敵士卒輕視其將領又想回家，可阻斷平坦之路而開放險道，引敵出走，待機截擊而消滅他們。

註五　敵人進路容易而退路困難，就讓他來並消滅他。敵人進路困難而退路容易，可近迫並發起攻擊。敵軍駐紮在低地潮濕之處，水道不通，大雨連日，可用水攻。敵軍駐紮在荒野沮澤，水草繁茂，常有大風，可以用火攻。敵人久駐一地，將士懈怠，戒備鬆散，可以乘機偷襲。

註六　一坐一起：類似現代軍隊操演時，「坐下、起立」的基本教練口令。古代陣形演練，坐，是坐陣，用於停止。起，由坐陣變為立陣，以便前進。

武侯問：「兩軍對陣，不了解敵方將領，我想查知，有什麼辦法嗎？」

吳起答說：「讓基層勇敢的軍官，率一支輕裝精銳小部隊試探性攻擊。只許打敗，不求勝利，觀察敵人應戰的狀況，若進退有序，追擊假裝追不上，有利假裝沒看見，這是有智謀的將領，不要和他交戰。如果敵軍喧譁吵雜，旌旗混亂，士卒散漫，兵器東倒西歪，追我唯恐不及,見利唯恐不得,這是愚昧的將領,敵軍雖多可俘獲他。」「千軍易得、一將難求」，正是吳起在論將篇所述。有五項重點：㈠文武兼備、剛柔並用，㈡能知四機、威德仁勇為全軍表率，㈢禁令刑罰、所以威心，㈣觀察敵情、制定作戰方案，㈤認識敵將、決定戰法。

第五章 應變篇

【原典】

武侯問曰：「車堅馬良，將勇兵強，卒遇敵人，亂而失行，則如之何？」

吳起對曰：「凡戰之法，晝以旌旗旛麾為節，夜以金鼓笳笛為節。麾左而左，麾右而右。鼓之則進，金之則止。一吹而行，再吹而聚。不從令者誅。三軍服威，士卒用命，則戰無強敵，攻無堅陳矣。」（註一）

武侯問曰：「若敵眾我寡，為之柰何？」

起對曰：「避之於易，邀之於阨。故曰：以一擊十，莫善於阨；以十擊百，莫善於險；以千擊萬，莫善於阻。今有少卒卒起，擊金鳴鼓於阨路，雖有大眾，莫不驚動。故曰，用眾者務易，用少者務隘。」（註二）

武侯問曰：「有師甚眾，既武且勇，背大險阻，右山左水，深溝高壘，守以強弩，退如山移，進如風雨，糧食又多，難以長守，則如之何？」

起對曰：「大哉問乎！此非車騎之力，聖人之謀也。能備千乘萬騎，兼之徒步，分為五軍，各軍一衢。夫五軍五衢，敵人必惑，莫知所加。敵人若堅守以固其兵，急行間諜，以觀其慮。（註三）彼聽吾說，解之而去，不聽吾說，斬使焚書，分為五戰。戰勝勿追，不勝疾歸。如是佯北，安行疾鬥，一結其前，一絕其後，兩軍銜枚，或左或右，而襲其處。五軍交至，必有其力，此擊強之道也。」（註四）

武侯問曰：「敵近而薄我，欲去無路，我眾甚懼，為之柰何？」

起對曰：「為此之術，若我眾彼寡，分而乘之，彼眾我寡，以方從之。從之無息，雖眾可服。」（註五）

武侯問曰：「若遇敵於谿谷之間，傍多險阻，彼眾我寡，為之柰何？」

起對曰：「遇諸丘陵、林谷、深山、大澤，疾行亟去，勿得從容。若高山深谷，卒然相遇，必先鼓譟而乘之，進弓與弩，且射且虜，審察其政，亂則擊之勿疑。」（註六）

武侯問曰：「左右高山，地甚狹迫，卒遇敵人，擊之不敢，去之不得，為之奈何？」

起對曰：「此謂谷戰，雖眾不用，募吾材士與敵相當，輕足利兵以為前行，分車列騎隱於四旁，相去數里，無見其兵，敵必堅陳，進退不敢。於是出旌列旆，行出山外營之，敵人必懼，車騎挑之，勿令得休，此谷戰之法也。」（註七）

武侯問曰：「吾與敵相遇大水之澤，傾輪沒轅，水薄車騎，舟楫不設，進退不得，為之奈何？」

起對曰：「此謂水戰，無用車騎，且留其旁。登高四望，必得水情，知其廣狹，盡其淺深，乃可為奇以勝之。敵若絕水，半渡而薄之。」（註八）

武侯問曰：「天久連雨，馬陷車止，四面受敵，三軍驚駭，為之奈何？」

起對曰：「凡用車者，陰濕則停，陽燥則起；貴高賤下。馳其強車，若進若止，必從其道。敵人若起，必逐其跡。」（註九）

武侯問曰：「暴寇卒來，掠吾田野，取吾牛羊，則如之何？」

起對曰：「暴寇之來，必慮其強，善守勿應，彼將暮去，其裝必重，其心必恐，還退務速，必有不屬。追而擊之，其兵可覆。」（註十）

吳子曰：「凡攻敵圍城之道，城邑既破，各入其宮，御其祿秩，收其器物。軍之所至，無刊其木、發其屋、取其粟、殺其六畜、燔其積聚，示民無殘心。其有請降，許而安之。」（註十一）

註釋

註一　卒，同猝，突然。旛，古代軍旗的一種。金鼓笳笛，都是古代軍隊指揮用的一種樂器。

武侯問：「戰車堅固，戰馬精壯，將領勇猛，士卒強悍，突然遇到這種敵軍，我軍頓時陷於混亂，應該怎麼辦？」

吳起答說：「一般軍隊指揮的方法，白天用旌旗旛幟，晚上用金鼓笳笛。軍旗指揮向左則左，向右則右，擂鼓前進，鳴金停止。第一次響起笛笳就前進，第二響是集合，抗命者依法斬首。如此，三軍就會從服命令，士卒用命，則沒有打不勝的強敵，也沒有不能攻破的堅陣。」

註二 易，平坦的地形。阨，同隘，險要之隘路。「少卒卒起」，少卒，少量的兵力，第二個卒是突然之意。

武侯問：「如果敵眾我寡，怎麼辦？」

吳起答說：「避免在平坦的開擴地與它作戰，在險要的地方攔擊它。所以，以一擊十，隘路地形最好；以十擊百，利用險地最佳；以千擊萬，阻絕地形更好。如果以小部隊突然出擊，在隘道上擊鼓鳴金，敵人有眾多兵力，莫不慌張混亂。因此，指揮大部隊作戰，要在平坦的地形，少數兵力作戰，務必要選在險要地形才有利。」

註三 聖人，這裡指深謀遠慮的人。兼之徒步，同時加用步兵。古代作戰之兩軍，可互派使者到對方陣營，使者同時負有間諜任務。

武侯問：「敵軍眾多，十分勇武，背靠險要高地，右山左水，深溝高壘，有強弩固守陣地，後退像山在移動，前進如風雨急速，糧食充足，難以和它長期對抗，怎麼辦？」

吳起答說：「問到重大問題了。這不是單靠車騎武力可以解決，這須要高明的智謀才能制勝。如果有戰車千輛，騎兵萬人，加上若干步兵，分成五支軍隊。這五支軍隊各成一路，形成五路縱隊，向五個方向前進，敵必疑惑，不知我方企圖，敵方若仍堅守陣地以固軍心，即派出軍使到敵營去觀察其動向。」

註四　「若敵聽我勸說就退兵，我方也退兵；若不聽勸反而殺我軍使，燒我軍書，則我五路攻之，打勝不窮追，不勝就撤回。也可假意敗退誘敵，以一軍進行擾亂激戰，一軍正面牽制，一軍斷其退路，另兩軍秘密從兩側發起攻擊。如此五軍合擊，必形成有利態勢，這是攻擊強敵的方法。」

註五　薄，靠近、迫近。分而乘之，分兵包圍之意。方，併也，引申集合，「以方從之」，集中兵力襲擊。

武侯問：「敵人逐漸向我逼近，我軍無路可退，士卒恐慌，怎麼辦？」

吳起答說：「應付此種狀況的方法，若我眾敵寡可分兵包圍它，若敵眾我寡，可集中兵力襲擊它，要不斷地襲擊，如此敵雖多也可以制服。」

註六　武侯問：「如果在山谷裡遇到敵人，旁邊都是險阻地形，敵眾我寡，要怎麼辦？」

吳起答說：「遇到丘陵、森林、山谷、深山、沼澤等地形，迅速通過，不可久留。在高山深谷突然與敵相遇，要先擊鼓吶喊並乘勢攻擊，弓與弩同時發射，邊射殺，邊擄掠。仔細觀察敵陣勢，乘亂進攻，不要存疑。

註七　武侯問：「如果左右高山，地形狹窄，突然遇敵，不敢對敵攻擊，後退又不能，怎麼辦？」

吳起答說：「這叫谷地戰，兵力多也用不上，應派出精銳與敵對抗，以輕步兵為前鋒，戰車和騎兵埋伏四周，與前鋒相距數里，部隊兵力都要偽裝潛藏，敵必堅守陣地，不敢進退。此時，我軍突現，搖旗吶喊，對敵進行襲擾。如是敵必心生恐懼，我再出車騎進擊，使其不得休息，這是谷地戰之原則。」

註八

武侯問：「我軍在大沼澤地與敵相遇，水淹到戰車輪，車騎有被大水吞沒的危險，又無舟船設備，進退兩難，怎麼辦？」

吳起答說：「這叫水戰。戰車騎兵都用不上，就暫留一邊，到高處向四面眺望，觀察水勢，得知水勢之大小、深淺、寬窄，然後才能設法出奇制勝。如果敵人渡水而來，趁其半渡時，迫近攻擊它。」

註九

武侯問：「陰雨連綿的日子，到處積水、泥濘，車馬難行，四面又受敵包圍，全軍都很恐慌害怕，形勢很不利，怎麼辦？」

吳起答說：「凡用兵作戰，陰雨泥濘就停止行動，等天晴乾燥再行動。兵車利於高地，不利地窪之地。作戰時，戰車快速奔馳，不論前進或後退，都依上述原則。如果敵人應戰，沿著它的車跡追逐。」

註十

武侯問：「敵寇突然來襲，掠奪我莊稼，搶走我牛羊，我應該怎麼辦？」

吳起答說：「敵寇突然來襲，要考量它的實力強弱，先避其銳氣妥為防守，不急於出戰。待傍晚時，他們帶的東西多必沈重，必有恐懼，又急於回歸，必有落隊者。我軍再乘機攻擊，就可以殲滅敵寇了。」

註十一　宮，上古房屋通稱，這裡指官府。祿秩，俸祿和爵位，這裡指官吏。刊，古代通砍、削之意。發，打開、拆毀之意。

吳起說：「圍攻敵人城池有一些原則，我軍攻破敵人城邑後，要進駐佔領其官府，管控其原來官吏，接管所有資源。軍隊所到，不得砍樹，不得毀壞民居，不得奪取百姓糧食或殺其牲口，不得火燒百姓財物等，以示軍隊愛民之心。若有請降歸順者，應允許並加以優撫。

應變篇論述作戰過程中，所有可能發生的狀況，如何妥善處理，包含有：㈠遭遇戰、㈡敵眾我寡時、㈢敵軍強大時、㈣我軍無退路時、㈤谷地作戰、㈥山林地戰、㈦水戰（渡河戰）、㈧惡劣天氣戰、㈨敵人突襲時、㈩攻佔敵城邑後的戰地政務和收拾民心工作。

第六章　勵士篇

【原典】

武侯問曰：「嚴刑明賞，足以勝乎？」

起對曰：「嚴明之事，臣不能悉。雖然，非所恃也。夫發號布令而人樂聞，興師動眾而人樂戰，交兵接刃而人樂死。此三者，人主之所恃也。」（註一）

武侯問曰：「致之奈何？」

對曰：「君舉有功而進饗之，無功而勵之。」

於是武侯設坐廟廷，為三行饗士大夫，上功坐前行，餚席兼重器上牢；次功坐中行，餚席器差減；無功坐後行，餚席無重器。（註二）饗畢而出，又頒賜有功者父母妻子於廟門外，亦以功為差。有死士之家，歲使使者勞賜其父母，著不忘之心。行之三年，秦人興師，臨於西河，魏士聞之，不待吏令，介胄而奮擊之者以萬數。（註三）

武侯召吳起而謂曰：「子前日之教行矣。」起對曰：「臣聞人有短長，氣有盛衰。君試發無功者五萬人，臣請率以當之。脫其不勝，取笑於諸侯，失權於天下矣。今使一死賊伏於曠野，千人追之，莫不梟視狼顧，何者？恐其暴起而害己也。是以一人投命，足懼千夫。今臣以五萬之眾，而為一死賊，率以討之，固難敵矣。」（註四）

於是武侯從之，兼車五百乘，騎三千匹，而破秦五十萬眾，此勵士之功也。

先戰一日，吳起令三軍曰：「諸吏士當從受敵車、騎與徒，若車不得車，騎不得騎，徒不得徒，雖破軍，皆無功。」故戰之日，其令不煩而威震天下。（註五）

註釋

註一　武侯問：「刑罰和獎賞都嚴明，是否就足以確定打勝仗了？」吳起回答：「關於賞罰嚴明的事，臣無法詳述，但是，我認為不能完全依靠賞罰。只有發佈命令，人人都樂於聽從；興兵作戰，人人都樂於出戰；與敵交戰時，人人都樂於效死。這三項是君王所以能夠打勝仗的依靠。」

註二　饗，宴請。廟廷，祖廟的大庭。三行，座席分三個等次。餚席兼重器，葷菜加貴重食具。上牢，古時祭祀用的三牲，牛、羊、豬。武侯問：「如何做到這三項呢？大家都樂聞、樂戰、樂死！」吳起答說：「君王可以選出有功將士，設宴慰勞，讓未曾建功的人也來參加，給予鼓勵。」於是武侯在宗廟大殿設宴，分前、中、後三種席位宴請將士。建立上等功績的人坐前排，宴席都用貴重禮器；次等功績坐中排，宴席和禮器依次減等。未曾建功的人坐後排，宴席無禮器。宴會結束後從宗廟出來，又有廟門外賞賜有功人員的父母妻室，也以功績大小分等級。凡有為國犧牲的將士家庭，朝廷每年派使者慰、賞賜他們的父母，表明國家不忘烈士功勳。這樣實行了三年，碰到秦軍來犯，兵臨西河國境，魏國將士知道這消息，不等朝廷發佈命令，數萬人紛紛拿起武器裝備就上陣，奮勇殺敵去了。

註三　脫，倘若、或許。梟視狼顧，梟（音消），貓頭鷹。梟視，形容像梟尋找獵物那麼專注。狼顧，形容如狼之警惕，行走時常回頭看。梟視狼顧，形容緊張害怕的樣子。

註四　武侯召見吳起說：「你以前說的勵士之道，現在看到成效了。」吳起答說：「臣聽說人的才能各有長短，民心士氣時旺時衰。君王不妨試著派出五萬沒有功績的人，允許我率領去抵禦秦軍，若戰而不勝，只會被諸侯取笑，失去天下間之話語權。這好像一個犯了死罪的賊寇，潛伏於荒野，有一千人在追捕他，但這千人個個緊張害怕。為何？因怕這賊寇突然現身傷害自己。所以，一個人拼命，足以威脅千人。現在我集合這五萬大軍，個個就像那賊寇一樣拼命，率領他們去殺敵，其戰力是敵人不能抵抗的。」

註五

於是武侯聽從吳起的建議，撥出戰車五百輛，騎兵三千人，一戰而擊敗秦國五十萬大軍。這都是勵士之道產生的功效啊！

作戰開始的第一天，吳起對三軍發佈命令說：「各級指揮官都要服從命令，與敵之戰車、騎兵、步兵作戰；如果我戰車兵不能俘獲敵人戰車兵，我騎兵不能俘獲敵騎兵，我步兵不能俘獲敵步兵，全軍雖打勝仗，也不算功績。」所以開戰第一天，命令雖簡單，卻已威震天下了。

勵士篇講賞罰嚴明，有功進饗，無功勵之。但吳起強調，打勝仗不單靠賞罰嚴明，主要能做到以下三項：㈠樂聞（人民樂於聽從政府發號施令）、㈡樂戰（國家啟動戰爭人民樂於出戰）、㈢樂死（與敵作戰時將士樂於效死）。這是千古之難題，古今中外恐只有一國做到，就是吳起在魏時之魏國。但不久魏國政客嫉恨吳起，吳起奔楚，魏國很快衰敗，可見人才對國家的重要。

第三部　尉繚子兵法

尉繚，是秦始皇的兵法家。他的生卒本末不詳，可能是魏國或齊國人。但他是鬼谷子第五位著名學生（鬼谷子前四名大名鼎鼎的學生是：孫臏、龐涓、蘇秦、張儀）。

秦王政十年（前二三七年，秦統一中國前十六年），尉繚晉見秦王政（之後的始皇帝），游說當時各國結盟要對付秦國，可能不利於秦及秦國如何對應之策略，受到秦王重視。（見《史記．始皇本紀》）

《尉繚子兵法》，是以他的言論集成而傳世。他的兵法思想，被認為是正攻法戰爭論，不講權謀詐欺，孫吳以下，首推尉繚子。

第一章 天官

【原典】

梁惠王問尉繚子曰：「黃帝刑德，可以百勝，有之乎？」（註一）

尉繚子對曰：「刑以伐之，德以守之，非所謂天官時日、陰陽向背也。黃帝者，人事而已矣。何者，今有城，東西攻不能取，南北攻不能取，四方豈無順時乘之者耶？然不能取者，城高池深，兵器備具，財穀多積，豪士一謀者也。若城下，池淺，守弱，則取之矣。繇是觀之，天官時日，不若人事也。」（註二）

按天官曰：「背水陣為絕地，向阪陣為廢軍。」武王伐紂，背濟水向山阪而陣，以二萬二千五百人，擊紂之億萬而滅商，豈紂不得天官之陣哉？楚將公子心與齊人戰，時有彗星出，柄在齊，柄所在勝，不可擊。（註三）

公子心曰：「彗星何知，以彗鬥者，固倒而勝焉。」明日與齊戰，大破之。黃帝曰：「先神先鬼，先稽我智。」所謂天官，人事而已。（註四）

註釋

註一　梁惠王，魏武侯之子，因建都大梁，又稱梁惠王，在位期間為前三七〇年—前三一九年。所以梁惠王是早尉繚一百多年的人，故有存疑其兵書為後人所記，但若當成借古諷今，也沒什麼不可以。

註二　梁惠王問尉繚子：「黃帝講求刑德，所以百戰百勝，有這回事嗎？」尉繚子說：「刑罪用在討伐敵人，德化用在防衛自己，和所謂星象、陰陽等，根本沒有關係，黃帝也是盡人事而已。例如一座城，從四方都攻不破，難道四方就沒有一方順合星象時辰嗎？攻不破的原因，是城高池深，兵器完備，糧食財物充裕，守軍英勇又團結。如果城低池淺，守軍軟弱，早已攻破了。由此觀之，說星象時辰，不如盡人事。

註三　按星象說法，背水布陣是絕地，面對山坡布陣是廢陣，必敗。但武王伐紂時，就背濟水而面對山坡布陣，竟以二萬二千五百人，擊敗紂王億萬人而滅了商。這難是紂王布陣不合乎星象嗎？

還有，楚國的將軍公子心，與齊交戰時，有彗星出現，星的柄指向齊國。依星象說法，柄指的一方會勝利，對公子心而言，這仗不能打。

註四　可是，公子心說：「彗星知道什麼？如果是依彗星來作戰，用柄去打，才能獲勝。」第二天與齊軍交戰，大破齊軍。所以黃帝說：「仰仗鬼神，不如盡自己智慧。」所謂星象，其實人事而已。

天官，即星象。古時吉凶以星象占卜為準。但尉繚子開宗明義先破迷信，說明天官就是人事，可謂「先知」。

第二章　兵談

【原典】

量土地肥磽而立邑。建城稱地，以城稱人，以人稱粟；三相稱，則內可以固守，外可以戰勝。戰，勝於外；備，主於內。戰備相應，猶合符節，無異故也。（註一）

治兵者，若祕於地，若邃於天，生於無。故開之，大不窕，小不恢。明乎禁舍開塞，民流者親之，地不任者任之。夫土廣而任，則國富，民眾而制，則國治。富治者，民不發軔，甲不出暴，而威制天下。故曰：兵勝於朝廷。（註二）

不暴甲而勝者，主勝也；陣而勝者，將勝也；兵起，非可以忿也，見勝則興，不見勝則止。（註三）

患在百里之內，不起一日之師；患在千里之內，不起一月之師；患在四海之內，不起一歲之師。（註四）

清將者，上不制於天，下不制於地，中不制於人。寬不可激而怒，清不可事以財。夫心狂、目盲、耳聾，以三悖率人者，難矣。（註五）

兵之所及，羊腸亦勝，鋸齒亦勝，緣山亦勝，入谷亦勝。方亦勝，圓亦勝。重者如山如林，如江如河；輕者，如炮如燔；如垣壓之，如雲覆之。（註六）令人聚不得以散，散不得以聚，左不得以右，右不得以左。兵如總木弩，如羊角，人人無不騰陵張膽，絕乎疑慮，堂堂決而去。（註七）

註釋

註一　建立城池要先考量土地情況。肥沃與地勢決定城的規模，城的規模決定可容納人口，再依人口數決定農業生產。三者可配合，對內可保安全，對外可以戰勝。作戰，是要擊敗敵人於城外；準備，是內部的安定和團結。所以，戰與備，無異是一體兩面的事。

註二　作戰準備，如地底下的秘密，如天空之深遠，沒有準則，外界不可知。一旦開戰，可大可小，千變萬化無法預料。因而，平時法令禁制要開明適切，愛惜人民，開拓土地，國家才會富裕。人口多，法令完備，則政治安定；富足而安定，不必訴之武力，就可以威服天下了。

註三 所以說，戰爭勝敗決定在政治。能不戰而勝，是國家元首的勝利；戰而後勝，是將領的勝利。戰爭乃國之大事，不能一時感情用事，確實有勝算則戰，不能勝就停止不戰。

註四 凡是戰爭都要速戰速決，不可久拖。百里內戰事一天內要平定，千里遠的戰事不拖過一個月，再遙遠複雜的戰爭也不要拖過一年。

註五 身為將帥，不受制於天候，不受制於地形，不盲從他人的言論。寬大而不感情用事，清白而不被名利動搖。狂妄不冷靜、白目不識大體、聽不進雅言。有以上三大缺陷，要想統率全軍，可難了！

註六 大軍所到之處，無論是在羊腸小道、險峻土地、山上或谷地，都可以打勝仗；敵方不論圓陣、方陣，我軍都能戰勝。大軍之穩重如山，安靜如林，氣勢如江河，快如火燒漫延，如城牆沒有空隙。又像烏雲蓋頂，讓人不能喘息。

註七 如此，就迫使敵人集結時不能散開，散開又不能集結。要它向左，不能往右，要它往右，不能往左。我軍萬箭齊發，行動一致，如旋風席捲敵陣。將士人人慷慨激昂，毫不遲疑，抱必勝決心，勇往直前與敵決戰而去。兵談，就是論兵。以先安定內部為先，論戰爭原則、將帥條件和用兵的基本法則。

第三章　制談

【原典】

凡兵，制必先定。制先定，則士不亂；士不亂，則刑乃明。金鼓所指，則百人盡鬥；陷行亂陣，則千人盡鬥；覆軍殺將，則萬人齊刃；天下莫能當其戰矣。（註一）

古者士有什伍，車有偏列。鼓鳴旗麾，先登者，未嘗非多力國士也；先死者，亦未嘗非多力國士也；損敵一人而損我百人，此資敵而傷我甚焉，世將不能禁。

征役分軍而逃歸，或臨戰自北，則逃傷者焉，世將不能禁。殺人於百步之外者弓矢也，殺人於五十步之內者矛戟也；將已鼓而士卒相囂、拗矢、折矛、抱戟，利後發。戰有此數者，內自敗也，世將不能禁。

士失什伍，車失偏列，奇兵捐將而走，大眾亦走，世將不能禁。

夫將能禁此四者，則高山陵之，深水絕之，堅陣犯之；不能禁此四者，猶亡舟楫絕江河，不可得也。（註二）

民非樂死而惡生也。號令明、法制審，故能使之前。明賞於前，決罰於後，是以發能中利，動則有功。令百人一卒，千人一司馬，萬人一將，以少誅眾，以弱誅強。試聽臣言其術，足使三軍之眾，誅一人，無失刑，父不敢舍子，子不敢舍父，況國人乎。（註三）一夫仗劍擊於市，萬人無不避之者，臣謂非一人之獨勇，萬人皆不肖也。何則必死與必生，固不侔也。聽臣之術，足使三軍之眾，為一死賊，莫敢當其前，莫敢隨其後，而能獨出獨入焉。獨出獨入者，王霸之兵也。（註四）

有提十萬之眾，而天下莫當者誰？曰：桓公也。有提七萬之眾，而天下莫當者誰？曰：吳起也。有提三萬之眾，而天下莫當者誰？曰：孫子也。今天下諸國士所率，無不及二十萬之眾，然不能濟功名者，不明乎禁舍開塞也。（註五）明其制，一人勝之，則十人亦勝之也；十人勝之，則百千萬人亦勝之也。故曰：便吾器用，養吾武勇，發之如鳥擊，如赴千仞之谿。（註六）

今國被患者，以重幣出聘，以愛子出質，以地界出割，得天下助，卒名為十萬，其實不過數萬爾。其兵來者，無不謂其將，曰：「無為人下，先戰。」其實，不可得而戰也。（註七）

量吾境內之民，伍莫能正矣。經制十萬之眾，而王必能使之衣吾衣，食吾食；戰不勝，守不固者，非吾民之罪，內自致也。天下諸國助我戰，猶良驥騄駬之駛，彼駑馬鬐興角逐，何能紹吾氣哉。（註八）吾用天下之用為用，吾制天下之制為制，修吾號令，明吾刑賞，使天下非農無所得食，非戰無所得爵，使民揚臂爭出農戰，而天下無敵矣。（註九）

故曰：「發號出令，信行國內。」民言有可以勝敵者，毋許其空言，必試其能戰也。（註十）

視人之地而有之，分人之民而畜之，必能內有其賢者也。不能內有其賢，而欲有天下，必覆軍殺將。如此雖戰勝，而國益弱，得地，而國益貧，繇國中之制弊矣。（註十一）

註釋

註一　凡是備戰用兵之事，要先建立法制。建立了法制，紀律才能嚴明；

紀律嚴明，違法則才能受到處罰。如此，軍令一下，百人一體行動；衝鋒陷陣，千人一同戰鬥；殲滅敵軍，萬人一起高舉兵器。這就是天下無敵的軍隊了。

註二 古來士卒有一定編制，戰車有一定配屬。但戰場上有四大問題，將帥若不能克服，就難以取勝於敵。

第一 開戰後勇往直前的，往往是勇敢的精銳，但最先陣亡的也往往是他們。如果敵人損失一人而我損失百人，這無疑是助敵來傷害自己。一般將領對此，卻毫無對策。

第二 軍隊出征，中途有人逃亡，或臨陣退卻，逃亡的人越來越多。一般將領對此，卻毫無對策。

第三 遠距殺敵用弓矢，近距用矛戟。但攻擊命令下達後，士兵仍在吵雜，破壞自己兵器，抱著戟不動，害怕不敢向前。作戰中有此事是自取敗亡，一般將領卻無對策。

第四 士卒脫離了隊伍，戰車找不到配屬，遇到伏兵就脫離指揮逃走，造成全軍大亂。而一般將領對此，也毫無對策。

這是戰場上的四大問題，將領如果不能拿出有效對策，克服問題，要打勝仗，如同無船要渡長江黃河，是不可能的。若能克服，高山可翻越，江河能飛渡，強敵也能突破它。

註三 人沒有願意死而不喜歡活的，因為號令嚴明，法制完備，所以才使人勇敢向前。向前有重賞，後退有重罰。是以大軍行動必能達成任務，得到戰果。

註四 士卒百人設卒長，千人設司馬，萬人設將官，即是分層負責，少數幹部領導眾多兵士，以弱制強。說明我的方法，全軍人數雖多，只要處罰一人，就可使全軍了解軍紀的嚴厲，父子也不能例外。

註五 如果有一暴徒，在鬧市裡揮舞刀劍，所有人都會躲避，這並非說他勇敢，所有人都是弱者，只是不怕死和怕死的區別而已。用我練兵的方法，可使全軍像暴徒一樣，無人可擋，無人敢追，在戰場上獨來獨往，如入無人之境。這樣的軍隊，就是可以稱王稱霸的戰力了。

註六 從前領兵十萬而天下無敵的，是齊桓公。領兵七萬天下無敵的，是吳起。領兵三萬天下無敵的，是孫武。可是，現在各國將帥領兵都二十萬以上，仍不能建功立業，都是因為不了解軍紀的重要性。

註七 明白了統御之道，能統御一人就能統御十人，能統御十人，則百千萬人也能統御。進而整軍經武，加強訓練，鼓舞士氣，則我軍一旦行動，就如老鷹捉小雞，亦如傾瀉千尺深谷的急流。

現在國家被外國入侵時，才以重金懇求，以王的愛子當人質，割讓土地，請求別國能援助。實際上，說援軍十萬，不過幾萬而已。而且，只有口頭之惠，光說：「我們不落人後，勇敢先戰。」最不可靠的，正是這些外國援軍。

註八　再看自己國家軍隊狀況，軍紀敗壞，指揮掌握困難。雖有十萬軍隊，官兵都衣食不缺，卻不能戰，也不能守。這不是兵卒之罪，是內部管理的問題。本身狀況如此，就算他國精銳來援助，我軍又怎能配合。

註九　必須制訂可用天下資源的大戰略計畫，足以統制天下的法制，建立指揮體系，賞罰嚴明；使天下所有不事生產的人，都無法生活，不參加戰鬥者，都得不到爵位。這樣，人民都爭先恐後於平時努力生產，戰時踴躍參戰，便天下無敵了。

註十　所以說：「發號司令，必以信才能全國貫徹。」就是有人說他能克敵制勝，也不要先就相信空話；必須上戰場去試驗，證明真的能戰才行。

註十一　想要佔領別國領土，併吞其土地，使其人民成為我之國民，必須本身要有賢能人才。沒有賢能人才，而要統治天下，必定帶來慘敗災難；就算僥倖戰勝，國家也因而更衰弱，縱然佔領了土地，國家會陷於更加貧窮。因為人才不舉，國家法制就會一直亂下去！

制談，就是論法制。不論軍隊作戰或國家發展，爭天下（爭國際領導權），都要先建立法制，依法執行。法制又必須靠賢能人才來建立，說到底，國家生存發展，仍是人才、人才、人才！

第四章 戰威

【原典】

凡兵，有以道勝，有以威勝，有以力勝。講武料敵，使敵之氣失而師散，雖形全而不為之用，此道勝也。審法制，明賞罰，便器用，使民有必戰之心，此威勝也。破軍殺將，乘闉發機，潰眾奪地，成功乃返，此力勝也。王侯知此，所以三勝者畢矣。（註一）

夫將之所以戰者，民也；民之所以戰者，氣也。氣實則鬥，氣奪則走。刑未加，兵未接，而所以奪敵者五：一曰廟勝之論；二曰受命之論；三曰踰垠之論；四曰深溝高壘之論；五曰舉陣加刑之論。此五者，先料敵而後動，是以擊虛奪之也。善用兵者，能奪人而不奪於人；奪者，心之機也。（註二）

令者，一眾心也。眾不審，則數變；數變，則令雖出，眾不信矣。故令之之法，小過無更，小疑無中。故上無疑令，則眾不二聽；動無疑事，則眾不二志。未有不信其心，而能得其力者也；未有不得其力，而能致其死戰者也。（註三）

故國必有禮信親愛之義，則可以飢易飽；國必有孝慈廉恥之俗，則可以死易生。古者率民，必先禮信而後爵祿；先廉恥而後刑罰，先親愛而後律其身。

故戰者，必本乎率身以勵眾士，如心之使四肢也。志不勵，則士不死節；士不死節，則眾不戰。（註四）

勵士之道，民之生不可不厚也。爵列之等，死喪之親，民之所營，不可不顯也。必也，因民所生而利之，因民所營而顯之。田祿之實，飲食之親，鄉里之勸，死喪相救，兵役相從，此民之所勵也。使什伍如親戚，卒伯如朋友，止如堵墻，動如風雨，車不結轍，士不旋踵，本戰之道也。（註五）

地所以養民也，城所以守地也，戰所以守城也。故務耕者民不飢，務守者地不危，務戰者城不圍。三者，先王之本務也；本務者，兵最急。（註六）

故先王專於兵有五焉：委積不多則士不行，賞祿不厚則民不勸，武士不選則眾不強，器用不備則力不壯，刑賞不中則眾不畏。務此五者，靜能守其所固，動能成其欲。夫以居攻出，則居欲重，陣欲堅，發欲畢，鬥欲齊。（註七）

王國富民，霸國富士，僅存之國富大夫，亡國富倉府，所謂上滿下漏，患無所救。

故曰：「舉賢任能，不時日而事利；明法審令，不卜筮而獲吉；貴功養勞，不禱祠而得福。」又曰：「天時不如地利，地利不如人和。」聖人所貴，人事而已。（註八）

夫勤勞之師，將必先己。暑不張蓋，寒不重衣，險必下步，軍井成後飲，軍食熟而後飯，軍壘成而後舍，勞佚必以身同之。如此，師雖久，而不老不弊。（註九）

註釋

註一　戰爭有三個制勝的層次，是道勝、威勝、力勝。講求建軍備戰，掌握情勢，使敵方對我喪失戰鬥意志，軍心渙散，雖有軍隊存在，卻無法用來對我產生作用。這是道勝。（類似今之價值觀或文化鬥爭）

法制完備，賞罰嚴明，武器裝備都精良，人民戰鬥意志高昂。這是威勝。（類似今之全民皆兵，如以色列，男女都樂於參戰。）攻殺敵軍，斬殺敵將，攻城掠地，使敵人潰敗，佔領土地，凱旋榮歸。這是力勝。（古今善戰者如是）國家領導能領悟此三勝道理，足以克敵制勝了。

註二 將領之所以能夠領兵作戰，因有人民的支持；人民之所以願意打仗，是有民心士氣。所以，士氣高昂進可戰，士氣衰落了只有敗退。

大軍未動，兩方尚未接戰，就叫敵人喪失戰鬥意志，可從五方面著手：㈠戰略計畫、㈡統帥任命、㈢攻擊計畫、㈣防禦計畫、㈤戰術應用。

以上五者，要先行了解敵情，以實擊虛。善用兵的人，能打擊敵人士氣，而不被敵人挫傷士氣。打擊敵人士氣，是心理戰，要運用智慧。

註三 命令，是統一全軍行動的手段。如果不了解部隊管理，一再任意變更命令，再有命令下達，部下就不會相信，不可能真心服從命令。因而，命令下達後，若小有不當，無礙大局，就不要去變更命令；雖有些疑問，也決不修改。如此，令出必行，部下沒有疑惑，行動不質疑，全軍便可集中意志；信心堅定才能發揮全力，發揮全力才可以和敵人決一死戰。

註四　所以國家要先以禮、信、親愛等鞏固內部團結，就算臨到飢困，人民也能忍受。社會養成孝慈廉恥的良好風氣，人民就願意為國盡忠。古來明君治國，必先講求禮信，再以爵位來鼓勵；先養成廉恥風氣，再有刑罰警惕；先親民愛民，再要求人民負責任、盡義務。所以，作戰時幹部要以身作則，以激勵部下，指揮士兵如行使四肢。若不激發戰鬥意志，士卒就不能拼命盡忠；不拼命盡忠，要怎麼打勝仗。

註五　國家要激勵軍民士氣，先使人民生活安定，豐衣足食。地位、階級有序，人倫禮義是社會生活的根本，都要使之明確定位。國家施政必致力於民生福利，安定社會秩序。土地和薪給制度要公平，鄉里要有互助合作觀念，培養人民愛國志節，這是軍民士氣的根本辦法。執政者能如斯，可使兵卒如親戚，長官如朋友。這樣的軍隊，靜止時如城牆，動如風雨之迅速。開戰時，人車都只有前進殺敵，決無後退，這就是打勝仗的根本條件了。

註六　土地，用來養民；城池，保衛土地；戰備，為了要防守城池。所以，致力於耕作，人民不會餓肚子；致力於防衛土地，不會被侵略；做好戰備要務，城池不會被包圍。以上三者，是先王治國之要務，其中，又以加強戰備，最為急迫。

註七　先王為加強戰備，特別重視以下五項措施。

㈠貯備戰略物資：凡軍隊所需糧秣油料等不能有缺，缺則難以支持部隊作戰行動。

㈡將士俸給優厚：為鼓舞各級將士，安定軍心，盡可能提高士卒待遇，可激勵士氣。

㈢拔擢賢能人才：部隊戰力要強大，要克敵致勝，乃至國家要強盛，最終要靠人才。

㈣整備武器裝備：武器要不斷精進，裝備要隨時齊全，保持在隨時可用狀態。

㈤賞罰公平嚴明：法令規章制訂合理合情，執行時公平、適時、嚴明，受者才會心悅誠服。

能做到以上五點的國家，其軍隊必可達成任務；不論攻守，必能全軍一體，行動一致，克敵制勝。

註八

天下歸心的國家，人民富足；霸權稱王的國家，軍人富足；岌岌可危的國家，官僚富足；將要快滅亡的國家，只有君王一人富足。所謂「上滿下漏」，必發生災難，無藥可救。

所以說：「任用賢能，不去顧慮時辰吉凶，即見功效。法令完備，不必占卜，就可知吉祥。厚待有功之人，不求神保祐也能得福。」又說：「天時不如地利，地利不如人和。」聖人所重視的，仍然是人事而已。

註九　勤勞不怕苦的部隊，指揮官必定以身作則。炎熱不為自己遮陽，寒冷不自己一人穿厚衣，過險道下馬與兵同行，全軍有水喝自己才喝，全軍有飯吃再吃，必是官兵同甘苦、共禍福。有這樣的指揮官，雖經長期作戰，士氣也不衰落，仍可保持強勁的戰力。

戰威，是戰力的消長，在於戰鬥意志。然而，不怕死的犧牲精神，從何而來？由法令規章和政治措施都產生一定效果。但尉繚子最後說，關鍵仍在「人和」。

第五章 攻權

【原典】

兵以靜勝，國以專勝，力分者弱，心疑者背。夫力弱，故進退不豪，縱敵不擒。將吏士卒，動靜一身；心既疑背，則計決而不動，動決而不禁，異口虛言，將無修容，卒無常試，發攻必衄，是謂疾陵之兵，無足與鬥。

將帥者心也，群下者支節也。其心動以誠，則支節必力；其心動以疑，則支節必背。夫將不心制，卒不節動，雖勝，幸勝也，非攻權也。（註一）

夫民無兩畏也，畏我侮敵，畏敵侮我。見侮者敗，立威者勝。凡將能其道者，吏畏其將也；吏畏其將者，民畏其吏也；民畏其吏者，敵畏其民也。是故，知勝敗之道者，必先知畏侮之權。夫不愛說其心

者，不我用也。不威嚴其心者，不我舉也。愛在下順，威在上立，愛故不二，威故不犯；故善將者，愛與威而已。（註二）

戰不必勝，不可以言戰；攻不必拔，不可以言攻；不然，刑賞不足信也。信在期前，事在未兆，故眾已聚，不虛散；兵已出，不徒歸。

求敵若求亡子，擊敵若救溺人。分險者，無戰心；挑戰者，無全氣；鬥戰者，無勝兵。（註三）

凡挾義而戰者，貴從我起。

爭私結怨，應不得已。怨結雖起，待之貴後。故爭必當待之，息必當備之。（註四）

兵有勝於朝廷，有勝於原野，有勝於市井。鬥則得，服則失，幸以不敗，此不意彼驚懼而曲勝之也。曲勝，言非全也，非全勝，無權名。（註五）

故明主戰攻之日，合鼓合角，節以兵刃，不求勝而勝也。兵有去備徹威而勝者，以其有法故也，有器用之蚤定也，其應敵也周，其總率也極。（註六）

故五人而伍，十人而什，百人而卒，千人而率，萬人而將，已周已極。其朝死則朝代，暮死則暮代。（註七）

權敵審將而後舉兵。故凡集兵，千里者旬日，百里者一日，必集敵境。卒聚將至，深入其地，錯絕其道，棲其大城大邑，使之登城逼危，男女數重。各逼地形而攻要塞，據一城邑而數道絕，從而攻之，敵將帥不能信，吏卒不能和，刑有所不從者，則我敗之矣。（註八）敵救未至，而一城已降，津梁未發，要塞未修，城險未設，渠荅未張，則雖有城無守矣。遠堡未入，戍客未歸，則雖有人無人矣。六畜未聚，五穀未收，財用未斂，則雖有資無資矣。夫城邑空虛而資盡者，我因其虛而攻之。法曰：「獨入獨出，敵人不接刃而致之」，此之謂也。（註九）

註釋

註一 軍隊紀律嚴明才能致勝，國家要內部團結才能致勝，力量分散必然衰落，信心不足行動就不一致。由於力弱不能果斷前進，就不能制壓敵人。如果將帥、幹部、兵士，不能靜動一體，心存懷疑，欠缺信心，上級命令不能貫徹到下級，下級行動上級不能掌握；以致謠言四起，將領也無法沉著，士卒不能有效執行任務，作戰必然失敗。這等於是烏合之眾，不能打仗。

部隊指揮官就像人的頭腦，部眾是手足四肢。頭腦意志堅定，手足行動必定有力；頭腦遲疑不決，手足行動就會失控。指揮官意志不堅，士卒不能依令行動，就算意外打了勝仗，也是僥倖，不是戰略、戰術的成功。

註二 士卒敬畏將領，因而輕視敵人，不會又畏懼敵人而輕視自己的將領。將領被輕視，必然打敗仗；能夠立威，才能致勝。

善於領導統御的將領，必受幹部敬畏；敬畏長官的幹部，必受士卒敬畏，敬畏幹部的士卒必使敵人恐懼。所以了解勝敗道理的將領，必知敬畏和輕視之間，有嚴重差異。

不被士卒真心愛慕的將領，難以讓士卒絕對服從；在士卒心中沒有威嚴的將領，無法讓士卒奮勇作戰。部下之服從，是基於對將領的真心愛慕；將領地位的確立，則基於權威。因慈愛使部下順從，因權威使部下不敢抗命。所以，善於領導統御的指揮官，不外是愛與威的運用而已。

註三 沒有必勝不輕易言戰，沒有必破敵不輕言攻。不然，將使部下喪失信心，以致賞罰也沒用了。

部下的信任決定在將帥之行誼，平時就要先訂好應變計畫。所以，部隊一旦集結必有行動，一旦行動，不可徒勞無功。

搜尋敵人，要像搜尋自己失落的兒子那樣心切；攻擊敵人，要像救溺水的人那樣快速。

註四 過於依賴地形會使戰鬥意志鬆懈，不斷挑戰的部隊缺乏必勝決心。僅憑血氣之勇的部隊，註定必敗。

註五 凡是為正義而戰，應先昭示天下。若是因利害之爭引起的敵對態勢，非不得已不用兵，勢在必戰也等敵方先發動，然後應戰，以免陷於不義。所以，利害衝突時要等待，不急於先戰，平時要加強戰備工作。

註六 戰爭取勝有各種方法，有用政治力量取勝，有以野戰兵力取勝，有攻佔敵人城市取勝。不論何種方法，都要有旺盛的戰鬥意志，屈服只有失敗。或是未敗，也因敵方驚恐而陷於混亂的結果，這是僥倖的勝利。這種勝利不是完全的勝利，雖勝並不光榮。

賢明的君主在作戰開始之日，就能使軍隊統一行動，大軍整然有序的進退，不必刻意求勝，即可打勝仗。這樣子不故意眩耀戰力，誇示威風，就可以制勝。因為平時法制完備，戰備準備很完整，精確掌握敵情，統率全軍就可以有條不紊的緣故。

註七 五人設伍長，十人設什長，百人設卒長，千人設率，萬人設將軍，部隊的編制和指揮體系，可以說很完整。進而要建立戰場上的代理制度，各級指揮官如有傷亡，應立即有人取代指揮，以確保指揮體系不中斷。（同現代軍隊中的三級代理人制度）

註八　作戰要了解敵情，了解敵將能力和性格，始可起兵出戰。部隊完成集結，千里十日，百里一天，就要到達敵國邊境。集結後，立即深入敵境，切斷交通，孤立城市，包圍、壓迫使其陷入混亂。如此分割再各個擊破，可使敵將互不信任，內部產生分離，以致軍心渙散，我軍就已經將其打敗了。

註九　敵之救援未到，又一城向我投降。此時，敵人渡橋來不及架設，要塞尚未整修，守城準備不足，陣地沒有構築，空有城池已難防守；而且，敵軍來不及集結，遠處部隊來不及調來，兵力雖多也等於無。再者，軍隊食用肉類來不及集中，糧食也來不及徵集，軍品來不及籌措，物資豐富也等於無。

當敵國處於這種狀態，我軍即可乘虛進攻。兵法上說：「獨來獨往如入無人之境，兵不接刃就使敵國屈服。」就是指這種情形。

攻權，是攻勢作戰的戰略、戰術運用要領。但這些要領的運用，都有賴平時的準備，如法制建立、作戰計畫、後勤整備、指揮體系及代理人制度等，都是平時建立好備用。

第六章 守權

【原典】

凡守者，進不郭圉，退不亭障，以禦戰，非善者也。豪傑英俊，堅甲利兵，勁弩強矢，盡在郭中，乃收窖廩，毀折而入保，令客氣十百倍而主之氣不半焉。敵攻者，傷之甚也。然而，世將弗能知。（註一）

夫守者，不失其險者也。守法，城一丈十人守之，工食不與焉。出者不守，守者不出。一而當十，十而當百，百而當千，千而當萬。故為城郭者，非特費於民，聚土壤也，誠為守也。（註二）千丈之城則萬人守之也，池深，城堅而厚，士民備，薪食給，弩堅矢強，矛戟稱之，此守法也。攻者不下十餘萬之衆。（註三）

其有必救之軍者，則有必守之城；無必救之軍者，則無必守之城。若彼城堅而救誠，則愚夫蠢婦，無不蔽城盡資血，城者期年之城。（註四）守余於攻者，救余於守者。若彼城堅而救不誠，則愚夫蠢婦，無不守陴而泣下，此人之常情也。遂發其窖廩救撫，則亦不能止矣。心鼓其豪傑英俊，堅甲利兵，勁弩強矢，并於前，么麼毀瘠者，并於後。（註五）

十萬之兵，頓於城下，救必開之，守必出之，出據要塞，但救其後，無絕其糧道，中外相應。此救而示之不誠，示之不誠，則倒敵而待之者也。後其壯，前其老，彼敵無前，守不得而止矣，此守權之謂也。（註六）

註釋

註一　採守勢作戰時，即不在外圍修築防禦工事，也不在四周多設置阻絕障礙，只是依賴城市防守，此實非良策。將英勇的官兵，好的武器裝備，都撤退到城內；將民間存糧徵收，房屋破壞，都是太消極的防守。如此，反而使敵人士氣百倍，而我軍士氣沮喪，一旦敵人發動攻勢，我方必損失慘重。然而，一般庸將不了解這一道理。

註二　守勢作戰的基本原則，要充份利用地形地障之優勢。在部署方法上，城牆每一丈就需要十人防守，工匠和後勤人員還不算在內。此時，擔任出擊的士卒不負責防守工作，擔任防守工作的士卒不負責出擊，責任要分清楚。

守勢作戰的兵力運用，要達到以一擋十，以十擋百，以百擋千，以千擋萬，也就是能與十倍的敵人對抗。並不是增加人民負擔、耗費錢財勞力、土石堆高城牆，就說是有了堅固的防禦。

註三　周圍有一千丈的城，防守士卒需要一萬人。要儘量把護城河挖得又深又寬，城牆修築得厚，軍民要一體動員；武器、裝備、糧食、燃料，要充份準備，這是守勢作戰的要務。這時敵方軍隊要來攻擊，就需要十萬人的兵力。

註四　進行守勢作戰，要保留部份兵力當預備救援之用，守勢任務才能達成；如果沒有預備救援部隊，防衛任務必定失敗。若城池堅固，又確定有預備救援部隊會到，則軍民必合作無間，提供物力財力，不惜犧牲生命，以守衛城池。

註五　防禦工作若完善，守者會比攻者從容，救援部隊比守軍從容。若城池堅固，但救援部隊不可靠，人民會躲起來哭，此人之常情，也無濟於事。這時，只好鼓舞勇者，拿起兵器做前鋒，弱者當後衛，團結一致，與敵決一死戰。

註六　被十萬敵軍包圍於城下，必須將敵軍牽制在城下（城外），則援軍必定可以到達。

守軍要把握出擊機會，佔領要點，保持後方補給線暢通，內外呼應擊敵。雖有援軍，守軍仍是主力，要使敵軍不知我軍實情，等待敵方迷惑有了弱點。發現敵之弱點，即以弱兵為前鋒，強兵為後衛，與敵決戰。如此，敵必後退，而我軍銳氣正盛，要一鼓作氣擊潰敵軍，這是守勢作戰的策略。

第七章 十二陵與十二危

【原典】

威在於不變，惠在於因時，機在於應事，戰在於治氣，攻在於意志，守在於外飾，無過在於度數，無困在於予備，慎在於畏小，智在於治大，除害在於敢斷，得眾在於下人。（註一）

悔在於任疑，孽在於屠戮，偏在於多私，不祥在於惡聞己過，不度在於竭民財，不明在於受間，不實在於輕發，固陋在於離賢，禍在於好利，害在於親小人，亡在於無所守，危在於無號令。（註二）

註釋

註一 一個國家或一支軍隊，能夠駕凌敵人而不被敵人所乘的十二項要諦，各方面領導都要在此下工夫。

㈠樹立威嚴，在於法令規章或命令，不輕易變更。

㈡恩惠發生效果，在於適時與公平。

㈢權宜彈性，在於能夠掌握並因應事態的變化。
㈣軍隊之所以能夠打仗，在於意志士氣都高。
㈤攻擊敵人能夠完勝，在於出敵意表、以實擊虛。
㈥防禦作戰之可以成功，在於敵人摸不清我軍實情。
㈦凡事都沒有失策，在於精密計算和週祥衡量。
㈧不陷於困境，在於已有萬全的準備。
㈨能夠謹慎而不誤事，在於凡事都細心注意細微。
㈩謀略智慧，在於顧全大局，從大處著想。
⑪消除缺點，改進問題，在於已具備有果斷心。
⑫要得到人民的愛戴、擁護，必須謙卑、謙卑、再謙卑。

註二　一個國家或一支軍隊，有十二種缺陷容易被敵人（國）利用，各方面領導應引為警惕。

㈠說完做了又後悔，是由於思慮不周而輕率行動。
㈡妖異四起，是由於不當處罰幹部，乃至濫殺無辜。
㈢人心不平，是由於領導者及其管理階層偏私。
㈣不祥之兆，是由於自己犯錯，又不高興人家說。
㈤意外事件，是由於統治者掠奪民財引起的示範。
㈥是非不明，統治存階層偏私所給敵人有離間機會。
㈦政策空虛，是統治階層不務實又輕率空想。

㈧孤陋寡聞，是由於沒有人才進而沒有國際觀。
㈨災禍連連，領導者失去人心、貪圖近利。
㈩貪污作弊，是由於領導者內心不正，親近小人。
㈪亡國亡種，國家領導階層短視，無知的防守。
㈫危機四起，是由於大家都不守法，法令如廢紙。

第八章　武議

【原典】

凡兵，不攻無過之城，不殺無罪之人。夫殺人之父兄，利人之財貨，臣妾人之子女，此皆盜也。故兵也，所以誅暴亂禁不義也。兵之所加者，農不離其田業，賈不離其肆宅，士大夫不離其官府。由其武議在於一人，故兵不血刃而天下親焉。（註一）

萬乘農戰，千乘救守，百乘事養。農戰不外索，救守不外守助，事養不外索資。夫出不出戰，入不足守者，治之以市；市者，所以給戰守也。萬乘無千乘之助，必有百乘之市。（註二）

凡誅者所以明武也。殺一人而三軍震者，殺之；殺一人而萬人喜者，殺之。殺之貴大，賞之貴小。當殺而雖貴重，必殺之，是刑上究也。賞及牛童、馬圉者，是賞下流也。夫能刑上究、賞下流，此將之武也，故主重將。（註三）

夫將提鼓揮枹，臨難決戰，接兵角刃；鼓之而當，則賞功立名；鼓之而不當，則身死國亡；是存亡安危應在枹端，奈何無重將也。夫提鼓揮枹，接兵角刃，君以武事成功者，臣以為非難也。古人曰：「無蒙衝而攻，無渠荅而守，是謂無善軍也。」（中略）（註四）

起兵直使甲冑生蟣蝨者，必為吾所效用也。鷙鳥逐雀，有襲人之懷，入人之室者，非出生也，後有憚也。（註五）

太公望年七十，屠牛朝歌，賣食盟津，過七十餘而主不聽，人人謂之狂夫也。及遇文王，則提三萬之眾，一戰而天下定，非武議安能得此合也。故曰：「良馬有策，遠道可致，賢士有合，大道可明。」（註六）

武王伐紂，師渡盟津，右旄左鉞，死士三百，戰士三萬。紂之臣億萬，飛廉、惡來，身先戟斧，陣開百里。武王不罷士民，兵不血刃，而克商誅紂。無祥異也，人事修不修而然也。

今世將，考孤虛，占咸池，合龜兆，視吉凶，觀星辰風雲之變，欲以成勝立功，臣以為難。（註七）

夫將者，上不制於天，下不制於地，中不制於人。故兵者凶器也，爭者逆德也，將者死官也，故不得已而用之。無天於上，無地於下，無主於後，無敵於前；一人之兵，如狼如虎，如風如雨，如雷如霆，震震冥冥，天下皆驚。（註八）勝兵似水，夫水至柔弱者也，然所觸丘陵必為之崩，無異也，性專而觸誠也。今以莫邪之利，犀兕之堅。三軍之眾，有所奇正，則天下莫當其戰矣。（註九）

故曰：「舉賢用能，不時日而事利；明法審令，不卜筮而獲吉；貴功勞，不禱祠而得福。」又曰：「天時不如地利，地利不如人和。」古之聖人，謹人事而已。（註十）

註釋

註一　凡是戰爭，不攻打沒有過錯的城鎮，不殺沒有罪的人。因為，殺人之父兄，掠奪他的財物，奴役他的子女，這都是一種強盜的行為。所以戰爭，是用來討伐暴亂，制止不義，所採行不得已的手段。領導者對此要有深切認識，於作戰時，大軍所到之處，應確保當地生活秩序照常，農夫耕作照常，商人營業照常，公家單位辦公照常，官員各在其位。這樣，兵不血刃，可使天下歸心。

註二　萬乘大國應農業和戰備並進，千乘之國只要做好防衛戰備，百乘小國則以民生第一。戰備，應依國力多少適切策訂。

農戰並進的大國必有威望，防衛戰備做好，至少沒有被入侵的恐懼；而小國只要民生安定，人民必有愛國心，自會精誠團結。財政困難應振興商業，以支持戰備；振興商業，是國家增加收入的有效手段。萬乘大國不能像千乘之國致力於防衛，至少像百乘小國振興商業一樣。

（註：周朝時，大國萬乘，中型國千乘，小國百乘。「乘」，指一輛戰車，按《管子》規定，土地六里方圓有一乘，包含戰車一輛、馬四匹、士兵二十八人、車夫二十人、夫役三十人。）

註三 刑罰，是發揚軍威整肅紀律的必要手段。刑罪一人能震懾三軍，就要刑罰；刑罰一人能使三軍心悅誠服，就要刑罰。刑罰要從上起，獎勵要從基層先。應當刑罰，不論地位多高貴，也要刑罰，這就是刑罪向上追究。應當獎勵，不論地位多低賤，也要獎勵，這就是獎勵深入基層。「刑上究、賞下流」，正是將帥的威嚴，因此將帥受到人主的重視。

註四 將帥的任務是國難當頭時，率軍作戰決勝負。指揮得當則建功立業，失當則身死國亡。所以，國之安危存亡繫於一身，將帥人才應加以重視。

指導全軍作戰，以武功成就大業，對君主而言不難。古人說：「沒有武器要進攻，沒有要塞要防守，這是很差的軍隊。」將帥，正是君主的武器和要塞，怎能不重視。（中略）

註五 在長期作戰中，裝備已損壞，士卒戰志仍高昂，能夠效命。這有如被老鷹追逐的小鳥，會入人的懷裡，飛入人的室內，牠不是自願的，而是背後有所恐懼。將帥的威嚴，也是如此。

註六 太公望呂尚（即姜太公），年七十不得志，先在商朝首都朝歌屠牛殺猪，又在黃河邊的盟津渡口賣便當。過了七十仍一事無成，識者都說他是狂人。但不久他遇到周文王，率領三萬軍隊，一戰而定天下。如果他不是善於用兵，那有這個成就。所以說：「好馬也要好騎士才跑得遠，人才也要有英明的君主，政治理想才能實現。」

註七 武王伐紂渡盟津時，麾下只有敢死隊三百人，全軍也才三萬人。而紂王大軍億萬人，又有飛廉、惡來兩勇將為前鋒，陣式開展達百里。然而，武王並沒有勞民傷財，兵不血刃就滅了商紂王。這不是有什麼祥瑞或異象，不過盡了人事而亡。可是現在一般將領，迷信時辰、星象、占卜、算卦，用這些定吉凶，這樣要建功立業，臣以為很難。

註八　身為將帥，上不受制於星象，下不受制於地形，中不受別人無謂意見所左右。凡事掌握主動，獨立判斷，獨斷專行，把握勝敗之理路。武器都是一種凶器，戰爭總是不道德的，將帥所做都是殺人任務，所以戰爭不得已。然而，一旦發動戰爭，就必須無懼於天，不顧於地，不受制於人主之命令，無敵於前。全軍一體，如猛獸，如風雨，如雷電，威勢赫赫，使天下震撼。

註九　打勝仗的軍隊如水一般，水極柔弱，當水沖激可令山丘崩潰。這沒什麼特殊，水質一貫，堅持到底，才有這種力量。將帥若能體認戰爭之本質，統率著武器精良的大軍，運用戰略戰術，則天下無敵。

註十　所以說：「舉賢用能，不顧星象也有功效；法令完備公正，不占卜也是吉祥；厚待有功之人，不求神也有福。」又說：「天時不如地利，地利不如人和。」自古以來，聖人所重視，仍然只是人事。

第四部　姜太公兵法

姜太公（太公望、呂尚、姜子牙、呂望），本名姜望，東海（今山東郯城北）人。他是我國兵法、兵學、戰略、謀略的祖師爺，周朝統一大業的功臣，在民間社會有崇高的地位。

《姜太公兵法》是西元前十二世紀（距今約三千五百年前）的古老兵書。該書影響我國歷朝歷代所有兵法家、軍事家極大，被後世各家尊為「謀聖」，在戰國之前稱「武聖」。

太公之兵法也叫《六韜》，分別是文、武、龍、虎、豹、犬韜。其中的文、武韜是太公的政治謀略思想，後四韜是軍事戰略思想；或謂，前三韜是戰略論，後三韜是戰術論。

第一章　文韜篇

◎文師第一

【原典】

文王將田，史編布卜曰：「田於渭陽，將大得焉。非龍、非螭、非虎、非羆，兆得公侯，天遺汝師，以之佐昌，施及三王。」

文王曰：「兆致是乎？」（註一）

史編曰：「編之太祖史疇為禹占，得皋陶，兆比於此。」

文王乃齋三日，乘田車，駕田馬，田於渭陽，卒見太公，坐茅以漁。

文王勞而問之，曰：「子樂漁耶？」

太公曰：「臣聞君子樂得其志，小人樂得其事，今吾漁甚有似也，殆非樂之也。」（註二）

文王曰：「何謂其有似也？」

太公曰：「釣有三權：祿等以權，死等以權，官等以權。夫釣以求得也，其情深，可以觀大矣。」

文王曰：「願聞其情。」

太公曰：「源深而水流，水流而魚生之，情也；根深而木長，木長而實生之，情也；君子情同而親合，親合而事生之，情也。言語應對者，情之飾也；言至情者，事之極也。今臣言至情不諱，君其惡之乎？」（註三）

文王曰：「唯仁人能受至諫，不惡至情。何為其然？」

太公曰：「緡微餌明，小魚食之；緡調餌香，中魚食之；緡隆餌豐，大魚食之。夫魚食其餌，乃牽於緡；人食其祿，乃服於君。故以餌取魚，魚可殺；以祿取人，人可竭；以家取國，國可拔；以國取天下，天下可畢。」（註四）

嗚呼，曼曼綿綿，其聚必散；嘿嘿昧昧，其光必遠。微哉！聖人之德，誘乎獨見。樂哉！聖人之慮，各歸其次，而樹斂焉。

文王曰：「樹斂何若而天下歸之？」

太公曰：「天下非一人之天下，乃天下之天下也。同天下之利者則得天下；擅天下之利者則失天下。（註五）天有時，地有財，能與人共之者，仁也。仁之所在，天下歸之。免人之死，解人之難，救人之患，濟人之急者，德也。德之所在，天下歸之。與人同憂同樂，同好同惡者，義也。義之所在，天下赴之。凡人惡死而樂生，好德而歸利。能生利者，道也。道之所在，天下歸之。」

文王再拜曰：「允哉，敢不受天之詔命乎！」乃載與俱歸，立為師。

註釋

註一 田，打獵。史編，史官，商周時代史官，掌祭祀、記事、天文、卜筮。布卜，宣布占卜的結果。渭陽，渭水的北邊，古稱水之北、山之南為陽。螭，古代傳說中似龍非龍的動物。羆，音皮，即熊。兆，古代占卜時以龜甲燒裂形成的裂紋來斷吉凶，裂紋稱之為兆。遺，音魏，贈或賜給。佐昌，輔佐昌盛。三王，指周文王、周武王和周成王，在此泛指後世子孫。

註二　史疇，一個名叫疇的史官。皋陶，音高搖，上古東夷族的領袖，姓偃，舜帝時曾任掌刑法之官。

註三　卒，終於。勞，慰問。殆，近乎。

三權，三種權衡之術。情，情況、實情。實，果實。親合而事生之，親密合作，事情才能成功。事之極，事情達到最佳狀態。

註四　緡，音民，釣魚用的絲線。調，調和。拔，攻取、取得。畢，古時田獵用的長柄網，此處當動詞，用長柄網捕禽獸，引申為征服。

註五　曼曼綿綿，幅員廣大、時間久遠，指商王朝。嘿嘿昧昧，指周國在暗中準備。斂，欲望，引申為信念。擅，獨攬。

◎盈虛第二

【原典】

文王問太公曰：「天下熙熙，一盈一虛，一治一亂，所以然者，何也？其君賢不肖不等乎，其天時變化自然乎？」

太公曰：「君不肖，則國危而民亂；君賢聖，則國安而民治，禍福在君，不在天時。」

文王曰：「古之賢君可得聞乎？」

太公曰：「昔者帝堯之王天下，上世所謂賢君也。」

文王曰：「其治如何？」（註一）

太公曰：「帝堯王天下之時，金銀珠玉不飾，錦繡文綺不衣，奇怪珍異不視，玩好之器不寶，淫泆之樂不聽，宮垣屋室不堊，甍桷椽楹不斲，茅茨偏庭不剪，鹿裘禦寒，布衣掩形，糲粱之飯，藜藿之羹，不以役作之故，害民耕績之時，削心約志，從事乎無為。吏忠正奉法者尊其位；廉潔愛人者厚其祿。民有孝慈者愛敬之；盡力農桑者慰勉之。旌別淑慝，表其門閭，平心正節，以法度禁邪偽。所憎者，有功

必賞；所愛者，有罪必罰。存養天下鰥、寡、孤、獨，振贍禍亡之家。其自奉也甚薄，其賦役也甚寡，故萬民富樂而無饑寒之色。百姓戴其君如日月，親其君如父母。」

文王曰：「大哉！賢君之德也！」（註二）

註釋

註一　天下熙熙，天下紛亂的樣子。一盈一虛，時而富，時而貧。天時，自然變化的時序。王，統治。

註二　堊，音餓，用白粉粉刷牆壁。甍，音萌，屋脊。桷，音決，方椽。斲，音卓，削，此為雕刻之意。茅茨，茅草、野草。糲，粗糧、糙米。藜藿之羹，用野菜做的湯，藜和藿都是野菜。旌別淑慝，表揚善良的人，淑慝，善良和邪惡。鰥寡孤獨，老而無妻為鰥，老而無夫為寡，幼而無父為孤，老而無子為獨。

◎國務第三

【原典】

文王問太公曰：「願聞為國之大務。欲使主尊人安，為之奈何？」

太公曰：「愛民而已！」

文王曰：「愛民奈何？」

太公曰：「利而勿害，成而勿敗，生而勿殺，與而勿奪，樂而勿苦，喜而勿怒。」

文王曰：「敢請釋其故！」

太公曰：「民不失務則利之；農不失時則成之；省刑罰則生之；薄賦斂則與之；儉宮室台榭則樂之；吏清不苛擾則喜之。民失其務則害之；農失其時則敗之；無罪而罰則殺之；重賦斂則奪之；多營宮室台榭以疲民力則苦之；吏濁苛擾則怒之。故善為國者，馭民如父母之愛子，如兄之愛弟，見其饑寒則為之憂，見其勞苦則為之悲，賞罰如加於身，賦斂如取己物，此愛民之道也。」

註釋

這段文王和太公關於國務的對話，雖是三千多年前的文體用詞，放到現代閱讀，依然很通順易懂，不須註解。文王問：「怎樣愛民？」太公的解釋現代仍合用。

太公先簡答：「利而勿害，成而勿敗，生而勿殺，與而勿奪，樂而勿苦，喜而勿怒。」進而再解釋。

不要讓百姓失業，就是給他們利益。

不要耽誤農夫農時，就是促進農業生產。

不使刑罰加於無罪之人，就是保護了人民的生命。

減輕賦稅，就是為民造福。

減少公家單位宮室建造，就是給人民安樂。

當官的清廉，不苛刻擾民，就是給人民喜悅。

相反的。

讓老百姓失業了，就是損害他們的利益。

耽誤農民耕作時節，就是破壞了農業生產。

無罪的人卻受到刑罰，就是殺害人民的行為。

加重百姓的賦稅，就是掠奪人民的財產。

到處大興土木，勞民傷財，就是給人民製造苦難。

官吏貪污，惡性擾民，百姓民怨就會升高。

所以善於治國的君主，愛民如子；看到有人饑寒為之憂慮，看到有人勞苦為之同情，刑罰人民如同刑罰自己，增稅如同奪走自己財物。凡此種種，都是愛民的道理。

◎大禮第四

【原典】

文王問太公曰：「君臣之禮如何？」

太公曰：「為上唯臨，為下唯沈，臨而無遠，沈而無隱。為上唯周，為下唯定。周則天也，定則地也。或天或地，大禮乃成。」（註一）

文王曰：「主位如何？」

太公曰：「安徐則靜，柔節先定，善與而不爭，虛心平志，待物以正。」

文王曰：「主聽如何？」

太公曰：「勿妄而許，勿逆而拒。許之則失守，拒之則閉塞。高山仰之，不可極也；深淵度之，不可測也。神明之德，正靜其極。」（註二）

文王曰：「主明如何？」

太公曰：「目貴明，耳貴聰，心貴智。以天下之目視，則無不見也；以天下之耳聽，則無不聞也；以天下之心慮，則無不知也。輻湊並進，則明不蔽矣。」

註釋

註一　臨，居高臨下，此處當洞察下情之意。沈，隱伏、深沈，此處當謙卑恭順之意。

註二　平志，據《武經七書直解》，「平志，不私曲也。」即無私心。神明，另據《武經七書彙解》，「應酬萬變者神也，辨別眾理者明也。」即英明正確之意。

文王向太公問了四個問題，分別是：君臣之禮、主位、主聽、主明。太公一一回答，做為一個國家領導者所要具備的風範，要有崇高的理想人格，所謂「內聖外王」。否則，他就是一個昏瞶之君，會成為國家和人民的災難，不可不引為警惕。

太公更提出一個重要的「國際觀」，「以天下之目視，則無不見也；以天下之耳聽，則無不聞也；以天下之心慮，則無不知也。」這是穿透時空的大智慧。就是放到現在廿一世紀，乃至未來，任何人能修煉到這種大智慧，他便是大戰略家、大思想家、現代姜太公了！

◎明傳第五

【原典】

文王寢疾，召太公望，太子發在側。曰：「嗚呼！夫將棄予，周之社稷將以屬汝。今予欲師至道之言，以明傳之子孫。」

太公曰：「王何所問？」

文王曰：「先聖之道，其所止，其所起，可得聞乎？」

太公曰：「見善而怠，時至而疑，知非而處，此三者道之所止也。柔而靜，恭而敬，強而弱，忍而剛，此四者，道之所起也。故義勝欲則昌，欲勝義則亡，敬勝怠則吉，怠勝敬則滅。」（註一）

註釋

註一　寢疾，臥病。太子發，文王之子，名發。文王死，發繼位，稱武王。武王在姜太公輔佐下，滅商朝，建立了周朝。

文王臨終前，召見太公，太子發也在牀邊。文王請太公講講先聖治國的大道理，之所以被廢棄，之所以能興起，其原因何在？

太公說了一段很有智慧的話，「見到善事就懈怠不為，機會來了又遲疑不決，明知是錯而處之泰然，這三種情況是大智慧被廢棄的原因。反之，自己謙和寧靜，待人恭敬有禮，接物剛柔得當，行事知道忍耐和果斷，這四種情況就是治國大智慧能興起的原因。所以，義理勝私欲則國家昌盛，私欲勝義理則衰敗；勤謹勝怠惰則國家吉祥，怠惰勝勤謹則滅亡。」

◎六守第六

【原典】

文王問太公，曰：「君國主民者，其所以失之者何也？」

太公曰：「不慎所與也。人君有六守、三寶。」

文王曰：「六守何也？」

太公曰：「一曰仁，二曰義，三曰忠，四曰信，五曰勇，六曰謀，是謂六守。」

文王曰：「慎擇六守者何？」

太公曰：「富之而觀其無犯；貴之而觀其無驕；付之而觀其無轉；使之而觀其無隱；危之而觀其無恐；事之而觀其無窮。富之而不犯者，仁也；貴之而不驕者，義也；付之而不轉者，忠也；使之而不隱者，信也；危之而不恐者，勇也；事之而不窮者，謀也。人君無以三寶借人，借人則君失其威。」（註一）

文王曰：「敢問三寶？」

太公曰：「大農、大工，大商謂之三寶。農一其鄉，則穀足；工一其鄉，則器足；商一其鄉，則貨足。三寶各安其處，民乃不慮。無亂其鄉，無亂其族。臣無富於君，都無大於國。六守長，則君昌；三寶完，則國安。」（註二）

註釋

註一　君國主民，為國之君，作民之主，即君主。六守，六種選用人才的標準。三寶，指農、工、商三者是國家經濟命脈。無轉，堅定不移。

註二　一，聚集。鄉，周制以一萬二千五百家為鄉。都，城邑，古代有宗廟的城邑叫都，君主居住之城邑叫國。

古今中外都有亡國之君，一個國家的領導，為何被人民拋棄，甚至連國家也滅亡！姜太公對此很有研究，關鍵還是用人不慎。所以太公提出「六守」，仁、義、忠、信、勇、謀，選用人才的六個標準。

使他富有，觀察他是否不逾越禮法；
先給他官當，看他是否不驕傲凌人；
給他一些重任，看他能否堅定不移的去完成任務；
讓他去處理問題，看他是否有所隱瞞；
讓他處在危險的環境，看他是否臨危無懼；
讓他去處理突發事件，看他是否善於應變。

富而不越禮是仁，為官不驕是義，堅持完成任務是忠，處事不欺瞞是信，臨危不懼是勇，應變無窮是智謀。再者，農、工、商是國家經濟發展的三寶，人君不能把發展三寶的權力交給別人。尊守六項人才進用標準，三寶經濟制度完備，國家就長治久安。

◎守土第七

【原典】

文王問太公曰：「守土奈何？」

太公曰：「無疏其親，無怠其眾，撫其左右，御其四旁。無借人國柄，借人國柄，則失其權。無掘壑而附丘，無本而治末。日中必彗，操刀必割，執斧必伐。日中不彗，是謂失時；操刀不割，失利之期；執斧不伐，賊人將來。（註一）涓涓不塞，將為江河；熒熒不救，炎炎奈何；兩葉不去，將用斧柯。是故人君必從事於富，不富無以為仁，不施無以合親。疏其親則害，失其眾則敗。無借人利器，借人利器，則為人所害，而不終其正也。」（註二）

文王曰：「何謂仁義？」

太公曰：「敬其眾，合其親。敬其眾則和，合其親則喜，是謂仁義之紀。無使人奪汝威，因其明，順其常。順者任之以德，逆者絕之以力。敬之無疑，天下和服。」（註三）

註釋

註一　親，宗室親族。無掘壑而附丘，不要損下益上的意思。彗，通慧，曝曬。執斧不伐，即執法不力。

註二　兩葉，樹木種子萌芽時的兩片葉子。利器，指統治國家的權力。不終其正，非正常死亡。

註三　紀，綱紀。因其明，順其常：因其人心之明，順其天道之常。

太公在這段話，講的是守衛國土的問題，這當然不是純軍事可以完善。再者按當時的宗法、封建制度，宗族是上層結構，他們分封各諸侯國。所以姜太公提出守衛國土的基本方針，在團結宗族、尊重民心、安撫鄰國、控制四方；具體方法是集中權柄，治本舍末，富國利民；而根本精神在仁義，最高境界是「天下和服」。

要達到百姓和服，姜太公認為在富和仁兩個途徑，富國是根本，「不富無以為仁」。也就是現代說的，物質文明和精神文明並重，而物質文明又是根本的根本。

◎守國第八

【原典】

文王問太公曰：「守國奈何？」

太公曰：「齋，將語君天地之經，四時所生，仁聖之道，民機之情。」

王即齋七日，北面再拜而問之。

太公曰：「天生四時，地生萬物。天下有民，仁聖牧之。故春道生，萬物榮；夏道長，萬物成；秋道斂，萬物盈；冬道藏，萬物尋。盈則藏，藏則復起，莫知所終，莫知所始。聖人配之，以為天地經紀。故天下治，仁聖藏；天下亂，仁聖昌。至道其然也。」（註一）

「聖人之在天地間也，其寶固大矣。因其常而視之，則民安。夫民動而為機，機動而得失爭矣。（註二）故發之以其陰，會之以其陽。為之先唱，天下和之。極反其常，莫進而爭，莫退而讓。守國如此，與天地同光。」（註三）

註釋

註一　機，事物變化的根由。北面，古代臣見君、卑幼見尊長、學生見老師時，皆須北面而立。牧，形容管理百姓。配，相配，即參照遵循之意。

註二　寶，指國家領導人的地位和權力作用。因其常理而視之，按照常理教育人民。

註三　發之以其陰，會之以其陽：秘密發展力量，抓住時機，正大光明地進行征伐。唱，通倡。

這裡太公講鞏固國家政權方法有二：一是仁聖之道，二是民情之機。所謂「仁聖之道」，就是君主效法天地自然規律，來治理國家，發展經濟，惠及人民；且功成不居，隱而不顯，以無形力量征服天下。所謂「民情之機」，君主正視天下動亂的現實，善於引導，撥亂反正，使天下秩序恢復正常，讓人民安居樂業。只要君主做到這兩件事，「守國」並不難。

◎上賢第九

【原典】

文王問太公曰：「王人者何上何下，何取何去，何禁何止？」

太公曰：「王人者，上賢，下不肖，取誠信，去詐偽，禁暴亂，止奢侈。故王人者有六賊、七害。」

文王曰：「願聞其道！」

太公曰：「夫六賊者：一曰，臣有大作宮室池榭，遊觀倡樂者，傷王之德。

之化。

二曰，民有不事農桑，任氣遊俠，犯歷法禁，不從吏教者，傷王之化。（註一）

三曰，臣有結朋黨，蔽賢智，鄣主明者，傷王之權。（註二）

四曰，士有抗志高節，以為氣勢，外交諸侯，不重其主者，傷王之威。（註三）

五曰，臣有輕爵位，賤有司，羞為上犯難者，傷功臣之勞。

六曰，強宗侵奪，陵侮貧弱者，傷庶人之業。」

「七害者：一曰，無智略權謀，而以重賞尊爵之，故強勇輕戰，僥倖於外，王者慎勿使為將。

二曰，有名無實，出入異言，掩善揚惡，進退為巧，王者慎勿與謀。

三曰，朴其身躬，惡其衣服，語無為以求名，言無欲以求利，此偽人也，王者慎勿近。

四曰，奇其冠帶，偉其衣服，博聞辯辭，虛論高議，以為容美，窮君靜處，而誹時俗，此姦人也，王者慎勿寵。（註四）

五曰，讒佞苟得，以求官爵，果敢輕死，以貪祿秩，不圖大事，得利而動，以高談虛論，說於人主，王者慎勿使。（註五）

六曰，為雕文刻鏤，技巧華飾，而傷農事，王者必禁之。

七曰，僞方異技，巫蠱左道，不祥之言，幻惑良民，王者必止之。」（註六）

「故民不盡力，非吾民也；士不誠信，非吾士也；臣不忠諫，非吾臣也；吏不平潔愛人，非吾吏也；相不能富國強兵，調和陰陽，以安萬乘之主，正群臣，定名實，明賞罰，樂萬民，非吾相也。夫王者之道如龍首，高居而遠望，深視而審聽，示其形，隱其情；若天之高不可極也，若淵之深不可測也。故可怒而不怒，姦臣乃作；可殺而不殺，大賊乃發；兵勢不行，敵國乃強。」

文王曰：「善哉！」（註七）

註釋

註一　王人，為人之王。任氣遊俠，浪遊的俠客，古代指輕生重義、勇於救人危難之人，他們往往「以武犯禁」，有違法亂紀的一面。犯歷，違犯，歷者，犯亂。

註二　蔽，遮蔽，這裡當排斥。鄣，障之本字。

註三　抗志，高傲的志氣。外交諸侯，臣下未經君王之同意，亦非公務，私自和外國諸侯有往來。

註四　身躬，自身。冠帶，帽子和腰帶。

註五　讒佞苟得，以說別人壞話，姦巧諂諛，得到不正常利益。祿秩，俸給和職位。說，同悅，取悅。

註六　偽方異技，各種虛假騙人的方術技藝，古代所述方術，含醫卜星相煉丹之術。巫蠱左道，巫術符咒害人之旁門歪道。

註七　調和陰陽，這裡指調和各種矛盾。

這段講任用賢人。文王問太公：「對國君而言，怎樣的人應該尊敬他？怎樣的人應該貶抑他？怎樣的人應該任用他？怎樣的人應該開除他？何事該禁絕？何事該制止呢？」相信這是古今中外，所有國家領導人心中，每天都在想的問題，當然沒有一定的答案。

姜太公對於國君的用人原則，指出要注意「六賊」（六種壞事）和「七害」（七種壞人）。最後有個精彩的總結，放在現代仍有很高參考價值。

如果人民不盡力投入自己的工作，就不算我國人民；士人不講誠信，就不算是我國的士人；

臣子不能忠諫，就不算是我國之臣子；

官吏不能廉潔愛民，就不算是我國的官吏；

宰相不能富國強兵，不能調和各種矛盾變化，不能正群臣紀綱、核定名實、賞罰嚴明，使百姓安居樂業，就不算是我國宰相。

因此，君主要慎重用人。該發威而不發威，奸臣就會作亂；該殺而不殺，奸雄就會叛亂；軍隊不行了，敵國就會強大起來。

◎舉賢第十

【原典】

文王問太公曰：「君務舉賢而不獲其功，世亂愈甚，以致危亡者何也？」

太公曰：「舉賢而不用，是有舉賢之名，而無用賢之實也。」

文王曰：「其失安在？」

太公曰：「其失在君好用世俗之所譽，而不得真賢也。」

文王曰：「何如？」

太公曰：「君以世俗之所譽者為賢，以世俗之所毀者為不肖，則多黨者進，少黨者退。若是，則群邪比周而蔽賢，忠臣死於無罪，姦臣以虛譽取爵位，是以世亂愈甚，則國不免於危亡。」

文王曰：「舉賢柰何？」

太公曰：「將相分職，而各以官名舉人，按名督實，選才考能，令實當其名，名當其實，則得舉賢之道也。」（註一）

註釋

註一　黨，黨羽，邪惡勢力的附和者。群邪比周，與壞人結黨營私，相互勾結。蔽賢，淹沒了賢才。

古今官場上始終存在的現象，是舉賢常流於形式，或所用並非真賢才，導致政局愈來愈亂，甚至最後不免陷於危亡。姜太公一針見血，指出問題的核心要害。

（太公先破）：奸佞之徒會結成共同勢力，互相吹捧；而真正的賢才，則被惡意中傷，受到肆意排擠，甚至受到迫害；這幾乎是古今官場上的常態。國家領導人稍有不察，便將姦才當賢才用，而陷入危亡！

（太公後立）如何才能舉用真賢才，姜太公提出「實當其名、名當其實」的考核程序，再「按名督實」的標準，可以杜絕官場壞習慣，奸惡之徒失去進身機會；給真正的賢才，開出大顯身手的天地。

◎賞罰第十一

【原典】

文王問太公曰：「賞所以存勸，罰所以示懲。吾欲賞一以勸百，罰一以懲眾，為之奈何？」（註一）

太公曰：「凡用賞者貴信，用罰者貴必。賞信罰必於耳目之所聞見，則所不聞見者，莫不陰化矣。夫誠，暢於天地，通於神明，而況於人乎！」（註二）

註釋

註一　勸，勸勉、鼓勵。示懲，表示懲罰的道理。

註二　凡用賞者貴信，用獎賞的手段，最重要是信用兌現。用罰者貴必，用懲罰的手段，要堅決執行。陰化，就是潛移默化。

周文王當然是知道賞罰的目的，並不僅僅在當事者一人身上，而是希望賞罰一人可勸勉百人，這才是賞罰的積極意義。但如何做到，文王並不十分明白。姜太公對此做了深透扼要的闡述。主要在於施行賞罰的君主，是否具備賞信罰必的「誠心」。所謂誠心，是完全沒有私心。如此一來，「賞信」和「罰必」都確立，又無私心，想做好事的人更多，想做壞事的人望而生畏，政局和社會風氣就會趨於向善。

◎兵道第十二

【原典】

武王問太公曰：「兵道如何？」

太公曰：「凡兵之道，莫過乎一，一者能獨往獨來。黃帝曰：『一者，階於道，幾於神。（註一）用之在於機，顯之在於勢，成之在於君。故聖王號兵為兇器，不得已而用之。』」（註二）

「今商王知存而不知亡，知樂而不知殃。夫存者非存，在於慮亡；樂者非樂，在於慮殃。今王已慮其源，豈憂其流乎！」

武王曰：「兩軍相遇，彼不可來，此不可往，各設固備，未敢先發，我欲襲之，不得其利，為之奈何？」（註三）

太公曰：「外亂而內整，示饑而實飽，內精而外鈍。（註四）一合一離，一聚一散。陰其謀，密其機，高其壘，伏其銳士，寂若無聲，敵不知我所備，欲其西，襲其東。」

武王曰：「敵知我情，通我謀，為之奈何？」

太公曰：「兵勝之術，密察敵人之機而速乘其利，復疾擊其不意。」（註五）

註釋

註一　凡兵之道，莫過乎一：凡用兵之道，沒有比集中統一更重要了。一者，階於道：統一的原則，貫通於自然規律，「階」作接近、進入之意。

註二　用之在於機：統一原則的運用在於機變。

註三　商王，即商紂王。各設固備，敵我雙方都設置了牢固的防守工事。

註四　外亂而內整，示饑而實飽，內精而外鈍：外部假裝混亂而內部嚴整，表象顯示缺糧而實際充足，外面看似弱兵實是精銳之師。

註五　陰其謀，密其機：隱藏自己的企圖，深藏自己的計謀，乃戰爭致勝之道。

本篇太公說明用兵的根本規律和出奇制勝之道，是在於統一意志和集中力量。即現代軍語常說的，「集中絕對優勢戰力，指向敵之虛弱處，一舉殲滅敵之有生力量。」但太公也強調，戰爭是殺人的兇器，又是一種智慧之藝術，不得已而為之。

太公有一段警示可用在任何時空、任何人。「商王知存而不知亡，知樂而不知殃。夫存者非存……」只知道現在國家仍存在，不知道已瀕臨滅亡；只知享樂，不知死亡已降臨……你今天存在，不表示你明後天仍存在。想要確保長久存在，要有居安思危，才能不亡！

快樂也是同理，今日快樂，不表示可以永遠快樂；能否永遠快樂，看他能否做到樂不忘憂，可以無殃。這是太公的智慧，「存者非存，在於慮亡；樂者非樂，在於慮殃。」

第二章　武韜篇

◎發啓第十三

【原典】

文王在酆召太公，曰：「嗚呼！商王虐極，罪殺不辜。公尚助予憂民，如何？」（註一）

太公曰：「王其修德以下賢，惠民以觀天道。（註二）天道無殃，不可先倡；人道無災，不可先謀。必見天殃，又見人災，乃可以謀。必見其陽，又見其陰，乃知其心；必見其外，又見其內，乃知其意；必見其疏，又見其親，乃知其情。」（註三）

「行其道，道可致也；從其門，門可入也；立其禮，禮可成也；爭其強，強可勝也。」

「全勝不鬥，大兵無創，與鬼神通。微哉！微哉！」（註四）

「與人同病相救，同情相成。同惡相助，同好相趨。故無甲兵而勝，無衝機而攻，無溝壍而守。」（註五）

「大智不智，大謀不謀，大勇不勇，大利不利。利天下者，天下啟之；（註六）害天下者，天下閉之。（註七）天下者非一人之天下，乃天下之天下也。取天下者，若逐野獸，而天下皆有分肉之心。若同舟而濟，濟則皆同其利，敗則皆同其害。然則皆有啟之，無有閉之也。」

「無取於民者，取民者也；無取於國者，取國者也；無取於天下者，取天下者也。無取民者，民利之；無取國者，國利之；無取天下者，天下利之。故道在不可見，事在不可聞，勝在不可知。微哉！微哉！」（註八）

「鷙鳥將擊，卑飛斂翼；猛獸將搏，弭耳俯伏；聖人將動，必有愚色。」（註九）

「今彼殷商，衆口相惑，紛紛渺渺，好色無極，此亡國之徵也。吾觀其野，草菅勝穀；吾觀其衆，邪曲勝直；吾觀其吏，暴虐殘賊，敗法亂刑。上下不覺，此亡國之時也。」（註十）

「大明發而萬物皆照，大義發而萬物皆利，大兵發而萬物皆服。大哉聖人之德，獨聞獨見，樂哉！」

註釋

註一 酆，音封，古地名，在今陝西省西安西南，周文王築酆城，自岐遷此。罪殺不辜，殺害無辜無罪之人。公尚，指姜太公呂尚。

註二 王其修德以下賢，君王應該修養品德禮賢下士。惠民以觀天道，施惠於民觀察自然規律。

註三 人道無災，不可先謀：人道（社會）沒有出現災亂，不可以策訂要興師用兵的事情。

註四 全勝不鬥，大兵無創：完全的勝利不必與敵交戰，我大軍也毫無傷亡。

註五 同惡相助，即同仇相助。無甲兵而勝，無武裝士兵也能取勝。無衝機而攻，無武器裝備也能攻擊敵人。

註六 利天下者，天下啟之：為天下謀福利的人，天下人都會擁護他。啟，開、協助、歡迎之意。

註七 害天下者，天下閉之：使天下受害之人，天下人都會拒絕他。閉，關閉、反對之意。

註八 無取於民者，取民者也：不奪取人民利益的人，人民就會擁護他。

註九 斂，收縮、收起。弭耳，將耳朵平貼，弭有平息、服貼之意。

註十 草菅勝穀，野草埋沒了農作，形容農田荒廢。邪曲勝直，邪惡的事多過正直的事。

文王想要起兵伐紂，向太公請教。太公指出，要完成這個偉大的事業，拯救百姓，必須要兩方面的戰略佈局：一是創造道義基礎，以廣獲民心；二是準備並等待時機的成熟。

為創造道義基礎，以期得到天下民心支持。太公要文王從「修德」和「惠民」努力，所謂「利天下者，天下啟之；害天下者，天下閉之」。這說明了想要取天下，必須與天下人同其利害的道理。

在準備和等待時機，太公指出不能太早暴露企圖，「天道無殃，不可先倡；人道無災，不可先謀」；在準備階段用很多假象迷惑敵人，使紂王朝繼續腐敗下去，直到不可救藥，亡國徵候顯現，就是起兵伐紂的時機了。

時機成熟，一舉發動就能全勝。所謂「全勝無鬥，大兵無創，與鬼神通，微哉！微哉！」。戰爭和治國一樣，有些微妙的道理難以說明，只能領悟，如太公說：「無取於民者，取民者也……道在不可見，事在不可聞，勝在不可知。微哉！微哉！」

◎文啓第十四

【原典】

文王問太公曰：「聖人何守？」

太公曰：「何憂何嗇，萬物皆得；何嗇何憂，萬物皆遒，政之所施，莫知其化；時之所在，莫知其移。聖人守此而萬物化，何窮之有，終而復始。」（註一）

「優之游之，展轉求之；求而得之，不可不藏；既以藏之，不可不行；既以行之，勿復明之。夫天地不自明，故能長生；聖人不自明，故能名彰。」（註二）

「古之聖人聚人而為家，聚家而為國，聚國而為天下，分封賢人以為萬國，命之曰『大紀』。陳其政教，順其民俗，群曲化直；（註三）變於形容，萬國不通，（註四）各樂其所，人愛其上，命之曰『大定』。嗚呼！聖人務靜之，賢人務正之，愚人不能正，故與人爭；上

勞則刑繁，刑繁則民憂，民憂則流亡。上下不安其生，累世不休，命之曰『大失』。」（註五）

「天下之人如流水，障之則止，啟之則行，靜之則清。嗚呼！神哉！聖人見其所始，則知其所終。」

文王曰：「靜之奈何？」

太公曰：「天有常形，民有常生，與天下共其生而天下靜矣。（註六）太上因之，其次化之。夫民化而從政。是以天無為而成事，民無與而自富，此聖人之德也。」（註七）

文王曰：「公言乃協予懷，夙夜念之不忘，以用為常。」（註八）

註釋

註一　何憂何嗇：嗇，通塞，即阻止；全句意思是不要憂慮什麼，也不須阻止什麼，一切任其自然，無為而治。萬物皆遒：遒，強勁、繁榮之意，全句說天下萬物自然會生長繁榮。

註二　既以藏之，不可不行：已把探求到的道理存在心中，就不可不付諸實行；勿復明之：不要老是炫耀自己。

註三　群曲化直：使不公正的壞事變為正常正直。群曲，各種邪惡勢力。

註四　變於形容：改變不良風氣。萬國不通：指各國風俗習慣不同。

註五　累世不休：長期動亂不安。

註六　常形，是四季變化的規律。常生，人們四季生產的規律，如春生、夏長、秋收、冬息。

註七　太上因之：治國最好的方法是順乎民心。從政，聽從政令之意。

註八　公言乃協予懷：你說的完全符合我的想法。

文王問治理天下要遵守什麼原則？太公指出兩大原則：以文德教化啟示人民、以清靜無為治理天下，是謂「大紀」和「大定」。文德教化，為移風易俗，提升文化水平；清靜無為，為安定社會，繁榮文明物質建設。所以，太公認為，精神、文化層面要「有為而治」；物質、文明層面要「無為而治」。

「有為而治」，家庭和國家形成統一的社會，使人和諧相處、倫理有序，以德化教育人民移風易俗，推動人們從野蠻向文明的進化。

「無為而治」，要求君主要清心寡欲，遵重自然，順應民心，給人民最大的自由，人民就會主動積極生產，經濟自然就繁榮了。

太公警惕，君主好事則政令繁多，過度擾民，刑罰繁多人民愁多，百姓憂懼就會流亡逃散。如此，上下都不安，社會、國家就會陷入長期動亂，謂之「大失」。

◎文伐第十五

【原典】

文王問太公曰：「文伐之法奈何？」

太公曰：「凡文伐有十二節：一曰，因其所喜，以順其志，彼將生驕，必有奸事，苟能因之，必能去之。（註一）二曰，親其所愛，以分其威。一人兩心，其中必衰。廷無忠臣，社稷必危。三曰，陰賂左右，得情甚深，身內情外，國將生害。四曰，輔其淫樂，以廣其志。厚賂珠玉，娛以美人。卑辭委聽，順命而合。彼將不爭，姦節乃定。（註二）五曰，嚴其忠臣，而薄其賂。（註三）稽留其使，勿聽其事。亟為置代（註四），遺以誠事，親而信之，其君將復合之。苟能嚴之，國乃可謀。（註五）六曰，收其內，間其外。才臣外相，敵國內侵，國鮮不亡。（註六）七曰，欲錮其心，必厚賂之，收其左右忠愛，陰示以利，令之輕

業，而蓄積空虛。（註七）

八曰，賂以重寶，因與之謀，謀而利之。利之必信，是謂重親。重親之積，必為我用。有國而外，其地大敗。（註八）

九曰，尊之以名，無難其身，示以大勢，從之必信；致其大尊，先為之榮，微飾聖人，國乃大偷。（註九）

十曰，下之必信，以得其情；承意應事，如與同生；既以得之，乃微收之；時及將至，若天喪之。（註十）

十一曰，塞之以道，人臣無不重貴與富，惡危與咎，陰示大尊，而微輸重寶，收其豪傑。（註十一）內積甚厚，而外為乏。陰納智士，使圖其計；納勇士，使高其氣。富貴甚足，而常有繁滋，徒黨已具，是謂塞之。有國而塞，安能有國？（註十二）

十二曰，養其亂臣以迷之，進美女淫聲以惑之；遺良犬馬以勞之；時與大勢以誘之；上察而與天下圖之。」

「十二節備，乃成武事。所謂上察天，下察地，徵已見，乃伐之。」（註十三）

註釋

註一　文伐，指用非武力的手段，從敵人內部來分化瓦解敵人，為武力戰戰創造時機。

註二　卑辭委聽：假裝人微言輕，委婉的打動對方。姦節乃定：所施計謀得以成功。

註三　嚴其忠臣，而薄其賂：敬重敵國的忠臣，並贈送一些微薄的禮物。

註四　稽留其使：拖延敵國使者停留時間。亟為置代：事態到了敵國君王準備更換使者的時候。

註五　遺以誠事：很快辦妥事以表忠誠。苟能嚴之，國乃可謀：如果能做到敬重敵國忠臣，則圖謀敵國是不無可能的。

註六　間其外：離間敵國派往國外的大臣。才臣外相：敵國大臣已背叛君王與外國勾結。

註七　輕業，輕視、忽視。

註八　重親，聽命於我、服從我之意圖。

註九　微飾，暗中粉飾、吹捧。國乃大偷：國事被大大的懈怠以致廢弛了。

註十　承意，秉承意圖、意志。

註十一　惡危與咎：討厭危難和災禍。微輸重寶：秘密用珍寶收買敵方豪傑。

註十二　繁滋，發展壯大。

註十三　徵已見：敵國經我文伐，武力戰時機已出現。

文王問太公，在武力戰發起之前，先以政治謀略攻勢，從敵國內部人事下工夫，瓦解敵人內部陣營，為武力戰創造最佳戰機，有那些方法可用？

姜太公提出十二種人類史上，最神妙的「無形木馬屠城計」，最堅固的堡壘，要從內部發起，使其自己崩潰。而武力戰不過臨門一腳，清理戰場，收拾戰果。有史以來，國與國鬥爭都在用，太公的「木馬十二大法」，在我國戰國和三國時代，用的最精彩。看看《三國演義》，各陣營使出的奇計，計計都有「姜太公的影子」，太公不愧是「謀聖」。

姜太公的對敵國「木馬十二大法」為：迎合喜好、拉攏、賄賂、助長腐化、敬重忠臣、收買左右、控制人事、結盟、頌揚敵君、恭敬信任、蔽塞視聽、培養亂臣。終於，亡國徵候顯現，武力戰啟動，一舉亡之。

◎順啓第十六

【原典】

文王問太公，曰：「何如而可為天下？」（註一）

太公曰：「大蓋天下（註二），然後能容天下；信蓋天下，然後能約天下；仁蓋天下，然後能懷天下；恩蓋天下，然後能保天下；權蓋天下，然後能不失天下；事而不疑，則天運不能移，時變不能遷。

此六者備，然後可以為天下政。」（註三）

故利天下者，天下啟之（註四）；害天下者，天下閉之；生天下者，天下德之；殺天下者，天下賊之；徹天下者（註五），天下通之；窮天下者，天下仇之；安天下者，天下恃之；危天下者，天下災之。天下者，非一人之天下，唯有道者處之。」（註六）

註釋

註一　何如而可為天下：怎樣才能治理好天下。

註二　大蓋天下：大的氣度能覆蓋全天下。

註三　約，約束。懷，懷柔。天運，指天命，非人力能控制，有自然規律之意。

註四　天下啟之：全天下的人都會擁護他。啟，有開啟、迎接之意。

註五　徹天下者：順應天下民心的人。徹，貫通、遵循，可解為順應之意。

註六　唯有道者處之：只有品德高尚的君王才能治理天下、擁有天下。有道者，是順應民心的賢君。

怎樣才能統馭天下，做天下之賢君，乃至聖君？姜太公提出六項標準：大、信、仁、恩、權、不疑。古今中外所有想當一國之領導，或一地區之領導的人，事前大多會從這六方面努力，包含現代所謂民主選舉。

但絕大多數的人當了領導，吃到權力美味，就快速腐化，直到尸位素餐，名不符實。（中國之台灣地區領導人就是實例，當了領導就不能成為「有道者」，天下賊之、仇之、災之。）

◎三疑第十七

【原典】

武王問太公，曰：「予欲立功，有三疑：恐力不能攻強、離親、散眾，為之奈何？」（註一）

太公曰：「因之、慎謀、用財。夫攻強必養之使強，益之使張，太強必折，太張必缺，攻強以強，離親以親，散眾以眾。」（註二）

「凡謀之道，周密為寶。設之以事，玩之以利，爭心必起。」（註三）

「欲離其親，因其所愛，與其寵人，與之所欲，示之所利。因以

疏之，無使得志。彼貪利甚喜，遺疑乃止。」（註四）

「凡攻之道，必先塞其明，而後攻其強，毀其大。除民之害，淫之以色，啗之以利，養之以味，娛之以樂。」（註五）

「既離其親，必使遠民，勿使知謀，扶而納之，莫覺其意，然後可成。」（註六）

「惠施於民，必無憂財，民如牛馬，數餧食之，從而愛之。」（註七）

「心以啟智，智以啟財，財以啟眾，眾以啟賢，賢之有啟，以王天下。」（註八）

註釋

註一　離親，是離間敵之親信。散眾，使敵國軍心渙散，此為瓦解敵人之意。

註二　因之、慎謀、用財：因勢利導、慎密謀畫、善用錢財。養之使強、益之使張：助長敵人使之驕橫，使之張狂。

註三　設之以事，玩之以利：作種種設想，用錢財利益引誘敵人。玩，玩弄，引申引誘、玩弄敵人。

註四　與之所欲：給（賄賂）他想要的東西。遺疑乃止：不再對我有所存疑。

註五　毀其大：摧毀敵龐大防禦設施。啗，音蛋，吃，此處當引誘之意。

註六　扶而納之，莫覺其意，然後可成：引入我方之圈套，不能發覺我方計謀，然後大事可成。

註七　民如牛馬，數餧食之，從而愛之：百姓如牛馬，要常餵養他們，解決民生問題，從而表示愛民之心。

註八　心以啟智，智以啟財，財以啟眾，眾以啟賢，賢之有啟，以王天下：思考啟發智慧，智慧啟發財富，財富收攬民心，民心向我使賢才向我靠攏，賢才都歸我時，我才能統一天下。

這段文字姜太公提示一個重要信念，就是不論對敵方或我方，都要捨得花錢。「智以啟財，財以啟眾」，錢財主要用來收攬天下人心，不論敵方我方都要花錢，大錢炸下去必有成果。

對敵方，「玩之以利」，「離親」、「散眾」、「淫之以色，啗之以利，養之以味」，都要花大錢，否則絕難成事。

對我方，「惠施於民，必無憂見，民如牛馬，數餧食之，從而愛之。」把人民比喻成牛馬，要常餵養他們，真是神來之筆。錢財就是用來收養民心，「必無憂財」，而且不能吝惜錢財，使人民有感，就會擁護你，你便能一統天下。

第三章　龍韜篇

◎王翼第十八

【原典】

武王問太公曰：「王者帥師，必有股肱羽翼，以成威神，為之柰何？」（註一）

太公曰：「凡舉兵帥師，以將為命；命在通達，不守一術，因能受職，各取所長；隨時變化，以為綱紀。故將有股肱羽翼七十二人，以應天道。備數如法，審知命理。殊能異技，萬事畢矣。」（註二）

武王曰：「請問其目？」

太公曰：「腹心一人。主潛謀應卒（註三），揆天消變（註四），總攬計謀，保全民命；

謀士五人。主圖安危，慮未萌，論行能，明賞罰，授官位，決嫌疑，定可否；

天文三人。主司星曆，候風氣，推時日，考符驗，校災異，知人心去就之機；（註五）

地利三人。主三軍行止形勢，利害消息，遠近險易，水涸山阻，不失地利；（註六）

兵法九人。主講論異同，行事成敗，簡練兵器，刺舉非法；（註七）

通糧四人。主度飲食，備蓄積，通糧道，致五穀，令三軍不困乏；

奮威四人。主擇材力，論兵革，風馳電擊，不知所由；（註八）

伏鼓旗三人。主伏鼓旗，明耳目，詭符節，謬號令，闇忽往來，出入若神；（註九）

股肱四人。主任重持難，修溝塹，治壁壘，以備守禦；（註十）

通材三人。主拾遺補過，應偶賓客，論議談語，消患解結；

權士三人。主行奇譎，設殊異，非人所識，行無窮之變；

耳目七人。主往來，聽言識變，覽四方之事、軍中之情；

爪牙五人。主揚威武，激勵三軍；使冒難攻銳，無所疑慮；（註十一）

羽翼四人。主揚名譽，震遠方，搖動四境，以弱敵心；遊士八人。主伺姦候變，開闔人情，觀敵之意，以為間諜；（註十二）術士二人。主為譎詐，依託鬼神，以惑眾心；方士二人。主百藥，以治金瘡，以痊萬病；法算二人。主計會三軍營壁、糧食、財用出入。」

註釋

註一　股肱羽翼：這裡指軍隊中的幕僚組織編成。例如現代軍隊，營有營部，旅有旅部，師有師部，再上如軍團部、總司令部。古代軍隊單純，這裡指武王伐紂的軍隊，其「軍部」有幕僚編組共七十二人。

註二　審知命理：審察或判斷自然事理。

註三　主潛謀應卒：負責謀畫以應付突發事變。

註四　揆天消變：揣度天時天象，消除災異。

註五　星曆，記錄每日天體運行之表冊。候風氣，氣象觀測。符，祥符，王者受命於天的徵兆。

註六　主三軍行止形勢：負責偵察地理形勢，以決定軍隊之行軍、停止、駐紮等事。

註七　刺舉，刺探和檢舉。

註八　論兵革：選用堅甲利兵。論，古通掄，選擇。

註九　符節：古代傳達命令或調派兵力的憑證。這裡指出入門關的憑證，符節通常授令者和執事者各執一半，相合以驗真假。

註十　任重持難：負責重地保衛，守護險要地方。

註十一　爪牙，指監軍、督戰人員。

註十二　主伺姦候變，開闔人情，觀敵之意，以為間諜：負責情報工作，潛入敵人內部，窺伺敵情，煽動敵方民情，觀察敵軍意圖，進行諜報活動。

這是武王伐紂時，「軍部」的幕僚群編組，和現代相較，其職掌範圍，如軍部或師部的各參各政。各參是參一（人事）、參二（情報）、參三（作戰、訓練）、參四（後勤）；各政是政一（人事）、政二（文宣）、政三（監察）、政四（保防）。

姜太公所建立的「軍部幕僚」七十二人，略同現代師部或軍部的規模。三千五百多年前，有這樣的智慧，很了不起，不知道他的學問從那裡來，神奇是他只是殺牛宰猪、賣便當出身的。

◎論將第十九

【原典】

武王問太公曰：「論將之道奈何？」

太公曰：「將有五材十過。」

武王曰：「敢問其目？」

太公曰：「所謂五材者，勇、智、仁、信、忠也。勇則不可犯，智則不可亂，仁則愛人，信則不欺，忠則無二心。」

「所謂十過者：有勇而輕死者，有急而心速者，有貪而好利者，有仁而不忍人者（註一），有智而心怯者，有信而喜信人者，有廉潔而不愛人者（註二），有智而心緩者（註三），有剛毅而自用者，有懦而喜任人者。」

「勇而輕死者可暴也，急而心速者可久也，貪而好利者可遺也（註四），仁而不忍人者可勞也，智而心怯者可窘也，信而喜信人者可誑也（註五），廉潔而不愛人者可侮也，智而心緩者可襲也，剛毅而自用者可事也，懦而喜任人者可欺也。」

「故兵者，國之大事，存亡之道，命在於將。將者，國之輔，先王之所重也，故置將不可不察也。故曰：兵不兩勝，亦不兩敗。兵出踰境，期不十日，不有亡國，必有破軍殺將。」（註六）

武王曰：「善哉！」

註釋

註一　仁而不忍人者：過於仁厚，不忍嚴格要求士卒，會流於姑息，而使軍紀渙散。

註二　廉潔而不愛人者：過於廉潔的人，往往要求別人太嚴格，近於刻薄寡恩，也使人才遠離。

註三　智而心緩：聰明而不果斷。

註四　貪而好利者可遺也：貪而好利的人容易被賄賂，或被收買。

註五　兵不兩勝，亦不兩敗：戰爭，不可能兩方都戰勝，也不可能兩方都戰敗。

註六　兵出踰境，期不十日，不有亡國，必有破軍殺將：軍隊出境打仗，十日之內就有勝負，不是滅亡敵國，就是我軍兵敗將亡。在商末周初，姜太公時代，天下（我國）有約一千個國家，很多小國如小村莊而已，才有太公這樣說。

太公指出將領考察的「五材」和「十過」。五材是五項好的條件，勇、智、仁、信、忠；但優秀的條件中，有可能產生致命的缺點，所以人是沒有完美的。勇者輕死容易被激怒，仁者不忍人容易被攪擾，信而輕信別人容易被欺騙，過於廉潔容易招致侮辱。凡此，將帥要如何具備五材，又沒有十過，姜太公也沒有答案，只說「置將不可不察也」。大概可以確定，「完人」在人間是不存在的。

◎選將第二十

【原典】

武王問太公曰：「王者舉兵欲簡練英雄，知士之高下，為之奈何？」（註一）

太公曰：「夫士外貌不與中情相應者十五：有嚴而不肖者，有溫良而為盜者，有貌恭敬而心慢者，有外廉謹而內無至誠者，有精精而無情者（註二），有湛湛而無誠者（註三），有好謀而不決者，有如果敢而不能者，有悾悾而不信者，有怳怳惚惚（註四）而反忠實者，有詭激而有功效者，有外勇而內怯者，有肅肅而反易人者（註五），有嗃嗃而反靜愨者（註六），有勢虛形劣而外出無所不至、無所不遂者。天下所

賤，聖人所貴，凡人莫知，非有大明，不見其際，此士之外貌不與中情相應者也。」（註七）

武王曰：「何以知之？」

太公曰：「知之有八徵：一曰問之以言以觀其辭，二曰窮之以辭以觀其變，三曰與之間諜以觀其誠，四曰明白顯問以觀其德，五曰使之以財以觀其廉，六曰試之以色以觀其貞，七曰告之以難以觀其勇，八曰醉之以酒以觀其態。八徵皆備，則賢、不肖別矣。」（註八）

註釋

註一　士，古代貴族的下層人物，或依當時社會情況，指知識份子或特別對象。此處指英雄豪傑、將帥等人才的考核。

註二　中情，內心。精精，精明幹練。

註三　湛湛，音戰，清澈的樣子，此處可當深厚、厚道的意思。

註四　悾悾，音空，誠懇。恍恍惚惚：曖昧、猶豫。

註五　肅肅，固執、嚴正。

註六　靜慤，誠實、冷靜的樣子。慤，音雀，忠厚。

註七　際，邊際，此處當實情、本質的意思。

註八　徵，證明、驗證。

人上一百形形色色，一樣米養百樣人，「知人知面不知心」，在三千多年前的姜太公時代也一樣；「知人」之難，現代和古代無差別，所以武王才問太公，如何可以知道人的外表和內心是相符的？怎樣知道「賢才」是真正的賢才？

太公先舉出十五種最常見人的表裡不一情況，如外表賢良而實際不肖，外表善良而實為偷盜等。接著太公提出八種驗證方法，如讓他管錢看是否不貪，讓他處於危難看有無勇氣等。太公強調「八徵皆備，則賢與不肖別矣」，可見識人之難，得人才更難。

但太公之意，並非說一個人要通過八項考驗。而是警示要在行為舉止中認識人，不能僅從單方面或一件事，就遽下結論，要全面的認識。

◎立將第二十一

【原典】

武王問太公曰：「立將之道奈何？」

太公曰：「凡國有難，君避正殿召將而詔之曰：『社稷安危，一在將軍，今某國不臣，願將軍帥師應之』。」（註一）

「將既受命，乃命太史卜，齋三日，之太廟，鑽靈龜，卜吉日，以授斧鉞（註二）。君入廟門，西面而立。君親操鉞持首，授將其柄曰：『從此上至天者，將軍制之。』復操斧持柄，授將其刃曰：『從此下至淵者，將軍制之。』見其虛則進，見其實則止，勿以三軍為眾而輕敵，勿以受命為重而必死，勿以身貴而賤人，勿以獨見而違眾，勿以辯說為必然。士未坐勿坐，士未食勿食，寒暑必同。如此，則士眾必盡死力。」

「將已受命，拜而報君曰：『臣聞國不可從外治，軍不可從中御（註三）。二心不可以事君，疑志不可以應敵。臣既受命專斧鉞之威，臣不敢生還。願君亦垂一言之命於臣。君不許臣，臣不敢將（註四）。』」

「君許之，乃辭而行。軍中之事，不聞君命，皆由將出，臨敵決戰，無有二心。若此，則無天於上，無地於下，無敵於前，無君於後。是故智者為之謀，勇者為之鬥，氣厲青雲，疾若馳騖，兵不接刃，而敵降服，戰勝於外，功立於內，吏遷士賞，百姓懽說，將無咎殃（註五）。是故風雨時節，五穀豐熟，社稷安寧。」

武王曰：「善哉！」

註釋

註一　社稷安危，一在將軍：國家安危，都繫於將軍一身。一，完全、全部之意。

註二　斧鉞：斧和鉞都是古代一種斧頭，二者都是軍中行刑器具，授斧鉞，古代拜將時象徵授予軍權。

註三　國不可從外治，軍不可從中御：國家內政不受外國干涉，軍隊在前方作戰不能由君王在朝廷遙控指揮，即「將在外君命有所不受」。

註四　願君亦垂一言之命於臣。君不許臣，臣不敢將：希望君上授臣以全權之命，若不允許，臣不敢受託。

註五　吏遷士賞，百姓懽說，將無咎殃：官吏升遷，士卒得賞，貴族歡樂，戰禍消除。吾國在商朝時，「百姓」是指貴族。懽，通歡。說，通悅。

這是一場「拜將」儀式的過程，後世到了戰國、三國，及以後的歷朝歷代，都有類似這樣的拜將儀式。其意義也相同，君王把所有生殺大權，暫時授給出出征的主將，故儀式極其莊嚴隆重。

姜太公認為，「拜將」儀式之所以要如此嚴肅隆重，根本的意義，在君主把權力全部授給主將，主將則把身家性命獻給君王及社稷，就不光是君臣間之事；而是和國家安危、人民的生命財產幸福等，密切的聯繫成一體，才能發揮最大戰力，確保戰爭勝利。

◎將威第二十二

【原典】

武王問太公曰：「將何以為威？何以為明，何以為禁止而令行？」

太公曰：「將以誅大為威，以賞小為明，以罰審為禁止而令行。（註一）故殺一人而三軍震者，殺之；賞一人而萬人說者，賞之。殺貴大，賞貴小。殺其當路貴重之臣，是刑上極也（註二）；賞及牛豎、馬洗、廄養之徒，是賞下通也。（註三）刑上極、賞下通，是將威之所行也。」

註釋

註一　將以誅大為威，以賞小為明，以罰審為禁止而令行：戰場上的將軍，以誅殺地位高的人來立威，以獎賞地位低的人來嚴明軍紀，以賞罰公平做到令行禁止。

註二　殺其當路貴重之臣：誅殺現職的高官顯貴。

註三　牛豎，牛僮。馬洗，馬夫。廄養，養畜者。

太公主張「刑上極、賞下通」，將領統率軍隊才能立威，立威才能軍紀嚴明。這個主張對後世影響很大，吾國歷史上的軍事家、兵法家，如孫子、韓信，都以「殺貴大」立威，建立了不朽功業。

真正做到這一點，有誰還敢有恃無恐？有誰會不努力效命戰場？可見賞罰關係到全軍士氣軍心，甚至戰爭的成敗，不可不慎。

◎勵軍第二十三

【原典】

武王問太公曰：「吾欲令三軍之眾，攻城爭先登，野戰爭先赴，聞金聲而怒，聞鼓聲而喜，為之奈何？」（註一）

太公曰：「將有三（勝）。」

武王曰：「敢問其目？」

太公曰：「將，冬不服裘，夏不操扇，雨不張蓋，名曰禮將；將不身服禮（註二），無以知士卒之寒暑。出隘塞，犯泥塗，將必先下步，名曰力將；將不身服力（註三），無以知士卒之勞苦。軍皆定次（註四），將乃就舍，炊者皆熟，將乃就食，軍不舉火，將亦不舉，名曰上欲將；將不身服止欲，無以知士卒之饑飽。將與士卒共寒暑、勞苦、饑飽，故三軍之眾，聞鼓聲則喜，聞金聲則怒。高城深池，矢石繁下，士爭先登；白刃始合（註五），士爭先赴。士非好死而樂傷也，為其將知寒暑、饑飽之審，而見勞苦之明也。」

註釋

註一　金聲，即鉦聲。鉦，古代軍中一種樂器，金聲是打仗時收兵的信號；鼓聲則是進攻的信號。

註二　不身服禮：不能親自躬行禮法，即不能以身作則。服，從事之意。

註三　不身服力：即不能以身作則。力，是勞力。

註四　定次，紮營。

註五　白刃始合：指兩軍互相衝殺。始合，敵我雙方交戰。

以身作則，是帶兵、練兵、用兵之重要法門，可以鼓舞全軍士氣。尤其與兵同甘苦、共安危，更是各級軍隊領導幹部都知道的法則，但知和行往往有距離。

人是感情動物，幹部能與兵同甘苦，凡事以身作則，必能得兵心，使軍隊團結一心，英勇作戰。歷史上此類戰例很多，歷代將帥都當成治軍作戰基本原則之一。

◎陰符第二十四

【原典】

武王問太公曰：「引兵深入諸侯之地，三軍卒有緩急，或利或害。吾將以近通遠，從中應外，以給三軍之用，為之奈何？」（註一）

太公曰：「主與將有陰符（註二），凡八等：有大勝克敵之符，長一尺；破軍擒將之符，長九寸；降城得邑之符，長八寸；卻敵報遠之符（註三），長七寸；警眾堅守之符，長六寸；請糧益兵之符，長五寸；敗軍亡將之符，長四寸；失利亡士之符，長三寸。諸奉使行符，稽留若符事聞、泄告者，皆誅之。八符者，主將秘聞。所以陰通言語，不泄中外相知之術（註四），敵雖聖智，莫之能識。」

武王曰：「善哉！」

註釋

註一　以近通遠，從中應外：有重要軍事機密，要通知遠方的軍隊，從國內接應在外作戰的部隊。

註二　陰符：古代秘密通信的方法，通常用於軍事或政治高層。符，有銅或竹製成，刻有尺寸。

註三　卻敵報遠：擊退敵人，敵已遠遁。

註四　中外相知之術：朝廷與出征將帥互通情報的方法。

◎陰書第二十五

【原典】

武王問太公曰：「引兵深入諸侯之地，主將欲合兵（註一），行無窮之變，圖不測之利，其事煩多，符不能明，相去遼遠，言語不通，為之奈何？」

太公曰：「諸有陰事大慮，當用書不用符。（註二）主以書遺將，將以書問主，書皆一合而再離，三發而一知。再離者，分書為三部；

三發而一知者，言三人，人操一分，相參而不知情也，此謂陰書。（註三）敵雖聖智，莫之能識。」

武王曰：「善哉！」

註釋

註一　前方主將欲集合各路兵馬，君王有重大軍情要通知前方主將，但陰符太簡略，無法表達，問太公怎麼辦？

註二　陰事大慮，當用書不用符：重大秘密計畫要傳達，通常用陰書，不用陰符，陰書可表達較複雜的訊息。

註三　每份陰書，都用「一合而再離，三發而一知」的方式傳送。所謂「再離」，就是把一封完整的書信分成三部分；所謂「三發而一知」，就是由三人各送一份，每份都不完整，送信者也不知道內容。收信者收到三份文書合起來，才知道完整的內容，這叫陰書。

◎軍勢第二十六

【原典】

武王問太公：「攻伐之道奈何？」

太公曰：「資因敵家之動，變生於兩陣之間，奇正發於無窮之源。（註一）故至事不語，用兵不言（註二），且事之至者，其言不足聽也，兵之用者，其狀不足見也，倏而往，忽而來，能獨專而不制者兵也。夫兵聞則議，見則圖，知則困，辨則危。故善戰者，不待張軍（註三）；善除患者，理於未生（註四）；善勝敵者，勝於無形；上戰無與戰。故爭勝於白刃之前者，非良將也；設備於已失之後者，非上聖也；智與眾同，非國師也；技與眾同，非國工也。事莫大於必克，用莫大於玄默（註五），動莫神於不意，謀莫善於不識。夫先勝者，先見弱於敵而後戰者也。故事半而功倍焉。」

「聖人徵於天地之動，孰知其紀（註六），循陰陽之道而從其候（註七），當天地盈縮因以為常；物有死生，因天地之形。故曰：未見形而戰，雖眾必敗。」（註八）

「善戰者，居之不撓（註九），見勝則起，不勝則止。故曰，無恐懼，無猶豫。用兵之害，猶豫最大，三軍之災，莫過狐疑。善者，見利不失，遇時不疑，失利後時，反受其殃。故智者從之而不釋，巧者一決而不猶豫，是以疾雷及掩耳，迅電不及瞑目，赴之若驚，用之若狂，當之者破，近之者亡，孰能禦之？」

「夫將有所不言而守者，神也；有不見而視者，明也。（註十）故知神明之道者，野無衡敵，對無立國。」（註十一）

武王曰：「善哉！」

註釋

註一　資因：資，獲得敵方資訊，所判斷之作戰形勢。因，借助。資因，因（借助）敵之變化，調整我軍的佈局態勢。

註二　至事不語，用兵不言：軍事機密不可洩露，用兵戰略不可言傳。

註三　善戰者，不待張軍：善於作戰的人，敵人軍隊尚未展開（出兵），就先把他消滅了。

註四　善除患者，理於未生：善於消除戰禍的人，能在禍源未生之前，就先消滅了禍根。

註五　事莫大於必克，用莫大於玄默：軍事之要，莫大於戰必克敵制勝；用兵之要，莫大於行動隱秘莫測。

註六　聖人徵於天地之動，孰知其紀：聖人觀察天地變化，深知其中規律。孰，古熟字，引申反覆探索。

註七　循陰陽之道而從其候：根據陰陽相生的道理，順從自然運行規律行事。

註八　未見形而戰，雖眾必敗：沒有弄清楚敵人的形勢，就貿然而戰，我軍雖人多也必敗。

註九 居之不撓：軍隊處於靜態待命，不受任何干擾。居之，停止，待命中。

註十 將有所不言而守者，神也；有不見而視者，明也：將帥的謀略不說而胸有成竹，是神；對敵情雖未全知而洞見明白，就是明。

註十一 野無衡敵，對無立國：戰場上沒有可以與之抗衡的敵手，也沒有敢於與之對抗的敵國。

這段文字太公講攻勢作戰四大原則：㈠保守軍機，勝於無形。㈡見勝則起，不勝則止。㈢見利不失，遇時不疑。㈣赴之若驚，用之若狂，同時指出「用兵之害，猶豫最大；三軍之災，莫過狐疑。」

在本質上，太公強調「戰爭打在開戰之前」，所以「善戰者不待張軍，善除患者理於未生。」勝敗在開戰前就決定了；等到戰場上白刃交鋒爭勝，非良將也。一千多年後的孫子、吳起論兵，也多受太公影響甚深。

◎奇兵第二十七

【原典】

武王問太公曰：「凡用兵之道，大要何如？」

太公曰：「古之善戰者，非能戰於天上，非能戰於地下，其成與敗，皆由神勢，得之者昌，失之者亡。」

「夫兩陣之間，出甲陣兵，縱卒亂行者，所以為變也（註一）；深草蓊翳者，所以逃遁也；谿谷險阻者，所以止車禦騎也；隘塞山林者，所以少擊眾也；坳澤窈冥者，所以匿其形也（註二）清明無隱者，所以戰勇力也（註三）；疾如流矢，如發機者，所以破精微也；」

「詭伏設奇，遠張誑誘者，所以破軍擒將也（註四）；四分五裂者，所以擊圓破方也（註五）；因其驚駭者，所以一擊十也；因其勞倦暮舍者，所以十擊百也；奇伎者，所以越深水、渡江河也；強弩長兵者，所以踰水戰也；長關遠候，暴疾謬遁者（註六），所以降城服邑也；鼓行喧囂者，所以行奇謀也；大風甚雨者，所以搏前擒後也；偽稱敵使者，所以絕糧道也；」

「謬號令與敵同服者，所以備走北也（註七）；戰必以義者，所以勵眾勝敵也；尊爵重賞者，所以勸用命也。嚴刑重罰者，所以進罷怠也；一喜一怒，一與一奪，一文一武，一徐一疾者，所以調和三軍制一臣下也（註八）；處高敞者，所以警守也；保阻險者，所以為固也；山林茂穢者，所以默往來也；深溝高壘，糧多者，所以持久也。」

「故曰：不知戰攻之策，不可以語敵；不能分移，不可以語奇（註九）；不通治亂，不可以語變。故曰：將不仁，則三軍不親；將不勇，則三軍不銳；將不智，則三軍大疑；將不明，則三軍大傾；將不精微，則三軍失其機；將不常戒，則三軍失其備；將不強力，則三軍失其職。故將者人之司命，三軍與之俱治，與之俱亂。得賢將者，兵強國昌；不得賢將者，兵弱國亡。」

武王曰：「善哉！」

註釋

註一　縱卒亂行者，所以為變也：故意放縱士卒，使其行列混亂，這是為了引誘敵人。

註二　坳澤窈冥者，所以匿其形也：佔領低凹幽暗的地方，是為了隱蔽我方形蹤。

註三　清明無隱者，所以戰勇力也：佔領平坦的開闊地形，是為了與敵人之主力決戰。

註四　遠張誑誘：虛張聲勢，誘惑敵人。

註五　四分五裂者，所以擊圓破方也：調兵遣將，分進合擊，是為了擊破敵人各種陣法。

註六　長關遠候：在遠處設立關卡，派出偵察。候，伺望敵人的斥候。

註七　謬號令：詐用敵人的號令。

註八　制一臣下：把部下的行動統一起來。

註九　不能分移，不可以語奇：不會機動用兵，就談不上出奇制勝。

這段文字姜太公講「神勢」，即神機妙算所創造的作戰態勢及其戰略、戰術運用。太公提出二十六種「神勢」運用，最後強調統兵將帥的七種品質：仁、勇、智、明、精微、常戎、強力。

在西周以前，中國境內有數百個國家，大多小國（如一村或小城），大國也不大，所以一次戰敗國便亡了，將領地位極為重要，如太公說「得賢將者，兵強國昌；不得賢將者，兵弱國亡。」但在現代國家，將領的地位並沒有那麼重要，尤其大國（有數百萬平方公里領土），通常不會因「將弱」而國亡，這時代環境的不同。

◎五音第二十八

【原典】

武王問太公曰：「律音之聲，可以知三軍之消息，勝負之決乎？」

太公曰：「深哉！王之問也。夫律管十二（註一），其要有五音：宮、商、角、徵、羽（註二），此其正聲也，萬代不易。五行之神，道之常也，可以知敵。金木水火土，各以其勝攻之。」（註三）

「古者三皇之世，虛無之情（註四），以制剛強，無有文字，皆由五行。五行之道，天地自然，六甲之分（註五），微妙之神。其法：以天清淨，無陰雲風雨，夜半，遣輕騎往至敵人之壘，去九百步外，偏持律管當耳，大呼驚之，有聲應管，其來甚微。角聲應管，當以白虎；徵聲應管，當以玄武；商聲應管，當以朱雀；羽聲應管，當以勾陳；五管聲盡，不應者，宮也，當以青龍。此五行之符，佐勝之徵，成敗之機。」（註六）

武王曰：「善哉！」

太公曰：「微妙之音，皆有外候！」（註七）

武王曰：「何以知之？」

太公曰：「敵人驚動則聽之。聞枹鼓之音者角也；見火光者徵也；聞金鐵矛戟之音者商也；聞人嘯呼之音者羽也；寂寞無聞者宮也，此五者，聲色之符也。」（註八）

註釋

註一　律管十二：古代正音的樂器，即效音器。共有十二管，從低音階到高音階依序是：黃鍾、太呂、太簇、夾鍾、姑洗、仲呂、蕤賓、林鍾、夷則、南呂、無射、應鍾。

註二　宮、商、角、徵、羽：古代五個基本音，陰陽五行家以五音配五行：宮配土、商配金、角配木、徵配火、羽配水，由此推知人事的吉凶。

註三　金木水火土，各以其勝攻之：五行是自然界基本物質，五行相生相剋，相互依存，可以推知敵方消長，得以取勝。

註四　虛無之情：指無為而治的策略。

註五　六甲：六種以甲為首的干支。干支乃吾國千百年來仍在使用的記年記時方法。干有十天干：甲、乙、丙、丁、戊、己、庚、辛、壬、癸；支有十二地支：子、醜、寅、卯、辰、己、午、未、申、酉、戌、亥。用天干與地支逐次配合，從甲子到癸亥的最小公倍數為六十，稱一周期。每一周期中，有六個以甲為首的干支：甲子、甲戌、甲申、甲午、甲辰、甲寅，即叫六甲。而人們習慣把天干、地支、時曆等問題，統稱「六甲之分」。

註六 白虎、玄武、朱雀、勾陳、青龍：是古代陰陽家所述天上五方星座，與地上五方之神相應。白虎為西方庚辛金星神，玄武為北方壬癸水星神，朱雀是南方丙丁火星神，勾陳是中央戊己土星神，青龍是東方甲乙木星神。

註七 外候：外在的徵候。

註八 枹鼓：打鼓，枹，鼓槌。聲色：議論的聲音和臉色，此指音律各聲色吻合，驗證結果正確之音。

本文太公說明利用五音去觀察敵情的方法，並以五行思想為理論基礎，從現代科學觀之，確實過於神秘，但這是三千多年前的東西。就整體文意而言，還是有可貴的基本價值存在。

太公把世界萬物看成矛盾又統一的有機體，有智慧、有悟力的人，可以「從一粒沙看到世界、從一朵花看到天堂」；啟發人們，從局部看整體，從現象認識本質，從變化望見未來趨勢，從萌芽預見長大後的情況。

◎兵徵第二十九

【原典】

武王問太公曰：「吾欲未戰先知敵人之強弱，豫見勝負之徵。為之奈何？」

太公曰：「勝負之徵，精神先見，明將察知，其敗在人。謹候敵人出入進退，察其動靜，言語祅祥，士卒所告。凡三軍說懌（註一），士卒畏法，敬其將命，相喜以破敵，相陳以勇猛，相賢以威武，此強徵也。三軍數驚，士卒不齊，相恐以敵強，相語以不利，耳目相屬（註二），祅言不止，眾口相惑，不畏法令，不重其將，此弱徵也。」

「三軍整齊，陳勢已固，深溝高壘，又有大風甚雨之利，三軍無故，旌旗前指，金鐸（註三）之聲揚以清，鼙鼓（註四）之聲宛若鳴，此得神明（註五）之助，大勝之徵也。行陣不固，旌旗亂而相繞，逆大風甚雨之利，士卒恐懼，氣絕而不屬，戎馬驚奔，兵車折軸，金鐸之聲下以濁，鼙鼓之聲濕如沐，此大敗之徵也。」（註六）

「凡攻城圍邑，城之氣色如死灰，城可屠；城之氣出而北，城可克；城之氣出而西，城必降；城之氣出而南，城不可拔；城之氣出而東，城不可攻；城之氣出而復入，城主逃北；城之氣出而覆我軍之上，軍必病；城之氣出高而無所止，用日長久（註七）。凡攻城圍邑過旬不雷不雨，必亟去之，城必有大輔。此所以知可攻而攻，不可攻而止。」（註八）

武王曰：「善哉！」

註釋

註一　豫，通預。候，偵察。說懌，歡喜之意，說，同悅；懌，音意，快樂。

註二　耳目相屬：相互傳遞消息。

註三　金鐸：金，鑼也。鐸，音奪，鈴也。古代作戰時，運用金鐸指揮部隊的停止或收兵的信號。

註四　鼙鼓：古代軍隊作戰用於指揮前進的樂器。鼙，音皮，小鼓；鼓，大鼓。

註五　神明：此處形容佔有「天時、地利、人和」之大利。

註六　濕如沐：鼙鼓被雨淋濕後，敲擊聲變得低沉。

註七　城之氣：指城內氣氛、氣象。用日長久：用兵時日長久。日，疑為「兵」之誤。

註八　大輔：賢人之輔佐。

武王問太公，戰前有什麼徵候可以判斷敵之強弱和勝敗？姜太公指出三種徵兆可預見戰爭的勝敗：㈠軍隊的強徵和弱徵；㈡大勝之徵和大敗之徵；㈢攻城圍邑時「城之氣」可判吉凶。

前兩種較合乎科學，第三種從現代看是迷信，欠缺可觀察的現象（經驗），但並非全無可取之處。太公說的「氣」，應該是一種戰爭「藝術」或「直覺」，這是高人才有的「特異能力」，兵法家、軍事家亦是。

◎農器第三十

【原典】

武王問太公曰：「天下安定，國家無事，戰攻之具，可無修乎？守禦之備，可無設乎？」（註一）

太公曰：「戰攻守禦之具盡在於人事，耒耜者，其行馬蒺藜也（註二）；馬、牛、車、輿者，其營壘，蔽櫓也；鋤耰之具（註三），其矛戟也；蓑薜簦笠者（註四），其甲冑干楯也（註五）；钁鍤斧鋸杵臼（註六），其攻城器也；牛馬所以轉輸，糧用也；雞犬，其伺候也；婦人織紝，其旌旗也；」

「丈夫平壤，其攻城也；春鏺草棘，其戰車騎也；夏耨田疇（註七），其戰步兵也；利刈禾薪（註八），其糧食儲備也；冬實倉廩，其堅守也；田里相伍（註九），其約束符信也；里有吏，官有長，其將帥也；里有周垣，不得相過，其隊分也；輸粟取芻（註十），其廩庫也；春秋治城郭，修溝渠，其塹壘也。故用兵之具，盡在於人事也。善為國者，取於人事。故必使遂其六畜，闢其田野，安其處所，丈夫治田有畝數，婦人織紝有尺度，是富國強兵之道也。」

武王曰：「善哉！」

註釋

註一　具，器具，這裡指軍隊用的武器裝備。

註二　人事，此處指農事。耒耜，耒和耜都是古代農具，耕地翻土用。行馬蒺藜，行馬、蒺藜，都是做為障礙物用東西。

註三　蔽櫓，用於防禦的障礙器材。耰，一種農具，無齒的耙，用來平土、平田。

註四　蓑薜簦笠：即蓑衣、斗笠。簦，有柄的笠，類似今之傘。

註五　甲冑干楯：甲，鐵片做成的護身衣。冑，頭盔。干，盾。楯，大盾牌。

註六　钁鍤、杵臼：钁，音決，似今之鋤。鍤，似今之鍬。杵，搗物的棒槌。臼，舂米的器具。

註七　絍，音任，布帛。鏺，割草用的刀。田疇，田地。

註八　刈，割草。

註九　田里相伍：古代農戰合一制，戶籍以五家為伍，軍制以五人為伍。此處指同村、鄰居。

註十　芻，飼草。

本文太公說明農與戰的統一性，強調兵農合一、寓兵於農的道理；太公指出，戰時軍隊的組織編成、武器裝備等，都來自平時的生產組織和生產工具。人類社會經三千多年演進，早已不是「兵農合一」的社會，本文仍散發著恆久性的「現代價值」。因為戰爭從古到今，永遠是一種上層建築的政治行為，必然需要下層經濟基礎的支持，廿一世紀乃至未來仍有戰爭亦如是，沒有經濟支持，戰爭都打不下去。

太公也意識到，有強大的經濟作用，才能得出富國強兵的正確結論。不得不說，三千多年前太公就有這種智慧，他真是神明啊！現在習近平領導國家追求的，正是富國強兵，還要和美帝鬥，且立於不敗，他應該是讀過姜太公的兵法吧！

第四章 虎韜篇

◎軍用第三十一

【原典】

武王問太公曰：「王者舉兵，三軍器用，科品眾寡，豈有法乎？」

太公曰：「大哉，王之問也！夫攻守之具，各有科品，此兵之大威也。」

武王曰：「願聞之。」

太公曰：「凡用兵之大數，將甲士萬人，法用：武衛大扶胥三十六乘，材士強弩矛戟為翼，一車二十四人推之。以八尺車輪，車上立旗鼓。兵法為之震駭，陷堅陣，敗強敵。」（註一）

「武翼大櫓矛戟扶胥七十二具，材士強弩矛戟為翼。以五尺車輪，絞車連弩自副，陷堅陣，敗強敵。」（註二）

「提翼小櫓扶胥一百四十四具，絞車連弩自副，以鹿車輪，陷堅陣，敗強敵。」（註三）

「大黃參連弩大扶胥三十六乘，材士強弩矛戟為翼。飛鳧、電影自副，飛鳧赤莖白羽，以銅為首；電影青莖赤羽，以鐵為首。晝則以絳縞，長六尺，廣六寸，為光耀；夜則以白縞，長六尺，廣六寸，為流星。陷堅陣，敗步騎。」（註四）

「大扶胥衝車三十六乘，螳螂武士共載，可以縱擊橫，可以敗敵。」（註五）

「輜車騎寇，一名電車，兵法謂之電擊。陷堅陣，敗步騎寇夜來前。」（註六）

「矛戟扶胥輕車一百六十乘，螳螂武士三人共載，兵法謂之霆擊，陷堅陣，敗步騎。」（註七）

「方首鐵棓維朌，重十二斤，柄長五尺以上，千二百枚，一名天棓。大柯斧，刃長八寸，重八斤，柄長五尺以上，千二百枚，一名天鉞。方首鐵鎚，重八斤，柄長五尺以上，千二百枚，一名天鎚。敗步騎群寇。」（註八）

「飛鉤長八寸，鉤芒長四寸，柄長六尺以上，千二百枚，以投其眾。」

「三軍拒守，木螳螂劍刃扶胥，廣二丈，百二十具，一名行馬。平易地，以步兵敗車騎。」（註九）

「木蒺藜，去地二尺五寸，百二十具，敗步騎，要窮寇，遮走北。」

「軸旋短衝矛戟扶胥百二十具，黃帝所以敗蚩尤氏。敗步騎，要窮寇，遮走北。」（註十）

「狹路微徑，張鐵蒺藜。芒高四寸，廣八寸，長六尺以上，千二百具，敗步騎。」

「突瞑來前促戰，白刃接，張地羅，鋪兩鏃蒺藜，參連織女，芒間相去二寸，萬二千具。曠野草中，方胸鋋矛，千二百具，張鋋矛法，高一尺五寸。敗步騎，要窮寇，遮走北。」（註十一）

「狹路、微徑、地陷、鐵械鎖參連，百二十具。敗步騎，要窮寇，遮走北。」

「壘門拒守，矛、戟、小櫓十二具，絞車連弩自副。」

「三軍拒守，天羅、虎落、鎖連，一部廣一丈五尺，高八尺，百

二十具。虎落劍刃扶胥，廣一丈五尺，高八尺，五百二十具。」（註十二）

「渡溝塹飛橋，一間廣一丈五尺，長二丈以上，著轉關轆轤，八具，以環利通索張之。」（註十三）

「渡大水，飛江廣一丈五尺，長二丈以上，八具，以利環通索張之。天浮鐵螳螂矩內圓外，徑四尺以上，環絡自副，三十二具。以天浮張飛江，濟大海，謂之天潢，一名天舡。」（註十四）

「山林野居，結虎落柴營，環利鐵鎖，長二丈以上，千二百枚；環利大通索，大四寸，長四丈以上，六百枚；環利中通索，大二寸，長四丈以上，二百枚；環利小徽纆，長二丈以上，萬二千枚。」（註十五）

「天雨蓋重車上板，結枲鉏鋙，廣四尺，長四丈以上，車一具，以鐵杙張之。」（註十六）

「伐木大斧，重八斤，柄長三尺以上，三百枚；棨钁刃，廣六寸，柄長五尺以上，三百枚；銅築固為垂，長五尺以上，三百枚；鷹爪方胸鐵杷，柄長七尺以上，三百枚；方胸鐵叉，柄長七尺以上，三百枚；方胸兩枝鐵叉，柄長七尺以上，三百枚。」（註十七）

「芟草木大鐮，柄長七尺以上，三百枚；大櫓刃重八斤，柄長六尺，三百枚；委環鐵杙，長三尺以上，三百枚；椓杙大鎚，重五斤，柄長二尺以上，百二十具。」（註十八）

「甲士萬人，強弩六千，戟楯二千，矛楯二千，修治攻具、砥礪兵器巧手三百人。此舉兵軍用之大數也。」

武王曰：「允哉！」

註釋

註一　武衝大扶胥：古代大型戰車，上有大盾做防備。扶胥，是古代戰車的別名。材士，勇武的戰士。

註二　武翼大櫓矛戟扶胥：配備有大盾牌和矛戟的戰車。武翼是車名，櫓是大盾牌。絞車連弩：一種用絞車拉弓，可連發而射程遠的弩。

註三　提翼小櫓扶胥：配備有小盾牌的戰車。鹿車輪，似今之小獨輪車。

註四　大黃參連弩大扶胥：可以多箭齊發的大戰車。飛凫、電影都是一種旗子。赤莖白羽，紅色旗桿上有白色的羽毛。

註五　大扶胥衝車：進攻用的大戰車。螳螂武士：形容有奮擊精神的戰士，應是當時的「特種部隊」。

註六　輜車騎寇：輕快的車騎部隊。電車：形容以速度取勝而輕快的車。

註七　矛戟扶胥輕車：車上配備矛戟的輕戰車。霆擊：指快速進行突擊的戰車。

註八　方首鐵棓維朌：即大方頭鐵棒。棓，同棒。朌，音班，同頒，頭大貌。鎚，通錘。

註九　飛鉤：古代兵器，有四個鉤，繫上繩索，投向敵人，鉤取敵人。木螳螂劍刃扶胥：有如螳螂前臂的戰車，其上配有刀劍。

註十　木蒺藜：三角形障礙物。要，腰截、阻擋。軸旋短衝矛戟扶胥：配有矛戟且便於旋轉的戰車。

註十一　瞑：指能見度低的時候。參連織女：把很多障礙物連在一起，織女，也是一種蒺藜類障礙物。方胸鋌矛，也是障礙物。

註十二　鐵械鎖參連：一種用來羈絆敵人的鎖鏈。壘門，即營門。天羅是掛在空中的網，虎落是營寨外圍的竹籬，有遮攔功能。

註十三　飛橋：可放下和收起的橋，用於通過壕溝或小河的古代軍隊裝備。

註十四　飛江：渡江用的浮橋。天潢和天舡都是一種大船。天浮鐵螳螂：天浮是可浮之物，如木筏，鐵螳螂是鐵錨，意思用鐵錨固定天浮。

註十五　環利大通索：帶有鐵環的大繩索。徽纆：繩索，纆，音雷。

註十六　結枲鉏鋙：用麻編織車篷，防雨水浸入。枲，音喜，麻。鉏鋙，音居悟，不可入之意。

註十七　棨：大鋤頭。銅築固為垂：似大銅錘。

註十八芟：除草。委環鐵杙：釘子之類的東西。椓杙大鎚：一種大錘。

這是一篇姜太公所提，類似現代一個「重裝步兵師」所有武器裝備的「編裝表」。本文所列出的武器裝備，亦是在太公時代有「甲士萬人」的軍隊，所有的配備，約同現代一個重裝師規模。

文中所述武器、裝備、人員的編裝，雖已經沒有現代參用價值，卻有重要的文獻研究價值。但太公在文中指出，優秀的軍事指揮官，不僅要精通兵法，善於運籌帷幄，也要具備兵器知識。否則，他只是一個軍事理論的空談者，不夠格成為實戰指揮官，這是穿越時空的價值了。

◎三陣第三十二

【原典】

武王問太公曰：「凡用兵為天陣（註一）、地陣（註二）、人陣（註三），奈何？」

太公曰：「日、月、星辰、斗杓（註四），一左一右，一向一背，此為天陣。丘陵水泉，亦有前後左右之利，此為地陣。用車用馬，用文用武，此為人陣。」

武王曰：「善哉！」

註釋

註一　天陣：依據日月星辰、天象之變化，來進行兵力、火力和後勤等部署，這叫天陣。

註二　地陣：依據地形、地理和地緣戰略關係，進行各項部署，這叫地陣。

註三　人陣：依據戰略、戰術、政治、兵種、兵力等諸多人的因素，進行部署，這叫人陣。

註四　斗杓：指北斗七星。斗，是斗魁。杓，是斗柄。

用兵依據天陣、地陣、人陣部署，聽起來有些玄妙。但其實很真切、很真實，因為古今中外所有的戰爭，包含寫本書時正開打的「俄烏戰爭」，各方操盤者如何用兵，無不在天、地、人「三陣」中下工夫。

軍隊要發揮戰力，必源自兩個因素：主觀和客觀。主觀就人和（人陣），客觀是天時（天陣）和地利（地陣）。三陣通過人的思維聯結，始能發揮戰力，收到克敵制勝的最佳效果。

天陣、地陣，主要是利弊選擇的問題，人陣則完全在一個「用」，「用車用馬、用文用武」，用人力物力財力，在天陣地陣的大舞台上，演出一場戰爭悲喜劇。太公的智慧，真是穿透了時空！

◎疾戰第三十三

【原典】

武王問太公曰：「敵人圍我，斷我前後，絕我糧道，為之奈何？」

太公曰：「此天下之困兵也。暴用之則勝，徐用之則敗。如此者，為四武衝陣（註一），以武車驍騎（註二）驚亂其軍而疾擊之，可以橫行。」

武王曰：「若已出圍地，欲因以為勝，為之奈何？」（註三）

太公曰：「左軍疾左，右軍疾右（註四），無與敵人爭道，中軍迭前迭後（註五）。敵人雖眾，其將可走。」（註六）

註釋

註一　四武衝陣：四面都要部署警戒部隊，且保持戰鬥隊形的準備，防敵從任何一方發動突擊。

註二　驍騎：驍勇善戰的騎兵。

註三　欲因以為勝：突破了敵人包圍圈後，想要進而乘勢取勝於敵。

註四　左軍疾左，右軍疾右：左邊的部隊向敵人左側發起猛攻，右邊的部隊向敵人右側發起猛攻。

註五　迭前迭後：忽前忽後，輪番出擊。

註六　其將可走：形容可以打敗敵人。走，有趕跑、擊垮、敗走之意。

武王問太公，軍隊被敵人包圍，前後退路也被阻絕，糧道也斷了。怎麼辦？太公說這是古今中外處境最堅危的軍隊，立即向敵人發起猛攻就有取勝機會，猶豫就會必敗無疑，這是太公的戰略指導。

戰爭，是人類社會演化的常態，有史以來，年年都有戰爭在地球上發生，軍隊被圍與突圍也是必有的悲喜劇。太公認為，一個部隊，任何官兵，處任何困境，都不能束手待斃；而要竭盡所能，求取生機，轉敗為勝。

◎必出第三十四

【原典】

武王問太公曰：「引兵深入諸侯之地，敵人四合而圍我，斷我歸道，絕我糧食。敵人既眾，糧食甚多，險阻又固，我欲必出，為之奈何？」

太公曰：「必出之道，器械為寶，勇鬥為首。審知敵人空虛之地，無人之處，可以必出。將士人持玄旗（註一），操器械，設銜枚，夜出。（註二）勇力、飛足、冒將之士（註三）居前，平壘為軍開道，材士強弩為伏兵居後，弱卒車騎居中。陣畢徐行，慎無驚駭。以武衝扶胥前後拒守，武翼大櫓以備左右。敵人若驚，勇力、冒將之士疾擊而前，弱卒車騎以屬其後，材士強弩隱伏而處。審候敵人追我，伏兵疾擊其後，多其火鼓，若從地出，若從天下（註四），三軍勇鬥，莫我能禦。」

武王曰：「前有大水、廣塹、深坑，我欲踰渡，無舟楫之備，敵人屯壘，限我軍前，塞我歸道，斥候常戒，險塞盡中，車騎要我前，勇士擊我後，為之奈何？」

太公曰：「大水、廣塹、深坑，敵人所不守，或能守之，其卒必寡。若此者，以飛江、轉關與天潢以濟吾軍，勇力材士從我所指，衝敵絕陣，皆致其死。先燔吾輜重，燒吾糧食，明告吏士，勇鬥則生，不勇則死。已出者，令我踵軍設雲火遠候（註五），必依草木、丘墓、險阻，敵人車騎必不敢追長驅。因以火為記，先出者令至火而止，為四武衝陣。如此，則吾三軍皆精銳勇鬥，莫我能止。」

武王曰：「善哉！」

註釋

註一 玄旗，黑旗。玄，黑色。

註二 銜枚：古代軍隊行軍時，用來保持安靜的器具。枚，狀似筷子的木製物，兩端有帶，可套在頸上，行軍時銜在口中，可防止出聲。

註三 冒將之士：勇於冒險犯難的將士。

註四 若從地出、若從天下：形容奇兵的現身，讓敵人覺得，好像從地底出現，又如從天而降。

註五 踵軍設雲火遠候：令後衛部隊燃起煙火信號，派出偵搜人員進行遠處偵察。

◎軍略第三十五

【原典】

武王問太公曰：「引兵深入諸侯之地，遇深谿、大谷、險阻之水，吾三軍未得畢濟，而天暴雨流水大至，後不得屬於前，無有舟梁（註一）之備，又無水草之資，吾欲畢濟，使三軍不稽留，為之奈何？」

太公曰：「凡帥師將眾，慮不先設，器械不備，教不素信，士卒不習，若此，不可以為王者之兵也。凡三軍有大事，莫不習用器械。攻城圍邑，則有轒轀、臨衝；視城中則有雲梯、飛樓（註二）；三軍行止，則有武衝、大櫓前後拒守；絶道遮街，則有材士強弩，衝其兩旁；設營壘，則有天羅、武落、行馬、蒺藜；晝則登雲梯遠望，立五色旌旗；夜則設雲火萬炬，擊雷鼓，振鼙、鐸、吹鳴笳；越溝塹，則有飛橋、轉關、轆轤、鉏鋙（註三）；濟大水則有天潢、飛江；逆波上流，則有浮海、絶江（註四）。三軍用備，主將何憂！」

註釋

註一　梁：橋。

註二　轒轀：古代用於攻城的戰車。臨衝：攻城用的大型戰車。飛樓：瞭望看哨的樓台。

註三　鉏鋙：同齟齬，指上下齒不相對的情況，此處指帶有齒輪的機械。

註四　浮海、絶江：二者都是古代軍隊用於渡河的工具。

本文太公強調軍隊作戰的準備工作。「備」，有三個層次：㈠事先有準備、㈡器械要完備、㈢使用器械的技術要具備。三者有一不足者，「慮不先設，器械不備，教不素信，士卒不習」。如此，都不可為王者之兵，也就是不能成為國家的正規軍。

◎臨境第三十六

【原典】

武王問太公曰：「吾與敵人臨境相拒，彼可以來，我可以往，陣皆堅固，莫敢先舉，我欲往而襲之，彼亦可來，為之奈何？」

太公曰：「兵分三處（註一），令我前軍，深溝增壘而無出，列旌旗，（擊）鼙鼓，完為守備。令我後軍，多積糧食，無使敵知我意。發我銳士潛襲其中，擊其不意，攻其無備，敵人不知我情，則止不來矣。」

武王曰：「敵人知我之情，通我之謀，動則得我事，其銳士伏於深草，要隘路，擊我便處（註二），為之奈何？」

太公曰：「令我前軍，日出挑戰，以勞其意；令我老弱，拽柴揚塵（註三），鼓呼而往來，或出其左，或出其右，去敵無過百步，其將

必勢，其卒必駭。如此，則敵人不敢來。吾往者不止，或襲其內，或襲其外，三軍疾戰，敵人必敗。」

註釋

註一　三處：三個位置，此處指古代軍隊陣形的前軍、中軍、後軍三部分。在周朝各諸侯國稱謂，亦有叫中軍、左軍、右軍三部分。

註二　要隘路，擊我便處：在隘路上腰截我軍，襲擊我防備不足的地方。

註三　拽柴揚塵：拉著柴枝，來回奔路，揚起灰塵，用以迷惑敵人。

敵我兩軍對峙，勢均力敵，處於膠著狀態。如何「打破平衡」，取得勝利？姜太公的戰略指導是「偷襲」，偷襲有兩種方法：一是敵不知我方情況，則出其不意，攻其不備；二是敵知我方情況，先用疲勞戰術拖垮敵人，再伺機發動全面猛攻，定可取勝。

軍隊在戰場上的部署，通常是利弊的選擇，不可能完美。尤其兩軍勢均力敵時，英明的將領就善於找尋敵之弱點，避實擊虛，以強擊弱。這是作戰致勝，古今不變的法則，但運用之妙，存乎一心！

◎動靜第三十七

【原典】

武王問太公曰：「引兵深入諸侯之地，與敵之軍相當，兩陣相望，眾寡彊弱相等，未敢先舉。吾欲令敵將帥恐懼，士卒心傷，行陣不固，後陣欲走，前陣數顧（註一），鼓譟而乘之，敵人遂走（註二），為之奈何？」

太公曰：「如此者，發我兵去寇十里而伏其兩旁（註三），車騎百里而越其前後（註四），多其旌旗，益其金鼓，戰合（註五），鼓譟而俱起，敵將必恐，其軍驚駭，眾寡不相救，貴賤不相待，敵人必敗。」（註六）

武王曰：「敵之地勢，不可以伏其兩旁，車騎又無以越其前後，敵知我慮，先施其備，我士卒心傷，將帥恐懼，戰則不勝，為之奈何？」

太公曰：「微哉！王之問也！如此者，先戰五日，發我遠候（註七），往視其動靜，審候其來，設伏而待之。必於死地（註八），與敵相避，遠我旌旗，疏我行陣（註九），必奔其前，與敵相當，戰合而走，擊金無止（註十），三里而還，伏兵乃起，或陷其兩旁，或擊其前後，三軍疾戰，敵人必走。」

武王曰：「善哉！」

註釋

註一　前陣數顧：陣前士卒有後顧之憂。數顧，不斷回頭看，形容心神不定。

註二　走，這裡當敗走之意。

註三　發我兵去寇十里而伏其兩旁：先派出一支部隊，秘密繞到離敵十里的地方，埋伏敵之兩側。

註四　車騎百里而越其前後：以戰車配合騎兵，迂迴到敵軍之前方和後方。

註五　戰合：兩軍交鋒。

註六　眾寡不相救，貴賤不相待：主力與部分不能互相救援，官兵上下不能互相照應。

註七　先戰五日，發我遠候：於戰前五日，先派出哨兵到遠處偵察敵人之動靜。

註八　死地：奮戰則生，不戰則死的險地。

註九　疏我行陣：拉長行軍間的距離，以顯示我軍兵力眾多的假相，以迷惑敵人。

註十　擊金無止：鳴金收兵。

本篇接續前篇的話題，兩軍勢均力敵時，如何「打破平衡」，取勝於敵？前篇講疲勞戰術，本篇則是心理戰。能在心理上使敵「將帥恐懼、士卒心傷」，相信已很接近勝利了。

但如何使「將帥恐懼、士卒心傷」，太公沒有直接答案，間接指出「以攻為主」，透過製造假相、巧用伏兵、虛實結合、四面圍攻。如此，必使敵軍大敗而逃。

◎金鼓第三十八

【原典】

武王問太公曰：「引兵深入諸侯之地，與敵相當，而天大寒甚暑，日夜霖雨，旬日（註一）不止，溝壘悉壞，隘塞不守，斥候懈怠，士卒不戒，敵人夜來，三軍無備，上下惑亂，為之柰何？」

太公曰：「凡三軍，以戒為固，以怠為敗。令我壘上，誰何不絕（註二），人執旌旗，外內相望，以號相命，勿令乏音，而皆外向。（註三）三千人為一屯（註四），誡而約之，各慎其處。敵人若來，親我軍之警戒，至而必還，力盡氣怠，發我銳士，隨而擊之。」（註五）

武王曰：「敵人知我隨之，而伏其銳士，佯北不止（註六），遇伏而還，或擊我前，或擊我後，或薄我壘，吾三軍大恐，擾亂失次，離其處所，為之奈何？」

太公曰：「分為三隊，隨而追之，勿越其伏，三隊俱至，或擊其前後，或陷其兩旁，明號審令，疾擊而前，敵人必敗。」

註釋

註一 旬日：十日，古時十天為一旬。

註二 令我壘上，誰何不絕：在我方軍隊營壘內，一律按「口令」通行，以防敵人滲透進來。

註三 以號相命，勿令乏音，而皆外向：以信號傳達命令，不可中斷，對外要一致嚴密警戒。

註四 三千人為一屯：三千人設一個駐地。屯，駐紮、防守之意。

註五 親我軍之警戒：指敵人迫近我軍，看到我軍之警戒嚴密，「至而必還」，無隙可乘，就會退兵。

本文姜太公講防禦警戒和反攻追擊的原則，太公提出「以戒為固、以怠為敗」，為軍隊任何時候都必須要遵守的「安全規律」，沒有安全，就沒有勝利。反攻追擊也是要提高警戒，首要注意敵可能的埋伏，破解埋伏是追擊取勝的關鍵。但戰場狀況瞬息萬變，任何時候都不放鬆警備，就是最後的勝利者。

◎絕道第三十九

【原典】

武王問太公曰：「引兵深入諸侯之地，與敵相守，敵人絕我糧道，又越我前後。吾欲戰則不可勝，欲守則不可久，為之柰何？」

太公曰：「凡深入敵人之地，必察地之形勢，務求便利，依山林、險阻、水泉、林木而為之固，謹守關梁（註一），又知城邑、丘墓（註二）、地形之利。如是，則我軍堅固，敵人不能絕我糧道，又不能越我前後。」

武王曰：「吾三軍過大陵、廣澤、平易之地，吾盟誤失，卒與敵人相薄（註三），以戰則不勝，以守則不固，敵人翼我兩旁（註四），越我前後，三軍大恐，為之柰何？」

太公曰：「凡帥師之法，當先發遠候，去敵二百里，審知敵人所在。地勢不利，則以武衛為壘而前（註五），又置兩踵軍於後（註六），遠者百里，近者五十里，即有警急，前後相救。吾三軍常完堅，必無毀傷。」

武王曰：「善哉！」

註釋

註一　關梁：關隘和橋梁。

註二　丘墓：丘陵和墓塚。

註三　吾盟誤失，卒與敵人相薄：由於我方偵探和哨兵的失誤，未能及早發現敵人，突然與敵發生遭遇。

註四　翼：翅膀，此處當動詞，包圍兩側之意。

註五　武衛：衛，疑為衝之誤。武衝，一種大戰車。

註六　踵軍：後衛部隊。

本文論說深入敵境被包圍，又被斷了糧道的解救之道，注意三點：㈠查明地理地形；㈡探悉敵情；㈢保持自己軍隊完整戰力。尤以保持完整戰力為要，有完整戰力就能獨立應付各種狀況，就有機會逆轉情勢，取得勝利。

◎略地第四十

【原典】

武王問太公曰：「戰勝深入，略其地（註一），有大城不可下，其別軍守險與我相拒，我欲攻城圍邑，恐其別軍（註二）卒至而擊我，中外（註三）相合擊我表裏，三軍大亂，上下恐駭，為之奈何？」

太公曰：「凡攻城圍邑，車騎必遠，屯衛警戒，阻其外內。（註四）中人絕糧，外不得輸，城人恐怖，其將必降。」

武王曰：「中人絕糧，外不得輸，陰為約誓，相與密謀，夜出窮寇死戰，其車騎銳士，或衝我內，或擊我外，士卒迷惑，三軍敗亂，為之奈何？」

太公曰：「如此者，當分軍為三軍，謹視地形而處。審知敵人別軍所在，及其大城別堡，為之置遺缺之道，以利其心，謹備勿失。（註五）敵人恐懼，不入山林，即歸大邑，走其別軍，車騎遠要其前，勿令遺脫。中人以為先出者得其徑道，其練卒材士必出，其老弱獨在。車騎深入長驅，敵人之軍必莫敢至。慎勿與戰，絕其糧道，圍而守之，必久其日。無燔人積聚，無壞人宮室，塚樹社叢（註六）勿伐，降者勿殺，得而勿戮，示之以仁義，施之以厚德。令其士民曰：罪在一人。如此，則天下和服。」

武王曰：「善哉！」

註釋

註一　略：攻略、佔領。

註二　別軍：指敵方之後援或另有未現身的軍隊。

註三　中外：指敵方城中守軍和城外駐守的部隊。

註四　屯衛警戒，阻其內外：派兵控制進出要道，加強警戒，阻絕敵人內外交通。

註五　為之置遺缺之道，以利其心，謹備勿失：留給被圍困的敵人，一條逃生的路，誘其外逃，我則嚴加監視，不得有誤。

註六　塚樹社叢：墳墓上的樹和廟宇旁的林木。「勿伐」，不要亂砍，以示敬重，亦可取得戰地居民好感。

本文論述攻城圍邑的方法，及攻取城池後的「戰地政務」工作。很難得的是，三千多年前的太公戰爭思想，就有「無燔人積聚，無壞人宮室，塚樹社叢勿伐，降者勿殺，得而勿戮，以示仁義。」如此高的人道文化水平。

雖吾國歷史上也有殺降卒的史例，如白起之長平之戰坑殺趙國降卒、項羽大破章邯軍後，坑秦卒、屠咸陽、殺子嬰、燒宮室等。但這些，不是歷史主流，也不被中國文化所認同。由此也反證，太公思想之正確和偉大，足以穿透時空，受每一代人敬重並影響著無限的未來。

◎火戰第四十一

【原典】

武王問太公曰：「引兵深入諸侯之地，遇深草蓊穢（註一），周（註二）吾軍前後左右；三軍行數百里，人馬疲倦休止。敵人因天燥疾風之利，燔吾上風，車騎銳士堅伏吾後，吾三軍恐怖，散亂而走，為之奈何？」

太公曰：「若此者，則以雲梯、飛樓遠望左右，謹察前後，見火起，即燔吾前而廣延之（註三）。又燔吾後，敵人若至，則引軍而卻，按黑地（註四）而堅處。敵人之來，猶在吾後，見火起，必還走。吾按黑地而處，強弩材士衛吾左右，又燔吾前後。若此，則不能害我。」

武王曰：「敵人燔吾左右，又燔吾前後，煙覆吾軍，其大兵按黑地而起（註五），為之奈何？」

太公曰：「若此者，為四武衝陣（註六），強弩翼吾左右，其法無勝亦無負。」

註釋

註一　蓊穢：音翁蕙，草叢茂盛。

註二　周：圍繞。

註三　見火起，即燔吾前而廣延之：發現敵人在我上風處放火，我軍也在自己前後左右燒火，燒出一大片廣闊的黑地。

註四　黑地：草燒完，地全黑色，故名黑地。

註五　其大兵按黑地而起：敵之大部隊向我黑地攻來。

註六　四武衝陣：以大戰車進行四周防禦。

本文太公講述，軍隊處於一片草叢中，四面受敵火攻之對策。也在自己四周燒出一大片空地，可以斷阻敵方的火勢，再用大戰車進行四周防禦。

此時，我軍處於「安全島」上，再尋求對策，找到敵方弱點，以實擊虛，反敗為勝。歷史上有很多以火助攻的戰例，碰到火攻，大約不外就是先切斷火源，阻止火勢，太公如是說。

◎壘虛第四十二

【原典】

武王問太公曰：「何以知敵壘之虛實，自來自去？」（註一）

太公曰：「將必上知天道，下知地理，中知人事（註二）。登高下望，以觀敵之變動；望其壘，即知其虛實；望其士卒，則知其去來。」

武王曰：「何以知之？」

太公曰：「聽其鼓無音，鐸無聲，望其壘上多飛鳥而不驚，上無氛氣，必知敵詐而為偶人也。（註三）敵人卒（註四）去不遠未定而復返者，彼用其士卒太疾（註五）也。太疾則前後不相次（註六），不相次則行陣必亂。如此者，急出兵擊之，以少擊眾，則必勝矣。」

註釋

註一　自來自去：從何而來，從何而去。

註二　天道，是指大自然之現象與規律變化。地理，指山川河海地形地緣環境影響。人事，影響成敗的人為、社會、政治等人力因素。

註三　偶人：木偶或草紮成的假人。

註四　卒：突然。

註五　太疾：太快、忙亂。

註六　不相次：雜亂無秩序。

如何從細微的現象，看出巨大的本質問題，始終只有高智慧者才能做到。姜太公認為「將必上知天道，下知地理，中知人事。」他才能洞察一切現象和內在本質的相關性，掌握敵情真相及其變化，便可有效掌握戰局的主動權，創造最後的勝利。

第五章　豹韜篇

◎林戰第四十三

【原典】

武王問太公曰：「引兵深入諸侯之地，遇大林，與敵人分林相拒，吾欲以守則固，以戰則勝，為之柰何？」

太公曰：「使吾三軍分為衝陣，（註一）便兵所處（註二），弓弩為表，戟楯為裏，斬除草木，極廣吾道，以便戰所；高置旌旗，謹敕三軍（註三），無使敵人知吾之情，是謂林戰。林戰之法，率吾矛戟，相與為伍（註四）；林間木疏，以騎為輔，戰車居前，見便則戰，不見便則止；林多險阻，必置衝陣，以備前後，三軍疾戰，敵人雖眾，其將可走。更戰更息（註五），各按其部，是謂林戰之紀。」

註釋

註一　衝陣：即四武衝陣，四周防禦的戰鬥陣形。

註二　便兵所處：方便兵力配置。

註三　謹敕：嚴整，敕，通飭。

註四　率吾矛戟，相與為伍：率領我軍中的矛戟手，編成若干小隊，隊與隊保持連繫。

註五　更戰更息：輪番作戰，輪番休息。

太公指出叢林戰要領有：「弓弩為表，戟楯為裏」、「林間木疏，以騎為輔」、「林多險阻，必置衝陣」、「更戰更息」等。

但太公也說：「見便則戰，不見便則止」，就是能打勝利就打，不能取勝就不打，孫子、吳起等兵家也這樣說。問題是中外歷史上有很多戰爭，開戰後就無法停止，雙方都被拖垮，史例太多就不舉了。

◎突戰第四十四

【原典】

武王問太公曰：「敵人深入長驅，侵掠我地，驅我牛馬，其三軍大至，薄我城下，吾士卒大恐，人民係累（註一），為敵所虜。吾欲以守則固，以戰則勝，為之奈何？」

太公曰：「如此者，謂之突兵（註二），其牛馬必不得食，士卒絕糧，暴擊而前。令我遠邑別軍（註三），選其銳士，疾擊其後，審其期日，必會於晦（註四）。三軍疾戰，敵人雖眾，其將可虜。」

武王曰：「敵人分為三四，或戰而侵掠我地，或止而收我牛馬，其大軍未盡至，而使寇薄我城下，致吾三軍恐懼，為之奈何？」

太公曰：「謹候敵人未盡至，則設備而待之。去城四里而為壘，金鼓旌旗，皆列而張，別隊為伏兵。令我壘上多積強弩，百步一突門（註五），門有行馬，車騎居外，勇力銳士隱伏而處。敵人若至，使我輕卒合戰而佯走，令我城上立旌旗，擊鼙鼓，完為守備。敵人以我為守城，必薄我城下，發吾伏兵，以衝其內，或擊其外。三軍疾戰，或

擊其前，或擊其後。勇者不得鬥，輕者不及走，名曰突戰。敵人雖眾，其將必走。」

武王曰：「善哉！」

註釋

註一　係累：捆綁，此處當拘禁。

註二　突兵：突襲戰、突擊部隊。

註三　令我遠邑別軍：令我方駐守在遠處城邑的部隊。

註四　審其期日，必會於晦：我軍城內和城外援軍，要商討好會師的日期，要選在沒有月光的黑夜為佳。

註五　百步一突門：在城牆預先開設便於部隊出擊的暗門，每一百步設一個。

本篇太公講述如何應付突襲（擊）戰。太公說明敵人突襲，通常急於求功，所以先鋒兇猛，而尾部虛弱。所以，對應突襲戰，在運用城外援軍攻敵之後方，進而內外會師，夾擊敵軍，必可取勝。

戰爭原則一向主張速戰速決，久拖不決，優勢也很快成為劣勢，這是戰爭發動者害怕的事。突擊者來勢兇猛，背後往往掩藏著虛弱，找出敵之虛弱點，以優勢兵力痛擊之，就是殲敵的機會。

◎敵強第四十五

【原典】

武王問太公曰：「引兵深入諸侯之地，與敵人衝軍相當（註一），敵眾我寡，敵強我弱，敵人夜來，或攻吾左，或攻吾右，三軍震動。吾欲以戰則勝，以守則固，為之柰何？」

太公曰：「如此者，謂之『震寇』（註二）。利以出戰，不可以守（註三）。選吾材士強弩，車騎為之左右，疾擊其前，急攻其後，或擊其表，或擊其裏，其卒必亂，其將必駭。」

武王曰：「敵人遠遮我前（註四），急攻我後，斷我銳兵，絕我材士，吾內外不得相聞，三軍擾亂，皆散而走，士卒無鬥志，將吏無守心，為之柰何？」

太公曰：「明哉！王之問也。當明號審令（註五），出我勇銳冒將之士，人操炬火，二人同鼓，必知敵人所在，或擊其表，或擊其裏。微號相知（註六），令之滅火，鼓音皆止，中外相應，期約皆當，三軍疾戰，敵必敗亡。」

武王曰：「善哉！」

註釋

註一　與敵人衝軍相當：與敵之攻擊部隊相持。

註二　震寇：使我軍感到震恐的敵人。

註三　利以出戰，不可以守：指碰到「震寇」，我軍有利於進攻，不利於防守。

註四　敵人遠遮我前：敵人已在遠處，阻截我軍的前頭部隊。

註五　明號審令：明確下達命令。

註六　微號相知：發出暗號，相互連絡，了解狀況。

本文是太公談對於強敵夜襲的對應辦法，太公認為積極出戰較為有利，防守則不利。出戰之要則，在組織嚴密，信號明確，統一指揮，內外配合，同時摸清敵情，給予迅速不意的還擊。

「敵眾我寡、敵強我弱」，原已是對我較不利的形勢。只有透過精密謀畫，以精銳還擊，才能固守自己陣地。進而「中外相應，期約皆當，三軍疾戰，敵必敗亡。」太公認為，強敵夜襲，消極的守是坐以待斃。

◎敵武第四十六

【原典】

武王問太公曰：「引兵深入諸侯之地，卒遇敵人，甚眾且武，武車驍騎，繞我左右（註一），吾三軍皆震，走不可止（註二），為之奈何？」

太公曰：「如此者，謂之『敗兵』。（註三）善者以勝，不善者以亡。」（註四）

武王曰：「用之奈何？」

太公曰：「伏我材士強弩，武車驍騎，為之左右（註五），常去前後三里，敵人逐我，發我車騎，衝其左右。如此，則敵人擾亂，吾走者自止（註六）。」

武王曰：「敵人與我車騎相當，敵眾我少，敵強我弱，其來整治精銳，吾陣不敢當（註七），為之奈何？」

太公曰：「選我材士強弩，伏於左右，車騎堅陣而處，敵人過我伏兵，積弩（註八）射其左右。車騎銳兵疾擊其軍。或擊其前，或擊其後，敵人雖眾，其將必走。」

武王曰：「善哉！」

註釋

註一 武車：威武的戰車。
註二 走不可止：兵士逃散，不可遏止。
註三 如此者，謂之敗兵：這樣的軍隊，就只有打敗仗。（指兵士逃散，不可遏止）
註四 善者以勝，不善者以亡：指善於用兵的將領，就算碰到「敗兵」，也能打勝仗；不善於用兵的將領，又帶到「敗兵」，只有滅亡一途了。
註五 武車驍騎，為之左右：以武車驍騎，掩護我軍左右兩側翼。
註六 吾走者自止：我軍逃散士卒會自動回來。
註七 不敢當：難以抵抗。
註八 積弩：集中強弩，連續射箭。

本文太公講我方處於劣勢下，伏兵的運用。也就是說，讓敵人在明處，我軍隱於暗處。如此，則敵人要攻沒有目標，要守防不勝防，使其處於被動局面。

伏兵最能發揮不意效果，往往可以一擊十。伏兵最能發揮戰力的武器，在三千多年前當然就是弓弩了。所以太公強調「伏我材士強弩」，其他武器再配合作戰。

◎鳥雲山兵第四十七

【原典】

武王問太公曰：「引兵深入諸侯之地，遇高山盤石，其上亭亭（註一），無有草木，四面受敵，吾三軍恐懼，士卒迷惑，吾欲以守則固，以戰則勝，為之柰何？」

太公曰：「凡三軍處山之高，則為敵所棲（註二），處山之下，則為敵所囚（註三）。既以被山而處，必為鳥雲之陣（註四）。鳥雲之陣，陰陽皆備（註五），或屯其陰，或屯其陽。處山之陽，備山之陰；處山之陰，備山之陽；處山之左，備山之右；處山之右，備山之左。其山，敵所能陵（註六）者，兵備其表，衢道通谷（註七），絕以武車，高置旌旗，謹敕三軍，無使敵人知吾之情，是謂山城（註八）。

行列已定，士卒已陣，法令已行，奇正已設，各置衢陣於山之表，

便兵所處，乃分車騎為鳥雲之陣。三軍疾戰，敵人雖眾，其將可擒。」

武王曰：「善哉！」

註釋

註一　亭亭：山巒高聳的樣子。

註二　為敵所棲：被敵人包圍。

註三　囚：囚禁，此有監視之意。

註四　鳥雲之陣：指兵力配置上採機動部署，也等於形成一支機動部隊。

註五　陰陽皆備：山之北為陰，山南為陽。意指山之北或山之南，都要配置兵力，四周都要防備。

註六　陵：攀登。

註七　衢道：四通八達的路。

註八　山城：軍隊佔領一座山時，不可只佔山頂或山谷，而是要全面佔領，山之四周都要部署兵力警戒。如此，形容以山為城，可以確保不被敵人包圍或孤立。

歷史上有很多山地戰，姜太公對山地戰的戰略指導是「鳥雲之陣，陰陽皆備……處山之陽，備山之陰……衢道通谷，絕以武車。」

古代用兵所謂「鳥雲陣」，即現代所謂機動部署，尤其是山地戰。必須善於利用整個山勢地形，機動配置兵力，使整個部隊能靈活調動兵力；要點、要道都要兵力守備，才不會受制於敵。一支軍隊，不受制於人，才能掌握主動權，制敵取勝。

◎鳥雲澤兵第四十八

【原典】

武王問太公曰：「引兵深入諸侯之地，與敵人臨水相拒，敵富而眾，我貧而寡，踰水擊之，則不能前，欲久其日，則糧食少。吾居斥鹵（註一）之地，四旁無邑，又無草木，三軍無所掠取，牛馬無所芻牧（註二），為之奈何？」

太公曰：「三軍無備，牛馬無食，士卒無糧，如此者，索便詐敵而亟去之（註三），設伏兵於後。」

武王曰：「敵不可得而詐，吾士卒迷惑，敵人越我前後，吾三軍敗亂而走，為之奈何？」

太公曰：「求途之道，金玉為主（註四）。必因敵使，精微為寶（註五）。」

武王曰：「敵人知我伏兵，大軍不肯濟，別將分隊以踰於水，吾三軍大恐，為之柰何？」

太公曰：「如此者，分為衝陣，便兵所處，須其必出，發我伏兵，疾擊其後，強弩兩旁，射其左右。車騎分為鳥雲之陣，備其前後，三軍疾戰。敵人見我戰合，其大軍必濟水而來，發我伏兵，疾擊其後，車騎衝其左右，敵人雖眾，其將可走。」

「凡用兵之大要，當敵臨戰，必置衝陣，便兵所處，然後以車騎分為鳥雲之陣，此用兵之奇也。所謂鳥雲者，鳥散而雲合，變化無窮者也。」

武王曰：「善哉！」

註釋

註一　斥鹵：指鹽鹼地帶。斥，鹹。鹵，鹽。

註二　芻牧：割草放牧。

註三　索便詐敵而亟去之：思索找出機會，設法運用欺敵的方法，快速脫離險境。

註四　求途之道，金玉為主：沒有其他辦法，這時唯一的機會就是利用重金美玉，在敵人派來的軍使身上下工夫，或可得到敵情。

註五　必因敵使，精微為寶：必定只剩下敵人派來的軍使，成為我方的機會，周密設計，任何細微，都是寶貴的情報。

本文太公講兩軍隔水相拒，敵眾我寡，敵有三重優勢，我有三重不利。是否就是舉手投降？太公看來卻是未必。太公認為，主觀上是否善於用兵，比客觀上的不利形勢重要，因為戰爭不是一成不變的運動規則。

在任何敵對的兩造勢力中，不免出現不忠、腐化或輕忽者，露出了「人性的弱點」，可能就是勝敗關鍵點。當沒有其他方法時，姜太公主張「求途之道，金玉為主」，畢竟金銀財寶和女人，始終是一種可運用且是致命的力量，能轉化成戰力的助力。

◎少衆第四十九

【原典】

武王問太公曰：「吾欲以少擊衆，以弱擊強，為之奈何？」

太公曰：「以少擊衆者，必以日之暮，伏於深草，要之隘路；以弱擊強，必得大國而與，鄰國之助。」

武王曰：「我無深草，又無隘路，敵人已至，不適日暮；我無大國之與，又無鄰國之助，為之柰何？」

太公曰：「妄張詐誘（註一），以熒惑（註二）其將，迂其道，令過深草；遠其路，令會日路（註三），前行未渡水，後行未及舍，發我伏兵，疾擊其左右，車騎擾亂其前後，敵人雖眾，其將可走。「事大國之君，下鄰國之士（註四），厚其幣，卑其辭，如此則得大國之與，鄰國之助矣！」

武王曰：「善哉！」

註釋

註一　妄張詐誘：以誇張的欺敵手段，來詐誘、蠱惑敵人。

註二　熒惑：迷惑。

註三　令會日路：刻意設計、佈局，使我與敵人交戰時間，正好在日落天暗的時刻。

註四　下鄰國之士：禮遇鄰國的賢士。

本文太公講以寡擊眾的戰略戰術。太公指出，要選擇或創造有利的時空環境，利用客觀優勢，彌補我軍主觀劣勢；而以客觀劣勢，削弱敵主觀優勢。兩方面結合，必使以寡擊眾，成功致勝。

如何得到大國加持、鄰國助力？太公也指出古今不變的法則，「事大國之君、下鄰國之士、厚其幣、卑其辭。」放到廿一世乃至未來，依然如是。

◎分險第五十

【原典】

武王問太公曰：「引兵深入諸侯之地，與敵人相遇於險阨之中，吾左山而右水，敵右山而左水，與我分險相拒，各欲以守則固，以戰則勝，為之柰何？」

太公曰：「處山之左，急備山之右；處山之右，急備山之左。險有大水無舟楫者，以天潢（註一）濟吾三軍。已濟者亟廣吾道，以便戰所。（註二）以武衝為前後，列其強弩，令行陣皆固。衢道谷口，以武衝絕之，高置旌旗，是謂『車城』。」（註三）

「凡險戰之法，以武衝為前，大櫓為衛，材士強弩翼吾左右；三千人為一屯，必置衝陣，便兵所處（註四）；左軍以左，右軍以右，中軍以中，並攻而前，已戰者，還歸屯所；更戰更息，必勝乃已。」

武王曰：「善哉！」

註釋

註一 天潢：浮橋或其他可以天然漂浮器材，如木筏等。

註二 已濟者亟廣吾道，以便戰所：已經先渡過河的部隊，迅速開拓前進道路，以便搶佔有利地形。

註三 車城：古代戰術運用上，用戰車部署四周防禦，構成一個營寨，以抵禦敵人進攻，名之車城。

註四 三千人為一屯，必置衝陣，便兵所處：步兵以三千人為單位，編成攻擊隊形，配置在便於進攻作戰的地形上。

本文太公講「險戰」，敵我雙方各據山水之險，如何取勝？依姜太公所示，先要控制地形地勢，開闢新戰場，以利充份發揮我軍戰力。

太公的新戰場是「車城險戰」，山水之險是死的，「車城」之險是活動的，這是險中之險。但太公認為這種險，「以守則固，以戰則勝」，是取勝的根本方法。

第六章　犬韜篇

◎分合第五十一

【原典】

武王問太公曰：「王者帥師，三軍分數處，將欲期會合戰（註一），約誓賞罰（註二），為之奈何？」

太公曰：「凡用兵之法，三軍之衆，必有分合之變。其大將先定戰地、戰日，然後移檄書（註三）與諸將吏：期攻城圍邑，各會其所，明告戰日，漏刻（註四）有時。大將設營而陣，立表轅門（註五），清道而待。諸將吏至者，校其先後，先期至者賞，後期至者斬。如此，則遠近奔集，三軍俱至，並力合戰（註六）。」

武王曰：「善哉！」

註釋

註一 三軍分數處，將欲期會合戰：三軍分駐各地，準備按期集結軍隊，與敵人交戰。

註二 約誓賞罰：誓師頒佈作戰命令，公布賞罰規定。

註三 檄書：征討文書。

註四 漏刻：古代計時器的一種。

註五 立表轅門：立表，古代立木為表，以觀察日影移動的方法來記時。轅門，就是營門、軍門。

註六 合戰：集中兵力作戰。

這篇短文太公講「三軍之眾，必有分合」。如何才能迅速完成集結，按時出戰，這是古今軍隊分合共同的成敗「關鍵點」。太公以「先期至者賞、後期至者斬」立威，歷代兵家有不少以斬立威史例。

◎武鋒第五十二

【原典】

武王問太公曰：「凡用兵之要，必有武車驍騎，馳陣選鋒（註一），見可則擊之。如何則可擊？」

太公曰：「夫欲擊者，當審察敵人十四變（註二），變見則擊之，敵人必敗。」

武王曰：「十四變可得聞乎？」

太公曰：「敵人新集（註三）可擊，人馬未食可擊，天時不順可擊，地形未得可擊，奔走可擊，不戒可擊，疲勞可擊，將離士卒可擊，涉長路可擊，濟水可擊，不暇（註四）可擊，阻難狹路可擊，亂行可擊，心怖可擊。」

武王曰：「善哉！」

註釋

註一　馳陣選鋒：衝鋒陷陣的勇士。

註二　變：此處按變故解，指敵軍不利的狀況。

註三　新集：才剛開始集結。

註四　不暇：忙亂不整、張惶不安。

這小短篇太公講戰場有利攻敵的十四個時機，都是從「審察敵人」而來。也就是透過觀察，了解敵人的天時、地利、人和狀況，掌握敵最不利，而我最有利機會，發動不意攻勢，就能一舉殲滅敵軍。

所謂「有利戰機」，不光是我方將領自覺的優勢，往往「有利」源自敵方，敵之不利就是我軍之利。勝利的戰機，就藏在敵我雙方，這就是知己知彼，百戰不殆的道理。

◎練士第五十三

【原典】

武王問太公：「練士（註一）之道奈何？」

太公曰：「軍中有大勇、敢死、樂傷者，聚為一卒（註二），名曰『陷陣之士』；有銳氣壯勇強暴者，聚為一卒，名曰『冒刃之士』；有奇表長劍、接武齊列者（註三），聚為一卒，名曰『勇銳之士』；有拔距、伸鉤、強梁（註四）、多力、潰破金鼓、絕滅旌旗者，聚為一卒，名曰『勇力之士』；有踰高絕遠，輕足善走者，聚為一卒，名曰『寇兵之士』；有王臣失勢，欲復見功者，聚為一卒，名曰『死鬥之士』；有死將之人，子弟欲與其將報仇者，聚為一卒，名曰『敢死之士』；有贅婿（註五）人虜，欲掩跡揚名者，聚為一卒，名曰『勵鈍（註六）之士』；有貧窮憤怒，欲快其心者，聚為一卒，名曰『必死之士』；有胥靡（註七）免罪之人，欲逃其恥者，聚為一卒，名曰『倖（註八）用之士』；有材技兼人，能負重致遠者，聚為一卒，名曰『待命之士』。此軍之服習（註九），不可不察也。」

武王曰：「善哉！」

註釋

註一　練士：挑選士卒。練，通揀，挑選。

註二　卒：古代百人稱卒。此處泛指軍中有組織的單位，聚為一卒，就是編成一個單位。

註三　奇表長劍，接武齊列：外表動作奇異，善用長劍，在隊伍行進中步伐穩健。

註四　拔距：古代一種運動，類似今之拔河，此處形容臂力過人。伸鉤，把彎鉤伸直，形容力大。強梁，強橫、兇暴。

註五　贅婿：戰敗被虜，又被招為婿的人。

註六　勵鈍：激勵不努力的人。

註七　胥靡：刑徒、囚犯。

註八　倖：古代帝王寵愛叫倖。

註九　服習：挑選士卒，組編部隊的方法。

姜太公從人的性格、思想、心態和能力，來挑選士卒，組編軍隊，從廿一世紀看，依然是很先進。這裡太公把十四種不同性格能力的人，編在十四種不同單位，使這些人發揮主動的積極性和戰鬥作用。

人才的使用和管理，首要考量個體因素，再考量群體合作協調狀況。只有這樣建立起互補的完善關係，才能共同成就任務之完成，三千多年前太公已知個中神妙！

◎教戰第五十四

【原典】

武王問太公曰：「合三軍之眾，欲令士卒，練士教戰（註一）之道奈何？」

太公曰：「凡領三軍，必有金鼓之節，所以整齊士眾者也。將必先明告吏士，申之以三令（註二），以教操兵起居（註三），旌旗指麾之變法。故教吏士，使一人學戰，教成，合之十人（註四）；十人學戰，教成，合之百人；百人學戰，教成，合之千人；千人學戰，教成，合之萬人；萬人學戰，教成，合之三軍之眾；大戰之法，教成，合之百萬之眾。故能成其大兵，立威於天下。」

武王曰：「善哉！」

註釋

註一　教戰：教育訓練，使部隊能作戰。

註二　申之以三令：再三說明所頒佈的命令。

註三　操兵起居：即軍隊中之基本教練、生活起居的各種日常訓練。

註四　一人學戰，教成，合之十人：一人學習戰斗教練，學習完成，再進而十人合練。

這一小節太公講軍隊教育訓練的方法，循序漸近、由簡到繁，由單兵到合成，個人擴大到全軍。最終，一支立威於天下的大軍，就這樣訓練出來。

太公的方法，練兵也練官，能指揮一人，才能指揮十人；能指揮十人，才能指揮更多人。所以練兵，同時也練各級幹部的指揮能力，練兵練官是分不開的。

◎均兵第五十五

【原典】

武王問太公曰：「以車與步卒戰，一車當（註一）幾步卒？幾步卒當一騎？以車與騎戰，一車當幾騎？幾騎當一車？」

太公曰：「車者，軍之羽翼也，所以陷堅陣，要強敵，遮走北也。（註二）騎者軍之伺候（註三）也，所以踵敗軍（註四），絕糧道，擊便寇也。故車騎不敵戰，則一騎不能當步卒一人。三軍之眾成陣而相當，則易戰之法（註五），一車當步卒八十人，八十人當一車；一騎當步卒八人，八人當一騎；一車當十騎，十騎當一車。險戰（註六）之法，一車當步卒四十人，四十人當一車；一騎當步卒四人，四人當一騎；一車當六騎，六騎當一車。夫車騎者，軍之武兵也，十乘敗千人，百乘敗萬人；十騎敗百人，百騎走千人，此其大數也。」

武王曰：「車騎之吏數（註七），與陣法奈何？」

太公曰：「置車之吏數，五車一長，十車一吏，五十車一率（註八），百車一將。易戰之法，五車為列，相去四十步，左右十步，隊間六十步。險戰之法，車必循道，十車為聚，二十車為屯，前後相去二十步，左右六步，隊間三十六步，五車一長，縱橫相去二里，各返故道。置騎之吏數，五騎一長，十騎一吏，百騎一率，二百騎一將。易戰之法，五騎為列，前後相去二十步，左右四步，隊間五十步。險戰者，前後相去十步，左右二步，隊間二十五步。三十騎為一屯，六十騎為一輩（註九），十騎一吏，縱橫相去百步，周環（註十）各復故處。」

武王曰：「善哉！」

註釋

註一　當：相當、抵擋。在本文，太公以各兵科為例，說明其戰力比較，如一輛戰車可抵擋八十名步兵。

註二　遮走北：斷敵之退路。

註三　伺候：偵察。

註四　躡敗軍：追擊敵之敗軍。

註五　易戰之法：在平坦地形上的戰力比較。

註六　險戰：在險阻的地形作戰。

註七　吏數：軍官的編制數。

註八　率：這裡指車兵的一級單位。

註九　輩：古代騎兵的一種戰鬥編組。

註十　周環：周旋、交戰之意。

現代軍語所說的「兵科」，就太公所說的車（戰車、坦克、裝甲兵）、騎（騎兵）、步卒（步兵）。這三種兵科在我國發展的很早，據考古資料的研究，大約在商朝初年就有了。

每一種新武器、裝備的發明，都會大大影響戰爭型態，配合戰場的需要，有關兵科、編制和作戰方略，成了古今軍事家永恆的功課。因為這是任何一個軍隊，戰力估算的必要手段。

◎武車士第五十六

【原典】

武王問太公曰：「選車士（註一）奈何？」

太公曰：「選車士之法，取年四十已下，長七尺五寸已上；走能逐奔馬，及馳而乘之，前後、左右、上下周旋（註二），能縛束（註三）旌旗，力能彀（註四）八石弩（註五），射前後左右，皆便習者，名曰武車之士，不可不厚也。」

武王曰：「善哉！」

註釋

註一 車士：戰車上的武士、車兵。

註二 周旋：應戰、應付。

註三 縛束：掌握、控制。

註四 彀：音雇，把弓拉滿。

註五 八石弩：即拉力為九百六十斤的弩。石，音但，重量單位，古代一百二十斤為一石；另做容量單位，十斗為石。

戰車武士是古代作戰技術最全面的人，要有全方位素質和能力，比步卒、騎兵有更高的條件。對這種士卒，太公主張薪水要比一般士卒高，這是「按能付酬」的觀念，科學而且很先進。

一般「按勞付酬」較為消極，也較不合科學。而「按能付酬」不僅有積極性，也充份調動人的主動潛能，讓人更自主的從事創造性勞動。三千多年前，姜太公有如此先進觀念，不得不說，他真是天生的智者。

◎武騎士第五十七

【原典】

武王問太公曰：「選騎士（註一）奈何？」

太公曰：「選騎之法，取年四十已下，長七尺五寸已上，壯健捷疾，超絕倫等（註二）。能馳騎彀射，前後、左右、周旋進退，越溝塹，登丘陵，冒險阻，絕大澤，馳強敵，敵大眾者（註三），名曰武馳之士，不可不厚也。」

武王曰：「善哉！」

註釋

註一　騎士：指騎兵。

註二　倫等：指一般的人。

註三　馳強敵，敵大眾者：追擊強大的敵人，擊敗眾多的敵手。

以上選車士和騎士，年齡上限都「取年四十已下」，不論古今，做為戰鬥兵科，都是太高，不知太公用意何在？適合的年紀應該是三十以下。人類的體能，二十到三十歲間，是最佳狀態。

◎戰車第五十八

【原典】

武王問太公曰：「戰車奈何？」

太公曰：「步貴知變動，車貴知地形，騎貴知別徑奇道（註一）。三軍同名而異用也。凡車之死地（註二）有十，其勝地有八。」

武王曰：「十死之地奈何？」

太公曰：「往而無以還者，車之死地也。越絕險阻，乘敵遠行者，車之竭地也。前易後險者，車之困地也。陷之險阻而難出者，車之絕地也。圮下漸澤（註三）、黑土黏埴（註四）者，車之勞地也。左險右易，上陵仰阪者，車之逆地也。殷草橫畝，犯歷深澤者，車之拂地（註五）也。車少地易，與步不敵者，車之敗地也。後有溝瀆（註六），左有深水，右有峻阪者，車之壞地也。日夜霖雨，旬日不止，道路潰陷，前不能進，後不能解者，車之陷地也。此十者，車之死地也。故拙將之所以見擒，明將之所以能避也。」

武王問曰：「八勝之地奈何？」

太公曰：「敵之前後，行陣未定，即陷之。旌旗擾亂，人馬數動，

太公曰：「敵之前後，行陣未定，即陷之。旌旗擾亂，人馬數動，即陷之。士卒或前或後，或左或右，即陷之。陣不堅固，士卒前後相顧，即陷之。前往而疑，後恐而怯，即陷之。三軍卒驚，皆薄而起（註七），即陷之。戰於易地，暮不能解（註八），即陷之。遠行而暮舍（註九），三軍恐懼，即陷之。此八者，車之勝地也。將明於十害、八勝，敵雖圍周，千乘萬騎，前驅旁馳，萬戰必勝。」

武王曰：「善哉！」

註釋

註一　步貴知變動，車貴知地形，騎貴知別徑奇道：步兵作戰貴在靈活機動，戰車作戰貴在了解地形地物，騎兵作戰貴在熟悉各種道路。

註二　死地：不利、導致作戰敗亡的地形。

註三　圮下漸澤：低濕泥濘的地帶。

註四　黏埴：黏土。

註五　拂地：不好的地方，讓人不如意的地方。

註六　溝瀆：水溝水渠連接不斷的地形。

註七　皆薄而起：紛紛行動的意思。

註八　戰於易地，暮不能解：與敵戰於平坦的開闊地，日已黃昏，仍不分勝負。

註九　遠行而暮舍：經長途行軍，天黑才安營紮寨。

每個兵科（步、騎、車），各兵種（陸、海、空），各有長短，甚至各有要命致命處，這是古今不變的道理。沒有什麼科種是萬能萬用的，成敗關鍵都是軍兵種的相互配合，避開弱點，發揮強點。

如在本文，太公指出戰車（今稱坦克或裝甲）作戰，有「十害、八勝」，有智慧的將領，能避開十害，善用八勝，則萬戰必勝。三千多年後的現代，印證美軍在伊拉克、在越南，及二〇二二年春夏仍開戰中的俄烏戰爭，姜太公所言仍有其合理性。

◎戰騎第五十九

【原典】

武王問太公曰：「戰騎（註一）奈何？」

太公曰：「騎有『十勝』、『九敗』。」

武王曰：「十勝奈何？」

太公曰：「敵人始至，行陣未定，前後不屬（註二），陷其前騎，擊其左右，敵人必走；敵人行陣，整齊堅固，士卒欲鬥，吾騎翼而勿去，或馳而往，或馳而來，其疾如風，其暴如雷，白晝而昏，數更旌旗，變易衣服，其軍可克；敵人行陣不固，士卒不鬥，薄其前後，獵（註三）其左右，翼而擊之，敵人必懼；敵人暮欲歸舍，三軍恐駭，翼其兩旁，疾擊其後，薄其壘口，無使得入，敵人必敗；敵人無險阻保固，深入長驅，絕其糧路，敵人必飢；地平而易，四面見敵，車騎陷之，敵人必亂；敵人奔走，士卒散亂，或翼其兩旁，或掩其前後，其將可擒；敵人暮返，其兵甚眾，其行陣必亂，令我騎十而為隊，百而為屯，車五而為聚，十而為群（註四），多設旌旗，雜以強弩，或擊其兩旁，或絕其前後，敵將可虜。此騎之『十勝』也。」

武王曰：「『九敗』奈何？」

太公曰：「凡以騎陷敵，而不能破陣，敵人佯走，以車騎反擊我後，此騎之敗地也；追北踰險，長驅不止，敵人伏我兩旁，又絕我後，此騎之圍地也；往而無以返，入而無以出，是謂陷於『天井』（註五），頓於『地穴』（註六），此騎之死地也；所從入者隘，所從出者遠，彼弱可以擊我強，彼寡可以擊我眾，此騎之沒地（註七）也；大澗深谷，翳薉（註八）林木，此騎之竭地也；左右有水，前有大阜（註九），後有高山，三軍戰於兩水之間，敵居表裏，此騎之艱地也；敵人絕我糧道，往而無以返，此騎之困地也。汙下沮澤，進退漸洳（註十），此騎之患地也；左有深溝，右有坑阜（註十一），高下如平地，進退誘敵，此騎之陷地也。此九者，騎之死地也。明將之所以遠避，闇將之所以陷敗也。」

武王曰：「善哉！」

註釋

註一　戰騎：騎兵。

註二　不屬：不相聯繫。

註三　獵：此處當襲擊之意。

註四　十而為隊，百而為屯，車五而為聚，十而為群：此處之隊、屯、聚、群，都是古代騎兵部隊的編制單位，也代表層級高低。

註五　天井：四周高險，中間低窪的地帶。

註六　地穴：下陷的坑洞。

註七　沒地：覆滅的地方。

註八　翳薉：雜草茂盛的林地。

註九　大阜：起伏不平的山丘。

註十　汙下沮澤、漸洳：都是指低濕、沼澤、泥濘之地。

註十一坑阜：凹地和土山。

本文是太公論騎兵作戰的十勝和九敗。所謂「十勝」，是指按騎兵特長屬性，有十種因敵情可以取勝的機會。所謂「九敗」，是九種會招致作戰失敗的地形。

太公指出，騎兵有「疾如風、暴如雷」的特長，最能給敵人不意之打擊，但若沒有適合的平坦地形，戰馬不能發揮騁馳的專長，一樣也會陷入「死地」。

所以聰明的指揮官，都必須要十分了解軍兵種特性，掌握戰場地形之利，揚其所長，避其所短，克敵制勝。太公的十勝、九敗，就是從兵種性能長短來認識問題的。

◎戰步第六十

【原典】

武王問太公曰：「步兵（與）車、騎戰奈何？」

太公曰：「步兵與車騎戰者，必依丘陵險阻，長兵強弩居前，短

兵弱弩居後，更發更止（註一）。敵之車騎，雖眾而至，堅陣疾戰，材士強弩，以備我後。」

武王曰：「吾無丘陵，又無險阻，敵人之至，既眾且武，車騎翼我兩旁，獵我前後，吾三軍恐怖，亂敗而走，為之柰何？」

太公曰：「令我士卒為行馬、木蒺藜，置牛馬隊伍，為『四武衝陣』。望敵車騎將來，均置蒺藜，掘地匝（註二）後，廣深五尺，名曰『命籠』（註三）。人操行馬進步，闌車以為壘，推而前後，立而為屯（註四）；材士強弩，備我左右，然後令我三軍，皆疾戰而不解（註五）。」

武王曰：「善哉！」

註釋

註一　更發更止：輪流更替前進和停止。

註二　地匝：戰壕。

註三　命籠：由戰壕、土塹等障礙，構築的四周防禦陣地，形狀如環籠。

註四　人操行馬進步，闌車以為壘，推而前後，立而為屯：士卒操縱行馬進退，用車輛組成營壘，可以推著前後移動，停下來就是一座營寨。

註五　疾戰而不解：迅速進行作戰，不得懈怠。解，古通懈字。

這篇太公講步兵與敵方戰車、騎兵的作戰方法。步兵首要依靠丘陵、險阻等有利地形，使敵方車騎行動困難，不能發揮戰力，才有機會克敵制勝。

在平坦空曠的地形，戰車和騎兵可以發揮優勢，步兵則處於不利。此時，步兵要對付敵之車騎，要用弓弩從遠端攻擊，這是步兵作戰可以發揮戰力的運用。

然而，步兵在平坦開闊地，全無險阻可依託，就不能與敵之車騎作戰嗎？姜太公告訴大家可以人造「丘陵險阻」，所謂「地匝」、「命籠」、攔車為壘、為屯，都人造險阻。人是一切的決定因素，通過智者運作，使不利化成有利，只要有心改變，天地間有什麼難題可以把人「困死」呢？

第五部 李衛公問對

《李衛公問對》，又稱《唐太宗李衛公問對》，是唐太宗李世民與大臣李靖，二人討論軍事與用兵之道的對話記錄。也是我國古代重要兵學著作，故列武經之一。

李靖，生於南北朝時（五七一年），謝世於唐太宗貞觀二十三年（六四九年）。本名藥師，京兆三原（今陝西三原）人，後官封衛國公，故後世敬稱其李衛公。

李靖年輕時就博通群書，最愛研究兵法，他輔佐李淵、李世民父子兩朝，任大將三十餘年，身經大小戰役數百次。尤其征服東突厥各部，穩定了我大唐的西、北邊陲。

李靖有豐富的實戰經驗，又刻苦鑽研過前代兵法，使他具有很高的軍事理論素養。《李衛公問對》分上、中、下三卷，本部亦分三章註之。

第一章　卷上：奇正、陣法、兵制

【原典一】

太宗曰：「高麗數侵新羅，朕遣使諭，不奉詔，將討之，如何？」

靖曰：「探知蓋蘇文（註一）自恃知兵，謂中國無能討，故違命。臣請師（註二）三萬擒之。」

太宗曰：「兵少地遙，以何術臨之？」

靖曰：「臣以正兵。」

太宗曰：「平突厥時用奇兵，今言正兵，何也？」

靖曰：「諸葛亮七擒孟獲，無他道也，正兵而已矣。」

太宗曰：「晉馬隆討涼州（註三），亦是依八陣圖（註四），作偏箱車（註五），地廣則用鹿角車營（註六），路狹則為木屋施於車上，且戰且前。信乎！正兵古人所重也。」

靖曰：「臣討突厥，西行數千里，若非正兵，安能致遠？偏箱、

鹿角，兵之大要：一則治力，一則前拒，一則束部伍（註七）三者迭相為用，斯馬隆所得古法深矣！」

註釋

註一 高麗在今朝鮮北部，新羅在朝鮮東南。唐貞觀十六年（六四二年），高麗國大臣蓋蘇文殺害了國王建武，立建武之姪臧為王，聯合百濟，攻打新羅國。

註二 師：軍隊。

註三 晉咸寧五年（二七九年），晉武帝準備伐吳，鮮卑首領樹機能率兵攻涼州，威脅西晉後方；將軍馬隆率軍西征，仿諸葛亮八陣圖，結成偏箱車陣，斬樹機能，平定涼州。

註四 八陣圖：相傳是諸葛亮所創攻防兼備的陣法。

註五 偏箱車：古代一種兵車。

註六 鹿角車營：用許多偏箱車圍成一圈，車上架刀槍戈戟，鋒刃向外，以為防禦，己方弓弩手則依託向外射擊。其形似鹿角，故稱之鹿角車營。按其形式功能，類似姜太公的「四武衝陣」，可四週防禦的陣法。

註七 一則治力，一則前拒，一則束部伍：一是藉以掌握部隊戰鬥力，一是抵禦前方的敵人，一是藉此約束住自己的軍隊。

【原典二】

太宗曰：「朕破宋老生（註一），初交鋒，義師少卻。朕親以鐵騎自南原馳下，橫突之。老生兵斷後（註二），大潰，遂擒之。此正兵乎？奇兵乎？」

靖曰：「陛下天縱聖武，非學而能。臣案兵法，自黃帝以來，先正而後奇，先仁義而後權譎。且霍邑之戰，師以義舉者，正也；建成墜馬（註三），右軍少卻者，奇也。」

太宗曰：「彼時少卻，幾敗大事，曷（註四）謂奇邪？」

靖曰：「凡兵，以前向為正，後卻為奇；且右軍不卻，則老生安致之來哉？法曰：『利而誘之，亂而取之。』老生不知兵，恃勇急進，不意斷後，見擒於陛下。此所謂以奇為正也。」

太宗曰：「霍去病（註五）暗與孫、吳合（註六），誠有是夫！當右軍之卻也，高祖失色，及朕奮擊，反為我利。孫、吳暗合，卿實知言（註七）。」

註釋

註一　宋老生：隋煬帝將領，霍邑（今山西霍縣）守將。隋大業十三年（六一七年），李淵、李世民父子起兵反隋，從太原進兵到霍邑，與宋老生交戰，宋老生兵敗被殺。

註二　斷後：被切斷了後路。

註三　建成，是李建成，李淵的長子，霍邑之戰時落馬（後被救起）；後在「玄武門之變」時，被李世民所殺，時在李淵武德九年（六二六年），次年即太宗貞觀元年。

註四　曷：何。

註五　霍去病（前一四〇—前一一七年），西漢武帝時著名將領，曾先後六次出擊匈奴。

註六　暗與孫、吳合：指霍去病未學過兵法，但用兵打仗卻多與孫子、吳起兵法吻合。

註七　知言：有見識之言。

【原典三】

太宗曰：「凡兵卻皆謂之奇乎？」（註一）靖曰：「不然。夫兵卻，旗參差而不齊，鼓大小而不應，令喧囂而不一，此真敗卻也，非奇也。若旗齊鼓應，號令如一，紛紛紜紜，雖退走，非敗也，必有奇也。法曰：『佯北勿追』。」又曰：『能而示之不能。』皆奇之謂也。」（註二）

太宗曰：「霍邑之戰，右軍少卻，其天乎？老生被擒，其人乎？」

靖曰：「若非正兵變為奇，奇兵變為正，則安能勝哉？故善用兵者，奇正在人而已。變而神之，所以推乎天也（註三）。」

太宗俛首（註四）。

註釋

註一　凡兵卻皆謂之奇乎？：凡是作戰時退卻，都可以稱之為以奇用兵嗎？

註二　右軍少卻，其天乎？老生被擒，其人乎？：我方右軍稍微退卻是天意嗎？宋老生被擒是人為因素嗎？

註三　變而神之，所以推乎天也：奇正變化到了神奇莫測的地步，人們往往歸之為天意。

註四　俛首：低頭。俛，同俯。此處表示太宗贊同、敬服之意，所以低下了頭。

【原典四】

太宗曰：「奇正素分之歟？臨時制之歟？」

靖曰：「案《曹公新書》（註一）曰：『己二而敵一，則一術（註二）為正，一術為奇；己五而敵一，則三術為正，二術為奇。』此言大略爾。唯孫武云：『戰勢不過奇正，奇正之變，不可勝窮。奇正相生，如循環之無端，孰能窮之（註三）？』斯得之矣，安有素分之邪？若士卒未習吾法，偏裨（註四）未熟吾令，則必為之二術。教戰時，各認旗鼓，迭相分合。故曰『分合為變』（註五），此教戰之術爾。教閱既成，眾知吾法，然後如驅群羊，由將所指，孰分奇正之別哉！孫武所謂『形人而我無形（註六）』，此乃奇正之極致。是以素分者，教閱也；臨時制變者，不可勝窮也。」

太宗曰：「深乎！深乎！曹公必知之矣。但《新書》所以授諸將而已，非奇正本法。」（註七）

註釋

註一　《曹公新書》，曹操（一五五—二二〇年），所著軍事論著《新書》，已失傳。《問對》所引《新書》，多來自曹操《孫子注》。

註二　術：部分。

註三　戰勢不過奇正六句，引《孫子兵法》〈兵勢篇第五〉。

註四　偏裨：偏將和裨將。此通指一般將領。

註五　分合為變：出自《孫子兵法》，〈軍爭篇第七〉。

註六　形人而我無形：出自《孫子兵法》，〈虛實篇第六〉。

註七　但《新書》所以授諸將而已，非奇正本法：指曹操《新書》只用教授諸將，並不是專講奇正的根本法則和原理。

【原典五】

太宗曰：「曹公云奇兵旁擊（註一），卿謂若何？」

靖曰：「臣按曹公注《孫子》曰：『先出合戰為正，後出為奇（註

二）。』此與旁擊之說異焉。臣愚謂大眾所合為正，將所自出為奇，烏（註三）有先後旁擊之拘哉？」

太宗曰：「吾之正，使敵視以為奇，吾之奇，使敵視以為正，斯所謂『形人』者歟？以奇為正，以正為奇，變化莫測，斯所謂『無形』者歟？」

靖再拜曰：「陛下神聖，迥出古人（註四），非臣所及。」

註釋

註一　奇兵旁擊：奇兵從側面打擊敵人。語出曹操注《孫子．勢篇》。

註二　先出合戰為正，後出為奇：先出動和敵人交戰為正兵，後出者為奇兵。語出曹操注《孫子》。

註三　烏：何，哪裡。

註四　迥出古人：遠遠超越了古人。

【原典六】

太宗曰：「分合為變者，奇正安在？」

靖曰：「善用兵者，無不正，無不奇，使敵莫測。故正亦勝，奇亦勝。三軍之士，止知其勝，莫知其所以勝。非變而能通，安能至是哉？分合所出，唯孫武能之，吳起而下，莫可及焉。」

太宗曰：「吳術若何？」

靖曰：「臣請略言之。魏武侯問吳起兩軍相向（註一），起曰：『使賤而勇者前擊，鋒始交而北，北而勿罰，觀敵進取。一坐一起，奔北不追，則敵有謀矣；若悉眾追北，行止縱橫，此敵人不才，擊之勿疑。（註二）』臣謂吳術大率多此類，非孫武所謂以正合也。」

太宗曰：「卿舅韓擒虎（註三）嘗言，卿可與論孫、吳，亦奇正之謂乎？」

靖曰：「擒虎安知奇正之極！但以奇為奇，以正為正爾，曾未知奇正相變循環無窮者也。」

註釋

註一　魏武侯問吳起，兩軍相向，見《吳起兵法》，〈論將第四〉。

註二　使賤而勇者……擊之勿疑：此十一句，語出《吳起兵法》，〈論將第四〉。坐，坐陣，堅守陣地。

註三 韓擒虎：隋朝大將，河南東垣（今河南新安東）人。隋文帝開皇九年（五八九年）正月，在隋滅陳之戰，他率輕騎五百攻入建康（今南京），俘陳後主，陳國滅亡，他因功封上柱國。

【原典七】

太宗曰：「古人臨陣出奇，攻人不意，斯亦相變之法乎？」

靖曰：「前代戰鬥，多是以小術而勝無術，以片善而勝無善，斯安足以論兵法也？若謝玄之破苻堅（註一），非謝玄之善也，蓋苻堅之不善也。」（註二）

太宗顧（註三）侍臣檢《謝玄傳》，閱之曰：「苻堅甚處是不善？」（註四）

靖曰：「臣觀《苻堅載記》曰：秦諸軍皆潰敗，唯慕容垂（註五）一軍獨全，堅以千餘騎赴之，垂子寶勸垂殺堅，不果。此有以見秦師之亂。慕容垂獨全，蓋堅為垂所陷明矣。夫為人所陷而欲勝敵，不亦難乎！臣故曰無術焉，苻堅之類是也。（註六）」

太宗曰：「《孫子》謂多算勝少算，有以知少算勝無算，凡事皆然。」（註七）

註釋

註一　謝玄之破苻堅：晉太元八年（三八三年），苻堅率百萬秦軍攻打東晉，被東晉名將謝玄打敗，史稱「淝水之戰」。

註二　非謝玄之善也，蓋苻堅之不善也：不是謝玄有什麼善於用兵之長處，而是苻堅之無能與不善用兵。

註三　顧：回首。

註四　苻堅甚處是不善：苻堅有什麼地方是無能和不善用兵的？

註五　慕容垂：（三二六—三九六年），鮮卑族，昌黎棘城（今遼寧義縣西北）人，十六國時期後燕的建立者。前燕時封吳王，後投奔苻堅，助其滅前燕。淝水之戰苻堅大敗後，他乘機恢復燕國，定都中山（今河北定縣）。

註六　故曰無術焉，苻堅之類是也：所以說無能又無謀，就是苻堅這類人了。

註七　多算勝少算，有以知少算勝無算，凡事皆然：多謀劃可以勝少謀劃的，由此可知，少謀劃可以勝無謀劃的，世間事大約都這樣。

（原典八）

太宗曰：「黃帝兵法，世傳《握奇文》（註一），或謂為《握機文》，何謂也？」

靖曰：「奇音機，故或傳為機，其義則一。考其詞云：『四為正，四為奇，餘奇為握機（註二）。』奇，餘零也，因此音機（註三）。臣愚謂兵無不是機，安在乎握而言也？當為餘奇則是（註四）。夫正兵受之於君，奇兵將所自出。法曰：『令素行以教其民者，則民服（註五）。』此受之於君者也。又曰：『兵不豫言（註六），君命有所不受（註七）。』此將所自出者也。凡將，正而無奇，則守將也；奇而無正，則鬥將也；奇正皆得，國之輔也。是故握機、握奇，本無二法，在學者兼通而已。」

註釋

註一　握奇文：古兵書名，奇音機。另作《握奇經》、《握機經》、《幄機經》。一卷，共三百八十餘字，據傳為黃帝臣風后所撰，漢公孫弘解，晉馬隆述讚，實為後人所託。

註二　四為正，四為奇，餘奇為握機：此三句解釋握機陣，大意是：以天、地、風、雲四陣為四正，佈置四面（一說四角）；以龍、虎、鳥、蛇四陣為奇，佈置四角（一說四面）；此八陣之外的「餘奇」部隊，即中軍，由主將親自掌握。

註三 奇，餘零也，因此音機：奇，是剩餘的兵力，由主將掌握如握了機樞，因此音「機」。

註四 當為餘奇則是：應當是要理解為，利用剩餘兵力，相機制變就對了。

註五 令素行句，語出《孫子兵法》〈行軍篇〉。

註六 兵不豫言：君主對戰場上如何用兵，不應事先就加以約束。

註七 君命有所不受：出自《孫子兵法》〈九變篇〉。

【原典九】

太宗曰：「陳數有九（註一），中心零者，大將握之，四面八向，皆取準焉。陳間容陳，隊間容隊。以前為後，以後為前。進無速奔，退無遽走。四頭（註二）八尾（註三），觸處為首（註四），敵衝其中，兩頭皆救。數起於五（註五），而終於八（註六），此何謂也？」

靖曰：「諸葛亮以石縱横佈為八行（註七），方陳之法即此圖也。臣嘗教閱，必先此陳。世所傳《握機文》，蓋得其麤也。」

太宗曰：「天、地、風、雲、龍、虎、鳥、蛇，斯八陳何義也？」

靖曰：「傳之者誤也。古人祕藏此法，故詭設八名爾。八陣本一也，分為八焉（註八）。若天、地者，本乎旗號；風、雲者，本乎幡名；龍、虎、鳥、蛇者，本乎隊伍之別。後世誤傳。詭設物象，何止八而已乎？」

註釋

註一　陳數有九：握機陣四週，有四正四奇，中軍居中央，由主將掌握，外有四正四奇共八方，都要以中央主將號令為準。故共有九陳，古代陳同陣字。

註二　四頭：方陣的四面皆可為首。

註三　八尾：九陣中有任何一陣受敵攻擊，其餘八陣就是尾部，可來相救。

註四　觸處為首：敵人來進攻的方向即作首。

註五　數起於五：指東、西、南、北和中央五陣。

註六　終於八：指東、西、南、北和東北、東南、西南、西北八陣。

註七　八行，指諸葛亮的八陣圖。

註八　八陣本一也，分為八焉：八陣本來就是一個大方陣，而分為八個部份。

【原典十】

太宗曰：「數起於五而終於八，則非設象，實古制也。卿試陳之。」

靖曰：「臣案黃帝始立丘井之法（註一），因以制兵。故井分四道，八家處之，其形『井』字，開方九焉（註二）。五為陳法，四為閒地（註三），此所謂『數起於五』也。虛其中，大將居之，環其四面，諸部連繞，此所謂『終於八』也。及乎變化制敵，則紛紛紜紜，鬥亂而法不亂，渾渾沌沌，形圓而勢不散，此所謂散而成八，復而為一者也。」

太宗曰：「深乎，黃帝之制兵也！後世雖有天智神略，莫能出其闔閾（註四）。降此孰有繼之者乎？」

靖曰：「周之始興，則太公實繕其法：始於岐都（註五），以建井畝；戎車三百兩（註六），虎賁三千人，以立軍制；六步七步，六伐七伐（註七），以教戰法。陳師牧野，太公以百夫致師（註八），以成武功，以四萬五千人，勝紂七十萬眾。周《司馬法》，本太公者也。太公既沒，齊人得其遺法。至桓公霸天下，任管仲，復脩太公法，謂之節制之師（註九），諸侯畢服。」

太宗曰：「儒者多言管仲霸臣而已，殊不知兵法乃本於王制也。

諸葛亮王佐之才，自比管、樂，以此知管仲亦王佐也。但周衰時，王不能用，故假齊興師爾。」

靖再拜曰：「陛下神聖，知人如此，老臣雖死，無媿（註十）昔賢也。臣請言管仲制齊之法：三分齊國，以為三軍，五家為軌（註十一），故五人為伍；十軌為里，故五十人為小戎；四里為連，故二百人為卒；十連為鄉，故二千人為旅；五鄉一帥，故萬人為軍。亦由《司馬法》一師五旅、一旅五卒之義焉。其實皆得太公之遺法。」

註釋

註一　丘井之法：商周時代的土地制萬。八家為井，十六井為丘。外圍八家為私田，不需納稅，但要助耕中央的公田。

註二　開方九焉：按井字形區分，形成九個方塊。

註三　五為陳法，四為間地：前後左右中五處，排列戰鬥隊形是陣法；在東南、東北、西南、西北，四個角上留有四塊空地。

註四　闉闠：範圍。

註五　岐都：周太王古公亶父，曾在岐山（今陝西岐山縣東北）下建都，因名岐都。古代岐通歧，故又常作歧都、歧山等。

註六　兩：古通輛。

註七　六步七步，六伐七伐：前進六步、七步，就須停步保持隊形；擊刺六次、七次，也須停止保持隊形。

註八　武王伐紂時，在牧野（今河南淇縣西南一帶）之戰，太公以百人為前鋒衝擊敵陣。

註九　節制之師：紀律嚴明的軍隊。

註十　媿：同愧。

註十一　軌：古代戶口的一種編制。

【原典十一】

太宗曰：「《司馬法》人言穰苴（註一）所述，是歟？否也？」

靖曰：「案《史記・穰苴傳》，齊景公時（註二），穰苴善用兵，敗燕、晉之師，景公尊為司馬（註三）之官，由是稱司馬穰苴，子孫號司馬氏。至齊威王（註四）追論古《司馬法》，又述穰苴所學，遂有司馬穰苴書數十篇。今世所傳兵家流，又分權謀、形勢、陰陽、技巧四種（註五），皆出《司馬法》也。」

註釋

註一　穰苴：姓田，名穰苴，春秋時齊國大夫，深通兵法，官司馬，因名

註二　司馬穰苴。另見本書第七部。

註三　齊景公：周靈王二十五年（前五四七年），到周敬王三十年（前四九〇年）在位。

註四　司馬：西周時為六卿之一，掌軍政和軍賦。後世司馬之官，職掌有所變易。

註五　齊威王：周顯王十三年（前三五六年），到周慎靚王元年（前三二〇年）在位。

　　指《司馬法》的四部份。

（原典十二）

太宗曰：「漢張良、韓信序次兵法，凡百八十二家，刪取要用，定著三十五家。今失其傳，何也？」

靖曰：「張良所學，太公《六韜》、《三略》（註一）是也；韓信所學，穰苴、孫武是也。然大體不出三門四種而已。」

太宗曰：「何謂三門？」

靖曰：「臣案《太公．謀》八十一篇，所謂陰謀不可以言窮（註二）；《太公．言》七十一篇，不可以兵窮（註三）；《太公．兵》

八十五篇，不可以財窮（註四）。此三門也。」

太宗曰：「何謂四種？」

靖曰：「漢任宏（註五）所論是也。凡兵家流，權謀為一種，形勢為一種，及陰陽、技巧二種。此四種也。」

註釋

註一　《六韜》、《三略》：見本書第四、六部。

註二　陰謀不可以言窮：陰祕的謀略，不可能用言辭來道盡它所有的神妙之意義。

註三　不可以兵窮：這裡指《太公．言》七十一篇，其中所能言善辯之妙，不可能用武力來完全替代。

註四　不可以財窮：此處指《太公．兵》八十五篇，其中所論用兵之法，不可能用財力完全能代替。

註五　任宏：漢成帝時人，曾任步兵校尉，受命校理兵書。

【原典十三】

太宗曰：「《司馬法》首序蒐狩（註一），何也？」

靖曰：「順其時而要之以神（註二），重其事也。《周禮》（註三）

最為大政。成有岐陽之蒐（註四），康有酆宮之朝（註五），穆有塗山之會（註六），此天子之事也。及周衰，齊桓公有召陵之師（註七），晉文有踐土之盟（註八），此諸侯奉行天子之事也。其實用九伐之法（註九）以威不恪（註十），假之以朝會，因之以巡狩（註十一），訓之以甲兵。言無事兵不妄舉，必於農隙，不忘武備也。故首序蒐狩，不其深乎！」

註釋

註一　蒐狩：打獵。春獵叫蒐，冬獵叫狩。古代天子出獵，也是訓練軍隊的一種活動。

註二　順其時而要之以神：順應四時季節，祈求神明保祐。

註三　《周禮》：儒家重要經典之一，相傳周公所著，基本上就是儒家的政治理想，體制完備。

註四　成有岐陽之蒐：周成王曾有岐山的南面，進行過春蒐。陽，山之南面。

註五　康有酆宮之朝：周康王曾在酆邑（今陝西長安西南灃河以西），田獵以朝會諸侯。

註六　穆有塗山之會：周穆王在塗山（今安徽懷遠東南，亦有另說），田獵並朝會諸侯。

註七 齊桓公有召陵之師：周惠王二十一年（前六五六年），齊桓公聯合魯、宋、陳、衛、鄭、許、曹等諸侯，攻打蔡、楚兩國。蔡軍潰敗，楚派大夫屈完與諸侯，在召陵（今河南郾城縣東）結盟，中原各諸侯軍隊於是退兵。

註八 晉文有踐土之盟：周襄王二十年（前六三二年），晉文公以「尊王攘夷」為號召，聯合齊、秦、魯、宋、蔡、鄭、莒、衛各諸侯國，與楚軍戰於城濮，楚軍大敗。晉文公在踐土（今河南原陽西南），迎接周襄王與諸侯會盟。

註九 九伐之法：周王朝用以制裁違犯王命的諸侯，規定有九種情況下，可以興兵征討。

註十 不恪：不敬。

註十一 巡狩：也作巡守，帝王離開國都，巡行國境。

【原典十四】

太宗曰：「春秋楚子（註一）二廣之法（註二）云：『百官象物而動，軍政不戒而備（註三）。』此亦得周制歟？」

靖曰：「案《左氏》（註四）說：『楚子乘廣之十乘』，『廣有

一卒，卒偏之兩（註五）』軍行右轅，以轅為法（註六），故挾轅而戰，皆周制也。臣謂百人曰卒，五十人曰兩，此是每車一乘，用士百五十人，比周制差多爾。周一乘步卒七十二人，甲士三人；以二十五人為一甲，凡三甲，共七十五人。楚山澤之國，車少而人多。分為三隊，則與周制同矣。」

註釋

註一　周朝各諸侯國，因封建秩序分公、侯、伯、子、男五等爵制，楚國是「子」爵位國，故稱楚子。

註二　二廣之法：楚國的戰車編制，一廣有十五乘戰車，二廣即三十輛戰車，分左右二部。

註三　百官象物而動，軍政不戒而備：各級軍官依據旗幟號令行動，軍令不必下達就完成了準備。語出《左傳．宣公十二年》。戒，敕令。

註四　《左氏》：即《左傳》，因為魯太史左丘明作，故又通稱《左氏》、《左氏春秋》或《春秋左傳》等。

註五　廣有一卒，卒偏之兩：每輛戰車配步卒百人，及百人之半五十人。卒，一百人。兩，五十人。

註六　軍行右轅，以轅為法：每輛戰車所配的步兵，在戰車的右側行動，以車轅方向為準。

【原典十五】

太宗曰：「春秋荀吳伐狄，毀車為行（註一），亦正兵歟？奇兵歟？」

靖曰：「荀吳用車法爾，雖舍車而法在其中焉。一為左角，一為右角，一為前拒（註二），分為三隊，此一乘法也。千萬乘皆然。臣案《曹公新書》云：攻車（註三）七十五人，前拒一隊，左、右角二隊；守車（註四）一隊，炊子十人，守裝（註五）五人，廄養五人，樵汲五人，共二十五人。攻、守二乘，凡百人。興兵十萬，用車千乘——輕、重二千。此大率荀吳之舊法也。又觀漢魏之間（註六）軍制：五車為隊，僕射一人（註七）；十車為師，率長（註八）一人；凡車千乘，將吏二人；多多倣此。臣以今法參用之，則跳蕩（註九），騎兵也；戰鋒隊（註十），步騎相半也；駐隊（註十一），兼車乘而出也。臣西討突厥，越險數千里，此制未嘗敢易。蓋古法節制，信可重焉（註十二）。」

註釋

註一　荀吳伐狄，毀車為行：周景王四年（前五四一年），晉國中行元帥荀吳，率軍伐狄。當時晉軍用車乘，狄軍用步兵，因地形不利戰車，荀吳採納部將魏舒之議，捨棄車乘改用步兵，在大鹵（今山西太原）一戰，大敗狄軍。

註二　一為左角，一為右角，一為前拒：古代戰車作戰常用術語。角，是作戰突出陣形的兩翼，如獸之兩角，故叫左角、右角。拒，是指方陣。這種陣形，到戰國時代，《孫臏兵法》叫「雁陣」。

註三　攻車：即戰車。

註四　守車：即輜重車。

註五　守裝：看守裝備輜重的士卒。

註六　閒：古通間字。

註七　僕射：此處指五車一隊的首長。僕射起於秦代的官名，大約是某一職事的首長，宋以後此名已廢。

註八　率長：官名。

註九　跳蕩：隊伍名，突擊而克敵制勝。

註十　戰鋒隊：騎兵、步兵各半的聯合編組。

註十一駐隊：由步兵、騎兵和戰車編成的聯合作戰隊伍。

註十二古法節制，信可重焉：古法按一定建制，有節度，確信是可以值得重視運用。

【原典十六】

太宗幸靈州迴（註一），召靖賜坐曰：「朕命道宗（註二）及阿史那社爾（註三）等討薛延陀（註四），而鐵勒（註五）諸部乞置漢官，朕皆從其請。延陀西走，恐為後患，故遣李勣（註六）討之。今北荒悉平，然諸部蕃漢雜處，以何道經久，使得兩全安之？」

靖曰：「陛下勑（註七）自突厥至回紇部落，凡置驛六十六處，以通斥候，斯已得策矣。然臣愚，以謂漢戍（註八）宜自為一法，蕃落宜自為一法，教習各異，勿使混同。或遇寇至，則密勑主將，臨時變號易服，出奇擊之。」

太宗曰：「何道也？」

靖曰：「此所謂『多方以誤之（註九）』之術也。蕃而示之漢，漢而示之蕃，彼不知蕃漢之別，則莫能測我攻守之計矣。善用兵者，先為不可測，則敵乖其所之也（註十）。」

太宗曰：「正合朕意，卿可密教邊將。祇以此蕃漢，便見奇正之法矣。」

靖再拜曰：「聖慮天縱，聞一知十，臣安能極其說哉（註十一）！」

註釋

註一 太宗幸靈州迴：事在貞觀二十年（六四六年），唐太宗巡幸靈州（今寧夏靈武西南）返回。

註二 道宗：李道宗（六〇〇—六五三年），唐初大臣，高祖李淵的堂姪。為唐朝宗室，曾屢敗突厥，封為任城王、江夏王。

註三 阿史那社爾：（？—六五五年），東突厥處羅可汗之次子。於貞觀十年（六三六年）降唐，歷任左驍衛大將軍，曾率軍大敗高昌、龜茲等國。

註四 薛延陀：匈奴別支，貞觀三年（六二九年），其首領受唐太宗之封，助唐滅突厥。

註五 鐵勒：另有譯：狄歷、赤勒、敕勒等，唐時稱回紇，宋稱回鶻，元稱畏兀兒，今之維吾爾。

註六 李勣：（五九四—六六九年）。唐初大將，本姓徐，名世勣。因功封曹國公，賜姓李，因避太宗李世民諱，單名勣。隨李靖破東突厥，改封英國公。

註七 勑：同敕，皇帝的詔命。

註八 戍：駐守邊疆的部隊。

註九　多方以誤之：用各種方法誘使敵人犯錯。

註十　敵乖其所之也：使敵人違背本來想要的作戰行動，或想要達到的目的。

註十一　臣安能極其說哉：臣哪裡能夠把那種道理講得那樣的澈底、深刻！

（原典十七）

太宗曰：「諸葛亮言：『有制之兵，無能之將，不可敗也（註一）；無制之兵，有能之將，不可勝也（註二）。』朕疑此談非極致之論。」

靖曰：「武侯有所激云爾。臣案《孫子》曰：『教道不明，吏卒無常，陳兵縱橫，曰亂（註三）。』自古亂軍引勝（註四），不可勝紀。夫教道不明者，言教閱無古法也；吏卒無常者，言將臣權任無久職也（註五）；亂軍引勝者，言己自潰敗，非敵勝之也。是以武侯言兵卒有制，雖庸將未敗，若兵卒自亂，雖賢將危之，又何疑焉？」

太宗曰：「教閱之法，信不可忽。」

靖曰：「教得其道，則士樂為用；教不得法，雖朝督暮責，無益於事矣。臣所以區區（註六）古制皆纂以圖者，庶乎（註七）成有制之兵也。」太宗曰：「卿為我擇古陳法，悉圖以上（註八）。」

註釋

註一　有制之兵，無能之將，不可敗也：訓練有素的軍隊，哪怕是無能的將領，也不會被打敗。

註二　無制之兵，有能之將，不可勝也：沒有訓練的軍隊，就算將領有能力，也不可能戰勝敵人。

註三　教道不明四句，引《孫子兵法》〈地形篇第十〉。

註四　亂軍引勝：引《孫子兵法》〈謀攻篇第三〉。

註五　言將臣權任無久職也：是說將吏的委任，沒有考量長久之職。

註六　區區：形容微小的地方。

註七　庶乎：表示希望。

註八　卿為我擇古陳法，悉圖以上：卿為我選擇自古以來的陣法，編纂成圖，呈上來！

【原典十八】

太宗曰：「蕃兵唯勁馬奔衝，此奇兵歟？漢兵唯強弩犄角（註一），此正兵歟？」

靖曰：「案《孫子》云：『善用兵者，求之於勢，不責於人，故能擇人而任勢（註二）。』夫所謂擇人者，各隨蕃漢所長而戰也。蕃長於馬，馬利乎速鬥；漢長於弩，弩利乎緩戰。此自然各任其勢也。然非奇正所分。臣前曾述蕃漢必變號易服者，奇正相生之法也。馬亦有正，弩亦有奇，何常之有哉（註三）！」

太宗曰：「卿更細言其術。」

靖曰：「先形之，使敵從之，是其術也（註四）。」

太宗曰：「朕悟之矣！《孫子》曰：『形兵之極，至於無形（註五）。』又曰：『因形以措勝於眾，眾不能知（註六）。』其此之謂乎？」

靖再拜曰：「深乎！陛下聖慮，已思過半矣（註七）。」

註釋

註一　犄角：分兵牽制或夾擊敵人。犄角，又作掎角。

註二　善用兵者四句，引《孫子兵法》〈兵勢篇第五〉。

註三　馬亦有正，弩亦有奇，何常之有哉：馬戰也有正兵，弩戰也有奇兵，哪有固定不變的！

註四　先形之，使敵從之，是其術也：先做出假象，使敵人被假象誤導，這就是方法。

註五　形兵之極二句，引《孫子兵法》〈虛實篇第六〉。

註六　因形以措二句，引《孫子兵法》〈虛實篇第六〉。

註七　已思過半矣：考慮得已差不多了。

【原典十九】

太宗曰：「近契丹（註一）、奚（註二）皆內屬，置松漠（註三）、饒樂（註四）二都督，統於安北都護（註五），朕用薛萬徹（註六），如何？」

靖曰：「萬徹不如阿史那社爾及執失思力（註七）、契苾何力（註八），此皆蕃臣之知兵者也。因常與之言松漠、饒樂山川道路，蕃情逆順，遠至於西域部落十數種，歷歷可信。臣教之以陳法，無不點頭服義。望陛下任之勿疑。若萬徹，則勇而無謀，難以獨任。」

太宗笑曰：「蕃人皆為卿役使！古人云：『以蠻夷攻蠻夷，中國之勢也。』卿得之矣。」

註釋

註一 契丹：東胡族的一支，居今之遼河上游西拉木倫河一帶，北魏時自號契丹。唐太宗時於其地置松漠都督府，以契丹首領為都督。

註二 奚：東胡族，居遼水上游，柳城西北。漢時稱烏桓，隋、唐時稱奚。

註三 松漠：唐代都督府名。貞觀二十二年（六四八年）為契丹部而設置，治所在今內蒙古巴林右旗南。

註四 饒樂：唐代都督府名，貞觀二十二年（六四八年）在奚族地設置，治所在今內蒙古寧城西。

註五 安北都護：唐代都護府名，為當時六大都護府之一，治所在今蒙古杭愛山東端。

註六 薛萬徹：隴右敦煌（今甘肅敦煌）人，隋涿郡太守薛世雄子，後歸唐。後任代州都督、右武衛大將軍等職。

註七 執失思力：原突厥酋長。貞觀中，護送隋蕭太后入朝，被授以左領軍將軍，後因戰功封安國公。

註八 契苾何力：唐鐵勒部人。貞觀六年（六三二年）與其母率部投唐，後任大將軍，封郕國公。

第二章　卷中：虛實、主客、變化

【原典一】

太宗曰：「朕觀諸兵書，無出孫武（註一）。孫武十三篇，無出虛實。夫用兵，識虛實之勢，則無不勝焉。今諸將中，但能言背實擊虛，及其臨敵，則鮮識虛實者，蓋不能致人而反為敵所致故也。如何？卿悉為諸將言其要。」

靖曰：「先教之以奇正相變之術，然後語之以虛實之形可也（註二）。諸將多不知以奇為正，以正為奇，且安識虛是實，實是虛哉（註三）！」

太宗曰：「『策之而知得失之計，作之而知動靜之理，形之而知死生之地，角之而知有餘、不足之處（註四）。』此則奇正在我，虛實在敵歟？」

靖曰：「奇正者，所以致（註五）敵之虛實也。敵實，則我必以正；

敵虛，則我必為奇。茍將不知奇正，則雖知敵虛實，安能致之哉？臣奉詔，但教諸將以奇正，然後虛實自知焉。」

太宗曰：「以奇為正者，敵意（註六）其奇，則吾正擊之；以正為奇者，敵意其正，則吾奇擊之。使敵勢常虛，我勢常實。當以此法授諸將，使易曉爾。」

靖曰：「千章萬句，不出乎『致人而不致於人（註七）』而已，臣當以此教諸將。」

註釋

註一　無出孫武：沒有能夠超越孫武的。

註二　語之以虛實之形：教育他們認識，到底虛實的形態，要怎樣才能看得出來。

註三　安識虛是實，實是虛哉：又如何能識得，有時虛卻可以是實，而實又可能是虛！

註四　策之而知得失之計四句，引《孫子兵法》〈虛實篇第六〉。

註五　致：了解、調查。

註六　意：揣測、估摸。

註七　致人而不致於人：引《孫子兵法》〈虛實篇第六〉。

【原典二】

太宗曰：「朕置瑤池都督（註一）以隸安西都護（註二），蕃漢之兵，如何處置？」

靖曰：「天之生人，本無蕃漢之別。然地遠荒漠，必以射獵而生，由此常習戰鬥。若我恩信撫之，衣食周（註三），則皆漢人矣。陛下置此都護，臣請收漢戍卒，處之內地，減省糧饋，兵家所謂治力之法（註四）也。但擇漢吏有熟蕃情者，散守堡障（註五），此足以經久。或遇有警，則漢卒出焉。」

註釋

註一　瑤池都督：貞觀二十三年（六四九年），設瑤池都督府於金滿縣（今新疆阜康），隸安西都護府，以左衛將軍阿史那賀魯為瑤池都督。

註二　安西都護：唐代六都護府之一，貞觀十四年（六四〇年）設置。初治西州交河城（今吐魯蕃西北約五公里處）。顯慶三年（六五八年），移治龜茲。龍朔元年（六六一年），統轄龜茲、于闐、焉耆、疏勒等安西四鎮及月氏等九十六府州。

註三　周：同賙，周濟、救濟。

註四　治力之法：確保增強戰力的方法。
註五　堡障：土築的小城堡。

【原典三】

太宗曰：「《孫子》所言治力何如？」

靖曰：「『以近待遠，以佚待勞，以飽待饑（註一）』，此略言其概爾。善用兵者，推此三義而有六焉：以誘待來，以靜待躁，以重待輕（註二），以嚴待懈，以治待亂，以守待攻（註三）。反是則力有弗逮（註四）。非治力之術，安能臨兵哉？」

太宗曰：「今人習《孫子》者，但誦空文，鮮克（註五）推廣其義。治力之法，宜徧告諸將（註六）。」

註釋

註一　以近待遠三句，引《孫子兵法》〈軍爭篇第七〉。
註二　以重待輕：以穩重對付輕率的敵人。
註三　以守待攻：這裡的「守」，不是守株待兔之意；而是在「以近待遠」等條件的計策之下，以固守對付遠勞來攻的敵人。

註四　反是則力有弗逮：指如果違反了這些治力原則，部隊的戰鬥力必是不夠的。
註五　克：能夠。
註六　徧：古通遍。

【原典四】

太宗曰：「舊將老卒，凋零殆盡，諸軍新置，不經陳敵，今教以何道為要？」

靖曰：「臣常教士（註一），分為三等：必先結伍法（註二），伍法既成，授之軍校（註三），此一等也；軍校之法，以一為十，以十為百（註四），此一等也；授之裨將，裨將乃總諸校之隊，聚為陳圖，此一等也。大將軍察此三等之教，於是大閱（註五），稽考制度，分別奇正，誓（註六）眾行罰，陛下臨高觀之，無施不可（註七）。」

太宗曰：「伍法有數家，孰者為要？」

靖曰：「臣案《春秋左氏傳》云『先偏後伍（註八）』；又《司馬法》曰五人為伍，《尉繚子》有束伍令（註九），漢制有尺籍（註十）伍符（註十一）。後世符籍以紙為之，於是失其制矣。臣酌其法，自五人而變為二十五人，自二十五人而變為七十五人——此則步卒七十二人，甲士三人之制也。」

「捨車用騎，則二十五人當八馬，此則五兵五當（註十二）之制也。是則諸家兵法，唯伍法為要。小列之五人，大列之二十五人，參列之七十五人。又五參其數，得三百七十五人，三百人為正，六十人為奇。此則百五十人分為二正，而三十人分為二奇，蓋左右等也。穰苴所謂『五人為伍，十伍為隊』（註十三），至今因之，此其要也。」

註釋

註一　教士：教練部隊。

註二　先結伍法：先編組成伍，進行伍的戰鬥教練。

註三　軍校：擔任輔助之職的軍官，如今之副主官。

註四　以一為十，以十為百：按明劉寅《武經七書直解》，「以一伍為十伍，以十伍為百伍，調合十伍而一之，聚百伍而十之。」

註五　大閱：對軍隊大檢閱，如今之大閱兵。

註六　誓：告誡將士的約束律法等。

註七　無施不可：沒有那一種陣法操練是不可以接受檢閱。以肯定說法，所有各種陣法操練都能接受檢閱。

註八 先偏後伍：意即戰車在前，步兵在後。按《司馬法》，車戰二十五乘為偏。

註九 束伍令：約束隊伍的法令。

註十 尺籍：書寫軍令的尺書。

註十一 伍符：軍中各伍互保的符信。

註十二 五兵五當：按《司馬法》〈定爵第三〉云：「凡五兵五當，長以衛短，短以救長。」五兵，即弓矢、殳、矛、戈、戟五種長短兵器。此處指車、步、騎不同編配，伍法各有不同運用。

註十三 五人為伍，十伍為隊：五人編成一伍，十伍編成一隊。這是依《司馬法》所述。

【原典五】

太宗曰：「朕與李勣論兵，多同卿說，但勣不究出處爾。卿所制六花陳法（註一），出何術乎？」

靖曰：「臣所本諸葛亮八陳法也。大陳包小陳，大營包小營，隅落鈎連，曲折相對（註二），古制如此。臣為圖因之，故外畫之方，內環之圓（註三），是成六花，俗所號爾。」

太宗曰：「內圓外方，何謂也？」

靖曰：「方生於正，圓生於奇（註四）。方所以矩其步，圓所以綴其旋（註五），是以步數定於地，行綴應乎天，步定綴齊，則變化不亂。八陣為六，武侯之舊法焉。」

太宗曰：「畫方以見步，點圓以見兵（註六），步教足法，兵教手法（註七），手足便利，思過半乎？」

靖曰：「吳起云：『絕而不離，卻而不散（註八）。』此步法也。教士猶布棊於盤，若無畫路，棊安用之？孫武曰：『地生度，度生量，量生數，數生稱，稱生勝。勝兵若以鎰稱銖，敗兵若以銖稱鎰（註九）。』皆起於度量方圓也。」

太宗曰：「深乎！孫武之言。不度地之遠近、形之廣狹，則何以制其節（註十）乎？」

靖曰：「庸將罕能知其節者也。『善戰者，其勢險，其節短，勢如彍弩，節如發機（註十一）。』臣修其術，凡立隊，相去各十步，駐隊去前隊二十步，每隔一隊立一戰隊（註十二）。前進以五十步為節。角一聲，諸隊皆散立，不過十步之內；

「至第四角聲，籠槍（註十三）跪坐。於是鼓之，三呼三擊，三十步至五十步以制敵之變（註十四）。馬軍從背出，亦五十步臨時節止。

前正後奇，觀敵如何（註十五）。再鼓之，則前奇後正，復邀敵來，伺隙擣虛。此六花大率皆然也。」

註釋

註一　六花陳法：由李衛公依諸葛亮八陣圖再演化，所創之陣法。

註二　隅落鈎連，曲折相對：形容六花陣法內，各小陣之間相互連接、策應，而沒有破綻。

註三　外畫之方，內環之圓：指六花陣法，外面六角畫作方形，裡面連環相繞，成為圓形。

註四　方生於正，圓生於奇：所謂方，由外陣的正兵決定；所謂圓，是由內陣的奇兵決定。

註五　方所以矩其步，圓所以綴其旋：方，用來整齊各陣的步法；圓，用來聯綴各陣使其圓轉不斷。

註六　畫方以見步，點圓以見兵：外面畫成方形，以顯示進退的步數；裡面畫成圓形，顯示各種兵器的運用。

註七　步教足法，兵教手法：步數是用來教練足法，兵器用來教練手法。

註八　絕而不離二句，引《吳起兵法》〈治兵第三〉。

註九　地生度七句，引《孫子兵法》〈軍形篇第四〉。

註十　節：指敵我接戰的節奏。

註十一善戰者五句，引《孫子兵法》〈兵勢篇第五〉。
註十二戰隊：步騎各半組成的戰鋒隊。
註十三籠槍：懷抱著槍。
註十四變：變化。
註十五前正後奇，觀敵如何：先是前用正兵，後用奇兵，以觀察敵人的動靜如格！

【原典六】

太宗曰：「《曹公新書》云：『作陳對敵，必先立表，引兵就表而陳（註一）。一部受敵，餘部不進救者斬。』此何術乎？」

靖曰：「臨敵立表，非也。此但教戰時法爾。古人善用兵者，教正不教奇，驅眾若驅群羊，與之進，與之退，不知所之也。曹公驕而好勝，當時諸將奉《新書》者，莫敢攻其短（註二）。且臨敵立表，無乃晚乎？臣竊觀陛下所製《破陳樂舞》（註三），前出四表（註四），後綴八幡，左右折旋，趨步金鼓，各有其節，此即八陳圖四頭八尾之制也。人間但見樂舞之盛，豈有知軍容（註五）如斯焉！」

太宗曰：「昔漢高帝定天下，歌云：『安得猛士兮守四方！』蓋兵法可以意授，不可以語傳，朕為《破陳樂舞》，唯卿已曉其表矣。（註六）後世其（註七）知我不苟作也。」

註釋

註一 表：標幟、標記。此處有遵循之意，「立表」，設定一種標識做為遵循的標準。

註二 無敵攻其短：沒有人敢指摘它的缺失。

註三 破陳樂舞：唐代宮廷舞名。在唐初有《秦王破陣樂曲》，是李世民為秦王時的作戰用軍樂。貞觀七年（六三三年），太宗製《秦王破陣樂舞圖》，使呂才協音律，魏徵、虞世南製歌詞，後又改名《七德之舞》。七德是：禁暴、戢兵、保大、定功、安民、和眾、豐財七種武德。

註四 四表：指《破陳樂舞》中的四種旌旗。

註五 軍容：軍隊的儀容。

註六 已曉其表：意謂領會《破陳樂舞》所表露，修武備而安邦國之深意。

註七 其：大概。

【原典七】

太宗曰：「方色五旗（註一）為正乎？旛麾（註二）折衝（註三）為奇乎？分合為變，其隊數曷為得宜（註四）？」

靖曰：「臣參用古法，凡三隊合，則旗相倚而不交（註五）；五隊合，則兩旗交；十隊合，則五旗交。吹角，開五交之旗，則一復散而為十（註六）；開二交之旗，則一復散而為五；開相倚不交之旗，則一復散而為三。兵散則以合為奇；合，則以散為奇（註七）。三令五申，三散三合，然復歸於正，四頭八尾乃可教（註八）焉。此隊法所宜也。」

註釋

註一　方色五旗：給五個方位的隊伍，配以五種顏色的指揮旗幟。

註二　旛麾：都是旗幟。

註三　折衝：使敵人的戰車挫敗、後退。

註四　隊數曷為得宜：隊法怎樣才合適？

註五　三隊合，則旗相倚而不交：三隊合而為一時，則旗幟相靠而不合攏。

註六　吹角，開五交之旗，則一復散而為十：吹角一聲，分開合攏的五旗，則一隊又分散為十隊。

註七 兵散，則以合為奇；合，則以散為奇：兵力分散時，以集中兵力為奇兵；兵力集中時，以分散為奇兵。

註八 教：此處指可以進行教練。

【原典八】

太宗曰：「曹公有戰騎、陷騎、遊騎（註一），今馬軍何等比乎？」

靖曰：「臣案《新書》云：戰騎居前，陷騎居中，遊騎居後。如此，則是各立名號，分為三類爾。大抵騎隊八馬當車徒（註二）二十四人，二十四騎當車徒七十二人，此古制也。車徒常教以正，騎隊常教以奇。據曹公，前後及中分為三覆（註三），不言兩廂（註四），舉一端言也。後人不曉三覆之義，則戰騎必前於陷騎、遊騎，如何使用？臣熟用此法，回軍轉陳（註五），則遊騎當前，戰騎當後，陷騎臨變而分（註六），皆曹公之術也。」

太宗笑曰：「多少人為曹公所惑！」

註釋

註一 戰騎、陷騎、遊騎：戰騎是在前先對敵衝鋒的騎兵。陷騎是在戰騎成果下突入敵陣的騎兵。遊騎是在後擔任機動待命的騎兵。

註二　車徒：配屬於兵車的步兵。

註三　前後及中分三覆：指騎兵分前中後三部份。

註四　兩廂：左右兩側的部隊。

註五　回軍轉陳：回軍轉移陣地。

註六　陷騎臨變而分：陷騎依臨時狀況的變化，再做不同的分配任務運用。

【原典九】

太宗曰：「車、步、騎三者一法也（註一），其用在人乎？」

靖曰：「臣案春秋魚麗陳先偏後伍（註二），此則車、步無騎，謂之左右拒（註三），言拒禦而已，非取出奇勝也。晉荀吳伐狄，捨車為行（註四），此則騎多為便，唯務奇勝，非拒禦而已。」

「臣均其術，凡一馬當三人，車、步稱（註五）之，混為一法，用之在人，敵安知吾車果（註六）何出，騎果何來，徒果何從哉？或潛九地（註七），或動九天（註八），其知（註九）如神，唯陛下有焉，臣何足以知之！」

註釋

註一　三者一法：指車、步、騎三種兵科，其運用方法都是一樣的。

註二　魚麗陳先偏後伍：魚麗陣，春秋時鄭莊公抵抗周桓王（前七一九—前六九七在位）進攻所創陣法。二十五乘戰車為一偏，兵車在前，步兵在後，陣法主要是兵車和步卒配合（如今之步戰協同），陣形如魚網狀，故稱魚麗陣。

註三　左右拒：指魚麗陣左右兩個方陣，為左右兩軍。

註四　捨車為行：同卷上第十五節註。

註五　稱：相當。此處謂相應地搭配。

註六　果：到底。

註七　九地：形容把自己軍隊的戰力，以極隱密的方式深藏在神不知、鬼不覺的地方。

註八　九天：形容以最高明的方式，發揮自己軍隊的戰力，威力驚動到天的最高處。在《孫子兵法》中，皆有九地、九天的形容。

註九　知：古通智。

【原典十】

太宗曰：「太公書（註一）云：『地方六百步（註二），或六十步，表十二辰（註三）。』其術（註四）如何？」

靖曰：「畫（註五）地方一千二百步，開方之形（註六）也。每部占地二十步之方，橫以五步立一人，縱以四步立一人。凡二千五百人，分五方，空地四處，所謂陳間容陳者也。武王伐紂，虎賁各掌三千人，每陳六千人，共三萬之眾。此太公畫地之法也。」

太宗曰：「卿六花陳畫地幾何？」

靖曰：「大閱（註七）地方千二百步者，其義六陳，各占地四百步，分為東西兩廂（註八），空地一千二百步，為教戰之所。臣常教士三萬，每陳五千人，以其一為營法（註九），五為方、圓、曲、直、銳之形，每陳五變，凡二十五變而止。」

太宗曰：「五行陳（註十）如何？」

靖曰：「本因五方色（註十一）立此名。方、圓、曲、直、銳，實因地形使然。凡軍不素習此五者，安可以臨敵乎？兵，詭道也（註十二）。故強名五行焉，文（註十三）之以術數相生相克之義。其實兵形象水，因地制流（註十四），此其旨也。」

註釋

註一　《太公書》，即太公兵法，已失傳。今存太公兵法《六韜》，並無此文。

註二　地方六百步：在地上畫出一個方陣，每個邊長都是同樣六百步。

註三　表十二辰：標示出十二時辰順序。

註四　術：指方法。

註五　畫：畫分。

註六　開方之形：此意指：四邊長度相等，各為三百步的正方形。

註七　大閱：對軍隊大檢閱。

註八　分為東西兩廂：意指將六陣分為東西兩邊。

註九　以其一為營法：用其中一陣，演練駐營之法。

註十　五行陣：以五行（水、火、木、金、土）表示方位的戰陣。水位西北，火位東南，金位西南，木位東北，土位中央，五陣依五方佈之。相傳姜太公所創，詳情未知。

註十一　五方色：古代以自然五色與五行相配，或配以五方，如青色配東北，赤色配東南等。

註十二兵詭道也：引《孫子兵法》〈始計篇第一〉。

註十三文：文飾、誇飾。

註十四兵形象水句：引《孫子兵法》〈虛實篇第六〉。

【原典十一】

太宗曰：「李勣言牝牡（註一）、方圓伏兵法，古有是否？」

靖曰：「牝牡之法，出於俗傳，其實陰陽二義而已。臣案范蠡（註二）云：『後則用陰，先則用陽（註三）。盡敵陽節，盈吾陰節而奪之（註四）。』此兵家陰陽之妙也。范蠡又云：『設右為牝，益左為牡，早晏以順天道。』此則左右、早晏臨時不同，在乎奇正之變者也。左右者，人之陰陽；早晏者，天之陰陽；奇正者，天人相變之陰陽。」

「若執而不變，則陰陽俱廢，如何守牝牡之形而已？故形之者，以奇示敵，非吾正也（註五）；勝之者，以正擊敵，非吾奇也（註六）。此謂奇正相變。兵伏者，不止山谷草木伏藏所以為伏也。其正如山，其奇如雷，敵雖對面，莫測吾奇正所在，至此，夫何形之有焉（註七）？」

註釋

註一　牝牡：意指二者兩對而言。

註二　范蠡：春秋末，越國大夫，助越滅了吳國。可詳參：《陳福成，大將軍范蠡研究》（台北：文史哲出版社，二〇一六年六月）。

註三　後則用陰，先則用陽：後發制人用潛力，先敵制勝用銳氣。

註四　盡敵陽節，盈吾陰節而奪之：耗盡敵人的銳氣，增強我軍潛力，便能戰勝敵人。

註五　形之者，以奇示敵，非吾正也：以製造假象的方法，用奇兵去迷惑敵人，而不是用我的正兵。

註六　勝之者，以正擊敵，非吾奇也：戰勝敵人的方法，要用正兵去攻打敵人，而不是用我的奇兵。

註七　何形之有：指奇正用到神妙的地步，簡直無形無跡，那裡看得出什麼陣形！

【原典十二】

太宗曰：「四獸之陳（註一），又以商、羽、徵、角象之（註二），何道也？」

靖曰：「詭道也。」

太宗曰：「可廢乎？」

靖曰：「存之，所以能廢之也。若廢而不用，詭愈甚焉（註三）。」

太宗曰：「何謂也？」

靖曰：「假之以四獸之名及天、地、風、雲之號，又加商金、羽水、徵火、角木之配，此皆兵家自古詭道。存之，則餘詭不復增矣；廢之，則使貪使愚之術從何而施哉（註四）？」

太宗良久曰：「卿宜祕之，無泄於外。」（註五）

註釋

註一　四獸之陳：在旌旗上畫龍、虎、鳥、龜形象，以標示方位，龍代表東方，虎代表西方，鳥代表南方，龜代表北方。

註二　商、羽、徵、角：古代五音中之四音，也常用來代表四方。

註三　若廢而不用，詭愈甚焉：意思說，這些上古傳來的詭道，如果把它廢了，詭詐就更厲害了。

註四　則使貪使愚之術從何而施哉：如果廢除詭道，那麼驅使貪婪、愚笨之人的方法，又從何而來呢？

註五　卿宜祕之，無泄於外：你對這點要嚴祕密，不要把它洩露出去。

【原典十三】

太宗曰：「嚴刑峻法，使人畏我而不畏敵，朕甚惑之。昔光武（註一）以孤軍當王莽（註二）百萬之眾，非有刑法臨之，此何由乎？」

靖曰：「兵家勝敗，情狀萬殊，不可以一事推也。如陳勝、吳廣敗秦師，豈勝、廣刑法能加於秦乎？光武之起，蓋順人心之怨莽也；況又王尋（註三）、王邑（註四）不曉兵法，徒誇兵眾，所以自敗。臣案《孫子》曰：『卒未親附而罰之，則不服；已親附而罰不行，則不可用（註五）。』此言凡將，先有愛結於士，然後可以嚴刑也。若愛未加而獨用峻法，鮮克濟（註六）焉。」

太宗曰：「《尚書》（註七）云：『威克厥愛，允濟；愛克厥威，允罔功（註八）。』何謂也？」

靖曰：「愛設於先，威設於後，不可反是也。若威加於前，愛救於後，無益於事矣。《尚書》所以慎誡其終，非所以作謀於始也。故《孫子》之法萬代不刊（註九）。」

註釋

註一　光武：即漢光武帝劉秀（前六年－五七年），推翻王莽非法政權，建立東漢王朝。

註二　王莽：（前四十五年－二十三年），漢元帝皇后姪，毒死漢平帝，篡漢自立，改國號新。更始元年（二十三年），在綠林、赤眉等軍攻打下，王莽在長安被殺，新政權崩潰，不久東漢成立。

註三　王尋：王莽的大司徒。

註四　王邑：王莽的大司空。

註五　卒未親附四句，引《孫子兵法》〈行軍篇第九〉。

註六　濟：成功。

註七　《尚書》：儒家重要經典之一，亦稱《書經》、《書》，相傳孔子編訂，是吾國現存最早的上古文獻，其中包含商和西周史料。

註八　允罔功：一定不會成功。

註九　刊：改定、改易、改變。

【原典十四】

太宗曰：「卿平蕭銑（註一），諸將皆欲籍（註二）偽臣家以賞士卒，獨卿不從，以謂蒯通不戮於漢（註三），既而江漢歸順。朕由是思古人有言曰，『文能附眾，武能威敵』，其卿之謂乎！」

靖曰：「漢光武平赤眉（註四），入賊營中案行（註五），賊曰：『蕭王推赤心於人腹中（註六）』此蓋先料人情本非為惡，豈不豫慮哉？臣頃討突厥，總蕃漢之眾，出塞千里，未嘗戮一揚干（註七），斬一莊賈（註八），亦推赤誠、存至公而已矣。陛下過聽，擢臣以不次之位（註九），若於文武，則何敢當！」

註釋

註一　蕭銑：（五八三—六二一年）後梁宣帝曾孫，隋末任羅縣（今湖南湘陰東北）令。乘亂稱帝，割據長江中下游。唐高祖武德四年（六二一年），李靖率軍伐之，蕭銑兵敗降唐，被殺於長安。

註二　籍：沒收入官。

註三　蒯通不戮於漢：蒯通，漢初范陽（今河北定興北固城鎮）人，一個策士。曾說韓信取齊地，叛劉邦自立，韓信未從，後劉邦並未殺蒯通。

註四　赤眉：王莽偽政權末年，起於青、徐（今山東東部、江蘇北部）一帶，由琅玡（今山東諸城）人樊崇於天鳳五年（一八年），在莒縣（今屬山東）首倡。赤眉軍一度發展到三十萬人，後被光武帝平定。

註五　案行：巡視。

註六　蕭王：劉秀稱帝前，曾受更始帝劉玄封蕭王，本句讚賞光武帝用人不疑的赤誠和氣度。

註七　揚干：春秋時晉悼公之弟，因破壞軍容，依律當斬，因悼公弟，斬其駕車者以代罪。

註八　莊賈：春秋時齊景公寵臣。在齊與燕、晉作戰時，司馬穰苴為將，莊賈因誤時，穰苴斬之。

註九　陛下過聽，擢臣以不次之位：李衛公自謙之言，竟說陛下聽信過實，破格提拔臣到了高位。

【原典十五】

太宗曰：「昔唐儉使突厥（註一），卿因擊而敗之，人言卿以儉為死間（註二），朕至今疑焉，如何？」

靖再拜曰：「臣與儉比肩事主，料儉說必不能柔服（註三），故臣因縱兵擊之，所以去大惡不顧小義也。人謂以儉為死間，非臣之心。案《孫子・用間》（註四）最為下策，臣嘗著論其末云：水能載舟，亦能覆舟；或用間以成功，或憑間以傾敗。若束髮（註五）事君，當朝正色（註六），忠以盡節，信以竭誠，雖有善間，安可用乎？唐儉小義，陛下何疑？」

太宗曰：「誠哉！非仁義不能使間，此豈纖人（註七）所為乎！周公大義滅親（註八），況一使人乎？灼無疑矣（註九）！」

註釋

註一　唐儉：唐初大臣，并州晉陽（今山西太原西南）人，輔佐太宗平定天下。貞觀四年（六三〇年），唐儉出使新敗於李靖、李勣之突厥，撫慰頡利可汗歸降。李靖乘頡利大喜不備而攻之，唐儉幸脫身得歸，回朝後因功為戶部尚書。

註二　死閒：閒，同間。死間可參閱《孫子兵法》〈用間篇第十三〉。

註三　柔服：安撫對方使之順從。

註四　同註二。

註五　束髮：青少年。

註六　正色：表情端莊嚴肅。

註七　纖人：小人、庸人。

註八　周公大義滅親：武王死後，成王年幼，周公攝政，其兄弟管叔、蔡叔和紂王之子武庚一起叛亂。周公出師東征，平定反叛，殺武庚、管叔，放逐蔡叔，鞏固西周政權，史稱周公大義滅親。

註九　灼無疑：指大義和小義之間，取捨之道，都灼然無疑了。

【原典十六】

太宗曰：「兵貴為主（註一），不貴為客（註二），貴速，不貴久，何也？」

靖曰：「兵，不得已而用之，安在為客且久哉？《孫子》曰：『遠輸則百姓貧（註三）。』此為客之弊也。又曰：『役不再籍，糧不三載（註四）。』此不可久之驗（註五）也。臣校量（註六）主客之勢，則有變客為主、變主為客之術。」

太宗曰：「何謂也？」

靖曰：「『因糧於敵（註七）』，是變客為主也；『飽能飢之，佚能勞之（註八）。』，變主為客也。故兵不拘主客、遲速，唯發必中節（註九），所以為宜（註十）。」

太宗曰：「古人有諸（註十一）？」

靖曰：「昔越伐吳（註十二），以左右二軍鳴鼓而進，吳兵分禦之。越以中軍潛涉不鼓，襲敗吳師。此變客為主之驗也。石勒與姬澹戰（註十三），澹兵遠來，勒遣孔萇（註十四）為前鋒逆擊澹軍，孔萇退而澹來追，勒以伏兵夾擊之，澹軍大敗。此變勞為佚之驗也。古人如此者多。」

註釋

註一　主：古代軍事術語，與「客」相對。大凡在各方面都有利，能掌握主動者，都可視為「主」方。

註二　客：古代軍事術語，與「主」相對。大凡各方不利，如地形陌生、天時人和不利，處於被動狀況，均可說是「客」方。

註三　遠輸則百姓貧：引《孫子兵法》〈作戰篇第二〉。

註四　役不再籍二句：同註三。

註五　驗：證明。
註六　校量：比較研究。
註七　因糧於敵：同註三。
註八　飽能飢之二句：引《孫子兵法》〈虛實篇第六〉。
註九　中節：合乎法度、剛好合適。
註十　所以為宜：指恰到好處時，使用起來得心順手，左右逢源。
註十一古人有諸：古人有此先例嗎？
註十二越代吳：指春秋末，范蠡助越王勾踐滅吳。可詳見：陳福成著，《大將軍范蠡研究》（台北：文史哲出版社，二〇一六年六月）。
註十三石勒與姬澹戰：石勒（二七四－三三三年），十六國時期後趙建立者。姬澹，史書又作「箕澹」，代（今河北蔚縣）人，晉侍中太尉劉琨部將。
註十四孔萇：石勒的部將。

【原典十七】

太公曰：「鐵蒺藜（註一）、行馬（註二），太公所制，是乎？」

靖曰：「有之，然拒敵而已。兵貴致人，非欲拒之也。太公《六韜》言守禦之具爾，非攻戰所施也。」

註釋

註一　鐵蒺藜：古代戰場上用來阻敵之障礙物。俗稱鐵菱角，也叫冷尖、渠答，鐵製三角形，有尖刺，狀如蒺藜，能阻止步兵、騎兵前進。

註二　行馬：古代軍隊的防禦裝備（也是武器），將刀箭等裝在車上，可以阻礙車騎通行。

第三章　卷下：攻守、將將、兵道

【原典一】

太宗曰：「太公云：『以步兵與車騎戰者，必依丘墓險阻（註一）。』又孫子云：『天隙之地，丘墓故城，兵不可處（註二）。』如何？」

靖曰：「用眾在乎心一，心一在乎禁祥去疑（註三）。儻主將有所疑忌，則群群搖；群情搖，則敵乘釁（註四）而至矣。安營據地，便乎人事而已。若澗、井、陷、隙之地及牢如羅之處（註五），人事不便者也，故兵家引而避之，防敵乘我。丘墓故城，非絕險處，我得之為利，豈宜反去之乎？太公所說，兵之至要也。」

太宗曰：「朕思凶器無甚於兵者，行兵苟便於人事，豈以避忌為疑？今後諸將有以陰陽拘忌失於事宜（註六）者，卿當丁寧（註七）誡之。」

靖再拜謝曰：「臣按《尉繚子》云：『黃帝以德守之，以刑伐之

（註八）。』是謂刑德，非天官時日之謂也（註九）。然詭道可使由之，不可使知之。後世庸將泥於術數，是以多敗，不可不誡也。陛下聖訓，臣當宣告諸將。」

註釋

註一　以步兵與車騎戰者二句，語出《姜太公兵法》〈犬韜．戰第六十〉。
註二　天隙之地三句，未見今本《孫子兵法》。
註三　禁祥去疑：禁止占卜、算卦等迷信活動，消除軍隊中士卒之疑惑。
註四　乘釁：乘機、乘隙。
註五　澗井陷隙之地句，引《孫子兵法》〈行軍篇第九〉。
註六　事宜：事理、事情。
註七　丁寧：同叮嚀。
註八　黃帝以德守之二句，引《尉繚子兵法》〈天官第一〉。
註九　非天官時日之謂也：此指黃帝刑德，不是天象陰陽忌諱那些說法。

【原典二】

太宗曰：「兵有分有聚，各貴適宜，前代事蹟，孰為善此者？」

靖曰：「苻堅總百萬之眾，而敗於淝水（註一），此兵能合不能分之所致也。吳漢討公孫述（註二），與副將劉尚分屯（註三），相去二十里，述來攻漢，尚出合擊，大破之，此兵分而能合之所致也。太公云：『分不分，為縻軍（註四）；聚不聚，為孤旅。』」

太宗曰：「然。苻堅初得王猛（註五），實知兵，遂取中原；及猛卒，堅果敗。此縻軍之謂乎？吳漢為光武所任，兵不遙制，故漢果平蜀。此不陷孤旅之謂乎？得失事蹟，足為萬代鑒！」

註釋

註一　苻堅總百萬二句，參〈卷上〉，原典七註釋。

註二　吳漢討公孫述：公孫述（？—三六年），東漢初扶風茂陵（今陝西興平東北）人，新莽時為蜀郡太守，後乘亂據益州（今四川）稱帝。光武帝即位後，建武十二年（三六年），吳漢率軍伐蜀，公孫述被殺。吳漢（？—四四年），南陽宛縣（今河南南陽）人，光武帝封廣平侯。

註三　與副將劉尚分屯：吳漢奉命討伐公孫述，進逼成都，吳漢屯兵江北，副將劉尚屯於江南，相去二十里，合擊公孫述，大敗之。

註四　縻軍：指揮失措的軍隊，自身受制，左右相互牽繫，因而不能自由行動。

註五　王猛：（三二五－三七五年），十六國時前秦大臣，北海劇（今山東壽光東南）人，通兵法，輔佐苻堅統一北方，官至丞相。他曾認為東晉無隙可乘，病危時建議苻堅不宜攻晉，苻堅不聽，致有淝水之敗。實在是一個智者。

【原典三】

太宗曰：「朕觀千章萬句，不出乎『多方以誤之（註一）』一句而已。」

靖良久曰：「誠如聖語。大凡用兵，若敵人不誤，則我師安能克哉？譬如弈棋，兩敵均焉，一著或失，竟（註二）莫能救。是（註三）古今勝敗，率（註四）由一誤而已，況多失者乎！」

註釋

註一　多方以誤之：意指可以運用一切手段，諸種方法，使敵人犯錯，誤導他們的作為。

註二　竟：終於。

註三　是：因此、是以。
註四　率：大約。

【原典四】

太宗曰：「攻守二事，其實一法歟？《孫子》言：『善攻者，敵不知其所守；善守者，敵不知其所攻（註一）。』即不言敵來攻我，我亦攻之；我若自守，敵亦守之。攻守兩齊，其術奈何（註二）？」

靖曰：「前代似此相攻相守者多矣！皆曰『守則不足，攻則有餘（註三）。』便謂不足為弱，有餘則強，蓋不悟攻守之法也。臣案《孫子》云：『不可勝者，守也；可勝者，攻也（註四）。』謂敵未可勝，則我且自守，待敵可勝，則攻之爾，非以強弱為辭也。後人不曉其義，則當攻而守，當守而攻，二役既殊，故不能一其法（註五）。」

太宗曰：「信乎！有餘、不足，使後人惑其強弱，殊不知守之法，要在示敵以不足，攻之法，要在示敵以有餘也。示敵以不足，則敵必來攻，此是敵不知其所攻者也；示敵以有餘，則敵必自守，此是敵不知其所守者也。攻守一法，敵與我分為二事。若我事得，則敵事敗；敵事得，則我事敗。得失成敗，彼我之事分焉。攻守者，一而已矣，得一者百戰百勝（註六）。故曰，『知彼知己，百戰不殆（註七）』，其知一之謂乎？」

靖再拜曰：「深乎，聖人之法也！攻是守之機，守是攻之策（註八），同歸乎勝而已矣。若攻不知守，守不知攻，不唯二其事，抑又二其官（註九），雖口誦孫、吳而心不思妙，攻守二齊之說，其孰能知其然哉？」

註釋

註一 善攻者四句，引《孫子兵法》〈虛實篇第六〉。

註二 攻守兩齊，其術奈何：攻守二者都相同重要，其中的道理又是怎樣呢？

註三 守則不足二句，引《孫子兵法》〈軍形篇第四〉。

註四 不可勝者四句，同註三。

註五 二役既殊，故不能一其法：攻守二事的根本道理都弄錯了，所以就不能使攻守的個別法則，把它統一起來運用。

註六 攻守者，一而已矣，得一者百戰百勝：攻守的道理，就只有一個，懂得這個道理的人，就能百戰百勝。

註七 知彼知己二句，引《孫子兵法》〈謀攻篇第三〉。

註八 攻是守之機，守是攻之策：攻是守的機變，守是攻的策略。

註九 不唯二其事，抑又二其官：不僅把攻守看成兩回事，還把他們職能分開。這是針對攻不知守、守不知攻的人說的。

【原典五】

太宗曰：「《司馬法》言：『國雖大，好戰必亡；天下雖平，亡戰必危（註一）。』此亦攻守一道乎？」

靖曰：「有國有家者（註二），曷嘗不講乎攻守也？夫攻者，不止攻其城擊其陳而已，必有攻其心之術焉；守者，不止完（註三）壁堅其陳而已，必也守吾氣而有待焉。大而言之，為君之道；小而言之，為將之法。夫攻其心者，所謂知彼者也；守吾氣者，所謂知己者也。」

太宗曰：「誠哉！朕常臨陳，先料敵之心與己之心孰審（註四），然後彼可得而知焉；察敵之氣與己之氣孰治，然後我可得而知焉。是以知彼知己，兵家大要。今之將臣，雖未知彼，苟能知己，則安有失利者哉！」

靖曰：「孫武所謂『先為不可勝』者，知己者也；『以待敵之可勝（註五）』者，知彼者也。又曰：『不可勝在己，可勝在敵（註六）。』

臣斯須不敢失此誡（註七）。」

註釋

註一　國雖大四句，引《司馬法》〈仁本第一〉。

註二　有國有家者：古代諸侯封地稱「國」，大夫封邑稱「家」。此與現代國、家定義不同。

註三　完：修築。

註四　審：周密、詳細。

註五　以待敵之可勝，引《孫子兵法》〈軍形篇第四〉。

註六　不可勝在己二句，同註五。

註七　臣斯須不敢失此誡：臣片刻也不忘這樣的訓誡。斯須，片刻、一會兒。

【原典六】

太宗曰：「《孫子》言三軍可奪氣之法：『朝氣銳，晝氣惰，暮氣歸。善用兵者，避其銳氣，擊其惰歸（註一）。』如何？」

靖曰：「夫含生（註二）稟血（註三），鼓作鬥爭，雖死不省者，氣使然也。故用兵之法，必先察吾士眾，激吾勝氣，乃可以擊敵焉。吳起四機（註四），以氣機為上，無他道也，能使人人自鬥，則其銳莫當。所謂朝氣銳者，非限時刻而言也，舉一日始末為喻也。凡三鼓（註五）而敵不衰不竭，則安能必使之惰歸哉？蓋學者徒誦空文，而為敵所誘。苟悟奪之之理，則兵可任矣（註六）。」

註釋

註一　朝氣銳六句，引《孫子兵法》〈軍爭篇第七〉。孫子所述，和春秋曹劌論戰所說「一鼓作氣，再而衰，三而竭」意思一樣，朝暮只是孫子的比喻。

註二　含生：指有生命的。

註三　稟血：稟受氣血。稟，承受。

註四　吳起四機：見《吳起兵法》〈論將第四〉。

註五　三鼓：古代作戰以擊鼓為進攻的指揮訊號，三鼓是第三次擊鼓。

註六　苟悟奪之之理，則兵可任矣：如果能夠悟得奪下敵人士氣的道理，就可以把軍隊交由他指揮了。

【原典七】

太宗曰：「卿嘗言李勣能兵法，久可用否？然非朕控御，則不可用也。他日太子治若何御之（註一）？」

靖曰：「為陛下計，莫若黜勣，令太子復用之，則必感恩圖報，於理何損乎？」

太宗曰：「善！朕無疑矣。」

太宗又曰：「李勣若與長孫無忌（註二）共掌國政，他日如何？」

靖曰：「勣忠義臣，可保任（註三）也。無忌佐命（註四）大功，陛下以肺腑之親委之輔相（註五），然外貌下士（註六），內實嫉賢。故尉遲敬德（註七）面折（註八）其短，遂引退焉；侯君集（註九）恨其忘舊，因以犯逆：皆無忌致其然也。陛下詢及臣，臣不敢避其說（註十）。」

太宗曰：「勿洩也，朕徐思其處置。」

註釋

註一　他日太子治若何御之：以後太子李治即位後，要如何控制他呢？李治，太宗第九個兒子，貞觀二十三年（六四九年），太宗死，治即即位，為唐高宗皇帝。

註二 長孫無忌：（？－六五九年），唐太宗長孫皇后之兄，河南洛陽人。唐初大臣、法律家。貞觀二十三年受命輔立高宗，後因反對高宗立武則天為后，為高宗所逐，自縊而亡。

註三 保任：擔保。

註四 佐命：古代帝王承天受命，故稱輔佐之臣為佐命。

註五 輔相：宰相。

註六 下士：禮賢下士。

註七 尉遲敬德：（五八五－六五八年），即尉遲恭，敬德是其字，朔州善陽（今山西朔縣）人。隋末從劉武周為將，後降唐，為唐初大將，曾任都督，晚年篤信方術，杜門不出。

註八 面折：當面斥責他人過失。

註九 侯君集：（？－六四三年），唐初大將，豳州三水（今陝西旬邑）人。貞觀十七年（六四三年），與廢太子承乾謀反，被殺。

註十 臣不敢避其說：臣不敢避開事實而不說。

【原典八】

太宗曰：「漢高祖能將（註一）將，其後韓（註二）、彭（註三）見誅，蕭何（註四）下獄，何故如此？」

靖曰：「臣觀劉、項（註五）皆非將將之君。當秦之亡也，張良本為韓報仇，陳平（註六）皆怨楚不用，故假漢之勢自為奮爾。至於蕭、曹（註七）、樊（註八）、灌（註九），悉由亡命，高祖因之以得天下。設使六國之後復立，人人各懷其舊，則雖有能將將之才，豈為漢用哉？臣謂漢得天下，由張良借箸之謀（註十），蕭何漕輓之功（註十一）也。以此言之，韓、彭見誅，范增不用（註十二），其事同也。臣故謂劉、項皆非將將之君。」

太宗曰：「光武中興，能保全功臣，不任以吏事，此則善於將將乎？」

靖曰：「光武雖藉前構（註十三），易於成功，然莽勢不下於項籍，寇（註十四）、鄧（註十五）未越於蕭、張，獨能推赤心、用柔治保全功臣，賢於高祖遠矣！以此論將將之道，臣謂光武得之。」

註釋

註一　將：統率、統御、駕御。

註二　韓：韓信（？－前一九六年），淮陰（江蘇靖江西南）人。初屬項羽，後投劉邦，助其統一天下，韓信用兵如神，素有「兵仙」美名。惜於西元一九六年，被誣謀反，為呂后所殺。

註三　彭：彭越（？－前一九六年），昌邑（山東金鄉西北）人，秦末聚眾起兵，率三萬餘歸附劉邦，屢建大功，封梁王。後因被告謀反，被殺！

註四　蕭何：（？－前一九三年），沛縣（今在江蘇）人，和劉邦同鄉，在楚漢戰爭中，他功在後勤（物力、兵力）補給。後封酇侯，為漢相國，因奏請開放上林苑為耕地，觸怒劉邦，下獄。

註五　項：項羽（前二三二－前二〇二）。略述。

註六　陳平：（？－前一七八年），陽武（今河南原陽東南）人，漢初政治家。惠帝、呂后時任丞相，呂后死，他和周勃定計，誅殺呂產、呂祿等，迎立文帝，任丞相。

註七　曹：曹參（？－前一九〇年），沛縣人，隨劉邦起兵，屢建戰功，後封平陽侯。接蕭何後為漢惠帝丞相，大計方針仍延蕭何路線，留下「蕭規曹隋」一個成語之名。

註八　樊：樊噲（？—前一八九年），沛縣人，隨劉邦起兵，以軍功封賢成君，曾任左丞相，封舞陽侯。

註九　灌：灌嬰（？—前一七六年），睢陽（今河南商丘南）。以軍功封潁陰侯，後與陳平、周勃一起平定呂氏叛亂，迎立文帝，任太尉，不久再任丞相。

註十　張良借箸之謀：按《史記．留侯世家》述，楚漢相爭，酈食其勸劉邦立六國後代，共同攻楚。劉邦正在吃飯，張良入見，言此計不可行，乃請求用劉邦的筷子來說明形勢。指出：恢復了六國，天下人才各歸其主，你要和誰一起取天下？劉邦大悟，採張良的意見。「借箸」一詞，後又用來指代人策劃。

註十一　漕輓：運輸糧餉。水運叫漕，陸運叫輓。

註十二　范增不用：范增（前二七七—前二〇四年），居鄛（今安徽桐城南）人，項羽主要謀士。因劉邦以離間計，使項羽懷疑范增，忿而離去，途中病死。

註十三　前構：前人建立的基礎。

註十四　寇：寇恂（？—西元三六年），東漢初上谷昌平（今在北京市）人，助光武取天下。歷任潁川、汝南太守，封雍奴侯。

註十五　鄧：鄧禹（西元二—五八年），東漢初南陽新野（今河南新野南）人，助光武平定諸亂，統一全國後，封高密侯。

【原典九】

太宗曰：「古者出師命將，齋三日，授之以鉞，曰：『從此至天，將軍制之。』又授之以斧，曰：『從此至地，將軍制之。』又推其轂（註一），曰：『進退唯時。』既行，軍中但聞將軍之令，不聞君命。朕謂此禮久廢，今欲與卿參定遣將之儀（註二），如何？」

靖曰：「臣竊謂聖人制作致齋（註三）於廟者，所以假威於神也；授斧鉞又推其轂者，所以委寄以權也。今陛下每有出師，必與公卿議論，告廟（註四）而後遣，此則邀以神至矣；每有任將，必使之便宜（註五）從事，此則假以權重矣。何異於致齋推轂邪？盡合古禮，其義同焉，不須參定。」

上曰：「善！」乃命近臣書此二事，為後世法。

註釋

註一　轂：車輪中間車軸貫入處的圓木。此處指車。

註二　參定遣將之儀：參照古禮，制定派遣將領的禮儀。

註三　致齋：舉行祭祀或典禮以前，清淨身心的禮式。大致是事前三日，不飲酒食葷，不與妻妾同房，整潔身心，祭祀前沐浴更衣，以示虔誠。

註四　告廟：有國之大事，在宗廟告於祖先，以表示虔誠，並祈福祐，使國之大事能順利成功。

註五　便宜：因利乘便，見機行事。

【原典十】

太宗曰：「陰陽術數，廢之可乎？」

靖曰：「不可。兵者詭道也，托之以陰陽術數，則使貪使愚（註一），茲（註二）不可廢也。」

太宗曰：「卿嘗言天官時日明將不法，闇者拘之（註三）。廢亦宜然？」

靖曰：「昔紂以甲子日亡，武王以甲子日興，天官時日，甲子一也，殷亂周治，興亡異焉。又宋武帝以往亡日起兵（註四），軍吏以為不可，帝曰：『我往彼亡。』果克之。由此言之，可廢明矣。然而田單（註五）為燕所圍，單命一人為神，拜而祠（註六）之，神言：『燕可破。』單於是以火牛出擊燕，大破之。此是兵家詭道。天官時日，亦猶此也。」

太宗曰：「田單托神怪而破燕，太公焚蓍龜而滅紂（註七），二事相反，何也？」

靖曰：「其機一也（註八），或逆而取之，或順而行之是也。昔太公佐武王至牧野，遇雷雨，旗鼓毀折，散宜生（註九）欲卜吉而後行。此則因軍中疑懼，必假卜以問神焉。太公以謂腐草枯骨無足問，且以臣伐君，豈可再乎（註十）？然觀散宜生發機於前，太公成機於後，逆順雖異，其理致則同（註十一）。臣前所謂術數不可廢者，蓋存其機於未萌也，及其成功，在人事而已矣。」

註釋

註一　托之以陰陽術數，則使貪使愚：意思說：用兵這種詭詐之法，假托於陰陽術數，可以驅使貪婪愚笨之人。太宗問可廢否？李靖說不可廢，因詭道有其功能。

註二　茲：此、這。

註三　明將不法，闇者拘之：意思說：星象時日這些忌諱，有智慧的將領不會作為用兵法則，只有愚笨的將領才會受其拘忌。

註四 宋武帝以亡日起兵：宋武帝，即劉裕（三六三－四二二年），南朝宋的建立者。劉裕任東晉將領時，曾在晉元熙二年（四二〇年），率軍伐南燕，定於丁亥日攻城，人言「丁亥日是往亡日，不利行師」。劉裕說「我往彼亡，何為不利？」於是猛攻，虜南燕王慕容超，大勝而歸。

註五 田單：戰國時齊將，臨淄（今山東淄博東北）人。燕將樂毅破齊時，他堅守在即墨（今山東平度東南），他先使反間計，使燕惠王改用騎劫替代樂毅為將，最終以「火牛陣」大敗燕軍。

註六 祠：祈禱。

註七 蓍龜：蓍草和龜，都是古代卜筮的用具。

註八 其機一也：機巧靈變的心計是一樣的道理。

註九 散宜生：西周初年大臣，曾輔佐周文王，後又助武王滅商。

註十 以臣伐君，豈可再乎：意思說：武王伐紂是以臣的身份伐君主，哪裡可以有第二次機會？

註十一 逆順雖異，其理致則同：逆取或順行，雖程序有所不同，但旨趣是相同的。

【原典十一】

太宗曰：「當今將帥，唯李勣、道宗、薛萬徹，除道宗以親屬外，孰堪大用？」

靖曰：「陛下嘗言勣、道宗用兵不大勝亦不大敗，萬徹若不大勝即須大敗。臣愚思聖言，不求大勝亦不大敗者，節制之兵也（註一）；或大勝或大敗者，幸而成功者也（註二）。故孫武云：『善戰者，立於不敗之地，而不失敵之敗也（註三）。』節制在我云爾（註四）。」

註釋

註一　節制之兵：紀律嚴明的軍隊。

註二　幸而成功：靠運氣才獲勝的軍隊。

註三　善戰者三句，引《孫子兵法》〈軍形篇第四〉。

註四　節制在我云爾：成為一支有紀律的部隊，就全靠自身的整飭嚴明而已。

【原典十二】

太宗曰：「兩陳相臨，欲言不戰，安可得乎？」

靖曰：「昔秦師伐晉，交綏而退（註一）。《司馬法》曰：『逐奔不遠，縱綏不及（註二）。』臣謂綏者，御轡之索也（註三）。我兵既有節制，彼敵亦正行伍，豈敢輕戰哉？故有出而交綏，退而不逐，各防其失敗者也。孫武云：『勿擊堂堂之陳，無邀正正之旗（註四）。』若兩陳體均勢等，苟一輕肆，為其所乘，則或大敗，理使然也。是故兵有不戰，有必戰；夫不戰者在我，必戰者在敵。」

太宗曰：「不戰在我，何謂也？」

靖曰：「孫武云：『我不欲戰者，畫地而守之，敵不得與我戰者，乖其所之也（註五）。』敵有人焉，則交綏之間未可圖也，故曰不戰在我。夫必戰在敵者，孫武云：『善動敵者，形之，敵必從之；予之，敵必取之，以利動之，以本待之（註六）。』敵無人焉，則必來戰（註七），吾得以乘而破之，故曰必戰者在敵（註八）。」

太宗曰：「深乎！節制之兵。得其法則昌，失其法則亡。卿為纂述歷代善於節制者，具圖來上，朕當擇其精微，垂於後世。」

靖曰：「臣前所進黃帝、太公二陳圖，並《司馬法》、諸葛亮奇正之法，此已精悉，歷代名將用兵一二而成功者亦眾矣；但史官鮮克知兵，不能紀其實蹟焉。臣敢（註九）不奉詔，當纂述以聞。」

註釋

註一　交綏而退：兩軍相接，又各自撤退。

註二　逐奔不遠，縱綏不及：語出《司馬法》〈天子之義第二〉，意說：追逐敗逃之敵不可太遠，跟蹤退卻之敵不可太緊。縱，通從。

註三　轡：馬繮繩。

註四　勿擊堂堂之陳二句，引《孫子兵法》〈軍爭篇第七〉。

註五　我不欲戰者四句，引《孫子兵法》〈虛實篇第六〉。

註六　善動敵者七句，引《孫子兵法》〈兵勢篇第五〉。

註七　敵無人焉，則必來戰：如果敵軍陣營中沒有能人，必受我假象引誘，出兵前來與我交戰。

註八　吾得以乘而破之，故曰必戰者在敵：一場戰役之所以必戰，在於敵人給我軍有了可乘之機，可以乘機擊敗敵人。

註九　敢：此處是反語，即不敢、豈敢之意。

【原典十三】

太宗曰：「兵法孰為最深者？」

靖曰：「臣常分為三等，使學者當漸而至焉。一曰道，二曰天地，三曰將法（註一）。夫道之說至微至深，《易》（註二）所謂聰明睿智神武而不殺（註三）者是也。夫天之說陰陽，地之說險易。善用兵者，能以陰奪陽，以險攻易，孟子所謂天時地利者是也。夫將法之說在乎任人利器，《三略》所謂得士者昌，管仲所謂器必堅利者（註四）是也。」

太宗曰：「然。吾謂不戰而屈人之兵者上也。百戰百勝者中也，深溝高壘以自守者下也。以是校量（註五），孫武著書，三等皆具焉。」

靖曰：「觀其文，迹（註六）其事，亦可差別矣。若張良、范蠡、孫武，脫然高引（註七），不知所往，此非知道，安能爾（註八）乎？若樂毅、管仲、諸葛亮戰必勝，守必固，此非察天時地利，安能爾乎？其次王猛之保秦，謝安（註九）之守晉，非任將擇材，繕完（註十）自固，安能爾乎？故習兵之學，必先繇（註十一）下以及中，繇中以及上，則漸而深矣。不然，則垂空言，徒記誦，無足取也。」

太宗曰：「道家忌三世為將者，不可妄傳也，不可不傳也，卿其慎之！」

靖再拜出，盡傳其書與李勣。

註釋

註一　一曰道，二曰天地，三曰將法：李靖兵法三等級，源自《孫子兵法》〈始計篇第一〉之五事：道、天、地、將、法。

註二　易：就是《易經》，中國思想哲學重要經典，也叫《周易》，分經、傳兩部份。

註三　聰明睿智神武而不殺：語出《易經．繫辭上》，按《直解》云：「聰是無所不聞，明是無所不見，睿是無所不通，智是無所不知，變化莫測謂之神，平定禍亂謂之武。不殺者，不用威刑而服萬方也。」

註四　器必堅利：攻戰之器一定要堅固銳利。

註五　校量：比較、衡量。

註六　迹：考核、推究。

註七　脫然高引：不受功名所累，超然地激流勇退。

註八　爾：如此。

註九　謝安：（三二〇—三八五年），東晉政治家，陳郡陽夏（今河南太康）人，孝武帝時宰相。時前秦強盛，太元八年（三八三年），苻堅率前秦百萬大軍南下，江東震驚。他使弟謝石與姪謝玄為將，力拒秦軍，在淝水大敗秦軍，並乘機北伐，收復數州。

註十　繕完：修治完善。

註十一　繇：通由。

第六部　黃石公兵法

漢朝開國軍師張良，在年輕的時候，有一天在下邳這地方，遇到一個褐衣老人坐在橋邊。老人故意把鞋子丟到橋下，要他去撿起來並穿到腳上，張良忍著氣照做。老人說：「孺子可教，三天後的黎明再來這裡。」說完就離開了。三天後的黎明張良到了，老人已先到。「怎麼可以讓老人等你，三天後再來。」三天後張良到，又晚了一步。

第三次張良乾脆半夜就到橋邊等，老人來了，給他一卷書，並說：「讀這本書，可為王者師。」

據說，這位老人就是黃石公，這一卷兵書就是《三略》，後世也稱《黃石公兵法》。但傳言《三略》也是姜太公兵法的一部份，惟年代久遠，已難以考證其真正的作者。

「略」就是一種計謀，分上略、中略、下略三篇。在眾多兵書中，能入選「武經」之一，必有其穿透時空的價值。

第一章 上略：治國、統軍、人才

【原典一】

夫主將之法，務攬英雄之心，賞祿有功，通志於眾。故與眾同好，靡不成（註一）；與眾同惡，靡不傾（註二）。治國安家，得人也；亡國破家，失人也。含氣之類，咸願得其志。（註三）

《軍讖》曰：「柔能制剛，弱能制強。」柔者，德（註四）也；剛者，賊（註五）也。弱者人之所助，強者怨之所攻。柔有所設，剛有所施，弱有所用，強有所加（註六），兼此四者而制其宜。端末未見，人莫能知，天地神明，與物推移，變動無常，因敵轉化，不為事先，動而輒隨。故能圖制無疆（註七），扶成天威，匡正八極（註八），密定（註九）九夷（註十）。如此謀者，為帝王師。故曰，莫不貪強，鮮能守微。

若能守微，乃保其生（註十一）。聖人存之，動應事機。舒之彌四海，卷之不盈懷（註十二），居之不以室宅，守之不以城郭，藏之胸臆，而敵國服。《軍讖》曰：「能柔能剛，其國彌光；能弱能強，其國彌彰。純柔純弱，其國必削（註十三）；純剛純強，其國必亡（註十四）。」

註釋

註一　與眾同好，靡不成：跟士卒有共同的心願，就沒有什麼事情辦不成。

註二　與眾同惡，靡不傾：跟士卒一樣同仇敵愾，就沒有什麼敵人是打不倒的。

註三　含氣之類，咸願得其志：人都希望實現自己的志向心願。含氣之類，指有生命、意識的眾生，此處就是指人。

註四　《軍讖》，是一部上古兵書，已佚・德，指生養萬物的品質或屬性。

註五　賊：指消滅萬物的品質或屬性。

註六　柔有所設，剛有所施，弱有所用，強有所加：柔的一面能有所具備，剛的一面也能有所實踐，弱的一面也能有所利用，強的一面也可以施行無阻。

註七　無疆：無所限制、無往不利。

註八　八極：形容可以達四面八方極遠的地方。

註九　密定：安定。密，通宓。

註十　九夷：古代東方部落的統稱。

註十一若能守微，乃保其生：指能把握住柔弱剛強這些微妙變化，就可以保住自己的生命。

註十二舒之彌四海，卷之不盈懷：運用起來可以影響到全天下，收斂起來可以典藏在自己心中。

註十三純弱純柔，其國必削：一味地只有用柔示弱，國家一定會被削弱。

註十四純剛純強，其國必亡：始終對他國用剛用強，國家必定走向滅亡。

【原典二】

夫為國之道，恃賢與民。信賢如腹心，使民如四肢，則策無遺。所適（註一）如支體相隨，骨節相救，天道自然，其巧無間。軍國之要，察眾心，施百務。危者安之，懼者歡之，叛者還之，冤者原之（註二），訴者察之，卑者貴之（註三），強者抑之，敵者殘之（註四），貪者豐之，欲者使之，畏者隱之（註五），謀者近之，讒者覆之（註六），毀者復之（註七），反者廢之（註八），橫者挫之，滿者損之，歸者招之，服者居之，降者脫之（註九）。

獲固守之，獲阨塞之（註十），獲難屯之，獲城割之，獲地裂之，獲財散之。敵動伺之，敵近備之，敵強下之（註十一），敵佚去之（註十二），敵陵待之。敵暴綏之，敵悖義之，敵睦攜之（註十三）。順舉挫之，因勢破之，放言過之（註十四），四綱羅之。得而勿有（註十五），居而勿守，拔而勿久，立而勿取。為者則己，有者則士，焉知利之所在，彼為諸侯，己為天子，使城自保，令士自處。（註十六）

註釋

註一　所適：所往，所做的事。

註二　冤者原之：使蒙受冤情的人，得到平反。

註三　卑者貴之：使卑微的人，得到敬重。

註四　敵者殘之：使敵對的人，受到摧毀。

註五　畏者隱之：有隱私的人得到保密。此處的「畏者」，是指曾有罪過的人，怕為人所知。

註六　讒者覆之：使進讒言的人沒有機會。

註七　毀者復之：使毀謗的人不易成功。

註八　反者廢之：造反的人要清除掉。

註九　降者脫之：使投降的人得到赦免。脫，意說開脫他的罪過，赦免之意。

註十　獲阨塞之：佔領了險隘的地方，要控制好。

註十一敵強下之：碰到強大的敵人，要故意示弱，養成敵人驕傲之氣。
註十二敵佚去之：敵眾我寡時，要避開敵人的鋒芒。佚，通軼，可解為超過。
註十三敵睦攜之：敵方內部和睦，就設法離間他。攜，可作離間解。
註十四放言過之：散佈虛假情報，誘使敵人發生錯誤行為。此處放言，是指任意放出不實之言論。
註十五得而勿有：得到了勝利戰果，功績不可盡歸自己所有。
註十六為者則己……令士自處七句：句意不明，據《三略直解》，認為其中有缺文誤字。惟這七句大意可解為：有所作為在己，有功歸於將士。這樣做有什麼好處呢？別人做諸侯，自己當天子，各城邑都能自保安全，就讓大家自處安居吧！

【原典三】

世能祖祖（註一），鮮能下下（註二）。祖祖為親，下下為君（註三）。下下者，務耕桑，不奪其時，薄賦斂，不匱其財，罕徭役，不使其勞，則國富而家娛，然後選士以司牧（註四）之。夫所謂士者，英雄也。故曰：「羅其英雄，則敵國窮。」英雄者，國之幹；庶民者，國之本。得其幹，收其本，則政行而無怨。

夫用兵之要，在崇禮而重祿。禮崇則智士至；祿重則義士輕死。故祿賢不愛財，賞功不踰時，則下力并（註五），敵國削。夫用人之道，尊以爵，贍（註六）以財，則士自來；接以禮，勵以義，則士死之。

註釋

註一 祖祖：尊敬祖先。第一個祖當動詞，尊敬。
註二 下下：愛護人民。第一個下當動詞，愛護。
註三 祖祖為親，下下為君：尊敬祖先是親情，愛護人民才是盡了為君的職責。
註四 司牧：治理人民。
註五 下力并：使屬下同心協力。并，合一之意。
註六 贍：供養。

【原典四】

夫將帥者，必與士卒同滋味而共安危，敵乃可加（註一）。故兵有全勝，敵有全因（註二）。昔者良將之用兵，有饋簞醪者（註三），使投諸河，與士卒同流而飲。夫一簞之醪，不能味一河之水，而三軍之士思為致死者，以滋味之及己也。《軍讖》曰：「軍井未達，將不言渴；軍幕（註四）未辦，將不言倦；軍竈未炊，將不言飢。冬不服裘，夏不操扇，雨不張蓋，是為將禮。」與之安，與之危，故其眾可合而不可離，可用而不可疲，以其恩素蓄、謀素合也（註五）。故曰：「蓄恩不倦，以一取萬（註六）。」

註釋

註一　加：此處當凌加，引申為制敵取勝之意。

註二　敵有全因：敵人的軍隊徹底毀滅。因，通湮，引為湮沒、敗亡之意。

註三　簞醪：一簞美酒。簞，是古代用竹做的盛器，醪，就是美酒。

註四　軍幕：軍隊在野外搭建，做為辦公處所的帳幕，通常指將帥作戰指揮的「指揮所」。

註五　以其恩素蓄，謀素合也：因為平時就已經積蓄了恩德，所以將帥和士卒平時也都心心相合的。

註六　蓄恩不倦，以一取萬：身為指揮官的人，要經常不倦地在士卒身上，積蓄恩德，就可以一己的恩德，換取軍隊萬眾一心的支持。

【原典五】

《軍讖》曰：「將之所以為威者，號令也；戰之所以全勝者，軍政（註一）也；士之所以輕戰者，用命也（註二）。」故將無還令（註三），賞罰必信；如天如地（註四），乃可御人；士卒用命，乃可越境。

夫統軍持勢者，將也；制勝破敵者，眾也。故亂將（註五）不可使保軍，乖眾（註六）不可使伐人。攻城則不拔，圖邑則不廢（註七），二者無功，則士力疲弊。士力疲弊，則將孤眾悖，以守則不固，以戰則奔北（註八），是謂老兵（註九）。

兵老則將威不行；將無威則士卒輕刑；士卒輕刑則軍失伍（註十）；軍失伍則士卒逃亡；士卒逃亡則敵乘利；敵乘利則軍必喪。

註釋

註一　軍政：軍事行政。包含招兵、教育、訓練、管理、裝備武器、糧彈補給等後勤都是。

註二　士之所以輕戰者，用命也：士卒之所以不怕作戰，是因為能服從命令。

註三　還令：命令既出不能收回。

註四　如天如地：比喻準確無誤。
註五　亂將：治軍不嚴，號令不明，指揮沒有章法的將帥，導致軍隊喪亂。
註六　乖眾：紀律敗壞的士卒。
註七　圖邑則不廢：謀取一座小城，也無力拿下。
註八　奔北：敗走。
註九　老兵：精疲力憊、又不中用的軍隊。
註十　失伍：脫離建制、流於混亂。

【原典六】

《軍讖》曰：「良將之統軍也，恕（註一）己而治人，推惠施恩，士力日新，戰如風發，攻如河決。」故其眾可望而不可當，可下而不可勝（註二）。以身先人，故其兵為天下雄。

《軍讖》曰：「軍以賞為表，以罰為裡（註三）。」賞罰明，則將威行；官人（註四）得，則士卒服；所任賢，則敵國震。

《軍讖》曰：「賢者所適，其前無敵。」故士可下（註五）而不可驕，將可樂而不可憂（註六），謀可深而不可疑。士驕則下不順，將憂則內外（註七）不相信，謀疑則敵國奮。以此攻伐則致亂。夫將者，國之命也，將能制勝，則國家安定。

註釋

註一　恕：儒家思想中一種人生修養的境界，即以仁愛之心，推己及人，達到人我關係和諧的境界。

註二　可下而不可勝：只能投降，不能戰勝。

註三　此句之表、裡，表示二者相輔相成，缺一不可。

註四　官人：官吏。

註五　下：自表謙卑，即表示尊重。

註六　將可樂而不可憂：意思說：君主對待將帥，宜使其感受重用信任之樂，而無被讒受害之憂。

註七　內外：內指君，外指將。

【原典七】

《軍讖》曰：「將能清，能靜，能平，能整，能受諫，能聽訟（註一），能納人，能採言，能知國俗，能圖山川（註二），能表險難（註三），能制軍權。」故曰，仁賢之智，聖明之慮，負薪之言（註四），廊廟（註五）之語，興衰之事，將所宜聞。將者能思士如渴，則策從焉。夫將拒諫，則英雄散；策不從，則謀士叛；善惡同（註六），則功臣倦；專己（註七），則下歸咎；自伐（註八），則下少功；信讒，則眾離心；貪財，則姦不禁；內顧（註九），則士卒淫。將有一，則眾不服；有二，則軍無式（註十）；有三，則下奔北；有四，則禍及國。

註釋

註一　能聽訟：能聽理訴訟，決斷是非。

註二　圖山川：掌握山川形勢。

註三　能表險難：明白險難。表，明瞭。

註四　負薪之言：一般平民的意見。負薪，背柴，指一般無官位的百姓。

註五　廊廟：宮廷。

註六　善惡同：言不分善惡，即賞罰不明。

註七　專己：一意孤行，盡逞己意。

註八　自伐：自誇。

註九　內顧：迷戀女色。

註十　軍無式：軍隊沒有章法。

【原典八】

《軍讖》曰：「將謀欲密，士眾欲一，攻敵欲疾。」將謀密，則姦心閉；士眾一，則軍心結；攻敵疾，則備不及設。軍有此三者，則計不奪（註一）。將謀泄，則軍無勢；外闚內（註二），則禍不制；財入營（註三），則眾姦會。將有此三者，軍必敗。

將無慮（註四），則謀士去；將無勇，則吏士恐；將妄動，則軍不重；將遷怒，則一軍懼。《軍讖》曰：「慮也，勇也，將之所重；動也，怒也，將之所用（註五）。」此四者，將之明誡也。

《軍讖》曰：「軍無財，士不來；軍無賞，士不往。」《軍讖》曰：「香餌之下，必有懸魚；重賞之下，必有死夫。」故禮者，士之所歸；賞者，士之所死。招其所歸（註六），示其所死（註七），則所求者至。故禮而後悔者，士不止（註八）；賞而後悔者，士不使（註九）。禮賞不倦，則士爭死。

註釋

註一　計不奪：計策不會有差錯。奪，誤差、過失。

註二　外闚內：讓敵人窺探內情。

註三　財入營：不義之財流入軍隊。
註四　將無慮：將領沒有周密思慮頭腦。
註五　動也，怒也，將之所用：適時採取行動，必要時動怒，這是將帥策略運用的手段。
註六　招其所歸：用他所樂於歸附的禮式，招請他來。
註七　示其所死：用他所願意效死的賞法，誘請他來。
註八　禮而後悔者，士不止：先以禮相迎相待，之後就改變了態度，士就不願意再留用。
註九　賞而後悔者，士不使：先以賞誘得而來，之後態度改變了，士就不肯再受驅使。

【原典九】

《軍讖》曰：「興師之國，務先隆恩；攻取之國，務先養民。以寡勝眾者，恩也（註一）；以弱勝強者，民也（註二）。」故良將之養士，不易於身（註三），故能使三軍如一心，則其勝可全。

《軍讖》曰：「用兵之要，必先察敵情：視其倉庫，度其糧食，卜其強弱，察其天地，伺其空隙。」故國無軍旅之難而運糧者，虛也；民菜色者，窮也。千里饋糧，民有飢色；樵蘇（註四）後爨（註五），師不宿飽（註六）。夫運糧千里，無一年之食；二千里，無二年之食；三千里，無三年之食，是謂國虛。國虛則民貧，民貧則上下不親。敵攻其外，民盜其內，是謂必潰。

《軍讖》曰：「上行虐則下急刻（註七），賦斂重數，刑罰無極，民相殘賊（註八），是謂亡國。」

《軍讖》曰：「內貪外廉（註九），詐譽取名，竊公為恩（註十），令上下昏，飾躬正顏（註十一），以獲高官，是謂盜端。」

註釋

註一　以寡勝眾者，恩也：軍隊作戰之所以能以寡勝眾，是因為官兵都得到恩惠。

註二　以弱勝強者，民也：而能以弱勝強，是因為人民得到養育。

註三　不易於身：如對待自身一樣。

註四　樵蘇：砍柴割草。蘇，打草。

註五　爨：升火做飯。

註六　師不宿飽：有一頓沒一頓，三餐不正常。

註七　上行虐則下急刻：在上的君主，如果暴虐無道，在下的臣子也會嚴峻苛刻。

註八　刑罰無極，民相殘賊：國家濫用刑罰，沒有限度，人民就會相互攻殺。

註九　內貪外廉：內心貪婪，外表廉潔。

註十　竊公為恩：盜用國家公有資源，以行私惠。

註十一　飾躬正顏：偽裝成正派的樣子。

【原典十】

《軍讖》曰：「群吏朋黨，各進所親，招舉姦枉，抑挫仁賢，背公立私，同位相訕（註一），是謂亂源。」

《軍讖》曰：「強宗聚姦，無位而尊，威無不震，葛藟（註二）相連，種德立恩，奪在位權，侵侮下民，國內譁諠，臣蔽不言（註三），是謂亂根。」

《軍讖》曰：「世世作姦，侵盜縣官（註四），進退求便，委曲弄文，以危其君，是謂國姦。」

《軍讖》曰：「吏多民寡，尊卑相若（註五），強弱相虜（註六），莫適禁禦（註七），延及君子（註八），國受其咎（註九）。」

《軍讖》曰：「善善不進（註十），惡惡不退（註十一），賢者隱蔽，不肖在位，國受其害。」

《軍讖》曰：「枝葉強大（註十二），比周居勢（註十三），卑賤陵貴，久而益大，上不忍廢，國受其敗。」

註釋

註一　同位相訕：同僚之間相互毀謗。

註二　葛藟：蔓生植物。形容豪門有複雜的關係網，像葛藤類植物般蔓延相連。

註三　臣蔽不言：群臣隱瞞，不說實情。

註四　世世作姦，侵盜縣官：世襲為官，世代為惡，侵占盜取天子的權柄。在西漢時，常叫天子為縣官。

註五　尊卑相若：尊卑不分。

註六　強弱相虜：以強凌弱。

註七　莫適禁禦：不能禁止。適，之、往也。禦，制止。

註八　延及君子：禍及在位的人。古代稱在位做官的人為君子。

註九　咎：害、受害。

註十　善善不進：喜歡好人，卻不進用。

註十一惡惡不退：討厭惡人，卻不摒退。
註十二枝葉強大：形容宗室旁支，勢力強大。
註十三比周居勢：結黨營私，形成一股勢力。

【原典十一】

《軍讖》曰：「佞臣在上，一軍皆訟（註一）。引威自與（註二），動違於眾。無進無退，苟然取容（註三）。專任自己，舉措伐功（註四）。誹謗盛德，誣述庸庸（註五）。無善無惡，皆與己同（註六）。稽留行事，命令不通，造作苛政，變古易常。若用佞人，必受禍殃。」

《軍讖》曰：「姦雄相稱，障蔽主明；毀譽並興（註七），壅塞主聰，各阿所私，令主失忠（註八）。

故主察異言，乃覩其萌；主聘儒賢，姦雄乃遯（註九），主任舊齒（註十），萬事乃理；主聘巖穴，士乃得實（註十一）；謀及負薪，功乃可述（註十二），不失人心，德乃洋溢。

註釋

註一　一軍皆訟：全軍上下都發出不平議論。

註二 引威自與：仗勢橫行，為所欲為。

註三 苟然取容：只是一味媚上，討取君主歡心。

註四 專任自己，舉措伐功：剛愎自用，動輒誇功。伐，當誇也。

註五 誣述庸庸：對庸碌無能之輩，妄加稱揚。

註六 無善無惡，皆與己同：善惡沒有一定標準，一切都只看是否和自己利益相同。

註七 毀譽並與：顛倒黑白的毀謗與吹捧。

註八 各阿所私，令主失忠：各自庇護自己的親信，使得君主失去忠臣。

註九 遯，通遁。

註十 舊齒：德高望重的長者。

註十一主聘巖穴，士乃得實：君主任用隱逸才士，他們就能發揮真實才能。

註十二謀及負薪，功乃可述：謀事要能合乎廣大人民的心意，才能成就值得稱頌的功業。

第二章　中略：興衰、君臣、概說

【原典一】

夫三皇（註一）無言而化流四海，故天下無所歸功。帝（註二）者，體天則地，有言有令，而天下太平。君臣讓功，四海化行，百姓不知其所以然。故使臣不待禮賞，有功，美而無害。王（註三）者，制人以道，降心服志，設矩備衰，四海會同（註四），王職不廢。雖有甲兵之備，而無鬥戰之患。君無疑於臣，臣無疑於主，國定主安，臣以義退，亦能美而無害。霸（註五）者，制士以權，結士以信，使士以賞。信衰則士疏；賞虧則士不用命（註六）。

《軍勢》（註七）曰：「出軍行師，將在自專（註八）；進退內御，則功難成（註九）。」

註釋

註一　三皇：吾國之遠古帝王。各種文獻所記不同，如《史記》說天皇、地皇、泰皇；《河圖》說天皇、地皇、人皇。

註二　帝：五帝，皆吾國上古帝王。多種文獻所記不同，如《史記・五帝本紀》是黃帝、顓頊、帝嚳、唐堯、虞舜；《尚書・序》是少昊（皞）、顓頊、高辛（帝嚳）、唐堯、虞舜。

註三　王：指三王。即夏、商、周三個朝代的開國者：禹、湯、文王。

註四　會同：諸侯共同朝見天子。

註五　霸：指五霸。即齊桓公、晉文公、宋襄公、秦穆公、楚莊王；後另有指稱：齊桓公、晉文公、楚莊王、吳王闔閭、越王勾踐。

註六　不用命：不服從命令。

註七　《軍勢》：古兵書，已佚。

註八　自專：獨斷專行。

註九　進退內御，則功難成：軍隊在外作戰，如果進退都要受君主統御，就難以有所成功。

【原典二】

《軍勢》曰：「使智、使勇、使貪、使愚。智者樂立其功，勇者好行其志，貪者邀趨（註一）其利，愚者不顧其死。因其至情而用之，此軍之微權（註二）也。」

《軍勢》曰：「無使辯士談說敵美（註三），為其惑眾；無使仁者主財，為其多施而附於下。」

《軍勢》曰：「禁巫祝（註四），不得為吏士卜問軍之吉凶。」

《軍勢》曰：「使義士不以財。故義者不為不仁者死；智者不為暗主（註五）謀。」

註釋

註一　邀趨：求取。

註二　軍之微權：用兵掌權最微妙的所在。

註三　說敵美：談論敵人的長處。

註四　禁巫祝：指軍隊裡面要禁止巫祝活動。所謂「巫祝」，是古代一種預言吉凶、能通鬼神的職業工作者。在現代社會裡，依然有很多這種「職業」。

註五　暗主：昏君。

【原典三】

主不可以無德，無德則臣叛；不可以無威，無威則失權。臣不可以無德，無德則無以事君；不可以無威，無威則國弱，威多則身蹶（註一）。

故聖王御世，觀盛衰，度得失，而為之制。故諸侯二師（註二），方伯（註三）三師，天子六師。世亂則叛逆生，王澤竭（註四），則盟誓相誅伐（註五）。德同勢敵（註六），無以相傾，乃攬英雄之心，與眾同好惡，然後加之以權變。故非計策無以決嫌定疑；非譎奇無以破姦息寇；非陰謀無以成功。

註釋

註一　威多則身蹶：指臣之威勢太盛，就會引起君主的疑忌，而引來殺身之禍。

註二　師：按周制。天子有六師，大國三師，次國二師，小國一師。一師為二千五百人。

註三　方伯：一方諸侯之長。

註四　王澤竭：王權衰微。澤，是德澤、恩德。

註五　盟誓相誅伐：在周朝的天下秩序中，各大小諸侯國不僅有等級，也有各種同盟關係。但到了王權衰微（春秋末、戰國），周天子無力維持天下秩序，各有同盟關係的諸侯國，亦「盟誓相誅伐」。

註六　德同勢敵：各方德業相同，勢力相當。

【原典四】

聖人體天（註一），賢者法地，智者師古。是故《三略》為衰世作。〈上略〉設禮賞，別姦雄，著成敗。〈中略〉差（註二）德行，審權變。〈下略〉陳道德，察安危，明賊賢之咎（註三）。故人主深曉〈上略〉，則能任賢擒敵；深曉〈中略〉，則能御將統眾；深曉〈下略〉，則能明盛衰之源，審治國之紀。人臣深曉〈中略〉，則能全功保身。夫高鳥死，良弓藏；敵國滅，謀臣亡。亡者，非喪其身也，謂奪其威、廢其權也（註四）。封之於朝，極人臣之位，以顯其功，中州（註五）善國（註六），以富其家；美色珍玩，以說其心。夫人眾一合而不可卒（註七）離，威權一與而不可卒移，還師罷軍，存亡之階（註八）。

故弱之以位，奪之以國（註九），是謂霸者之略。故霸者之作，其論駁也（註十）。存社稷，羅英雄者，〈中略〉之勢也，故世主祕焉。

註釋

註一　體天：體察天道的自然變化，從中可以得到治國統軍等人事上的啟示，或為借鑑。

註二　差：區分。

註三　明賊賢之咎：指明迫害賢人所造成的害處。

註四　亡者，非喪其身也，謂奪其威，廢其權也：針對「敵國滅，謀臣亡」而言，其深意謂：亡，不是說要取其性命，而是要收回他的威勢，剝奪他的權力。

註五　中州：中原地區。

註六　善國：上好的封地。

註七　卒：通猝，突然。

註八　還師罷軍，存亡之階：軍隊班師回朝之日，對人主君權而言，正是處在存亡的關鍵時刻。

註九　弱之以位，奪之以國：利用賞賜爵位弱化他的威勢，運用分封土地奪下他的兵權。

註十　駁：雜、不單純。

第三章　下略：長治久安、富國強兵

【原典一】

夫能扶天下之危者，則據天下之安；能除天下之憂者，則享天下之樂；能救天下之禍者，則獲天下之福。故澤及於民，則賢人歸之；澤及昆蟲，則聖人歸之（註一）。賢人所歸，則其國強；聖人所歸，則六合（註二）同。求賢以德，致聖以道（註三）。賢者則國微，聖去則國乖。微者，危之階；乖者，亡之徵（註四）。

註釋

註一　澤及昆蟲，則聖人歸之：意思說：恩澤及於自然萬物，聖人也會歸向他。

註二　六合：即天下。

註三　求賢以德，致聖以道：有德，就能求得賢人之助；有道，就能招來聖人歸向。

註四　微者，危之階；乖者，亡之徵：衰微是危險的門檻，乖亂是亡國的徵候。

【原典二】

賢人之政，降人以體（註一）；聖人之政，降人以心（註二）。體降可以圖始，心降可以保終。降體以禮，降心以樂（註三）。所謂樂者，非金石絲竹也，謂人樂其家，謂人樂其族，謂人樂其業，謂人樂其都邑，謂人樂其政令，謂人樂其道德。

加此，君人者乃作樂以節之，使不失其和。故有德之君，以樂樂人；無德之君，以樂樂身（註四）。樂人者，久而長；樂身者，不久而亡。

註釋

註一　降人以體：使人外表行為順從。

註二　降人以心：使人內心誠服。

註三　降體以禮，降心以樂：使人行為順從，靠的是禮；使人心悅誠服，靠的是樂。

註四　無德之君，以樂樂身：無德之君，只滿足他一人的快樂。

【原典三】

釋近謀遠者（註一），勞而無功。釋遠謀近者，佚而有終（註二）。佚政（註三）多忠臣，勞政多怨民。故曰，務廣地者荒（註四），務廣德者強。能有其有者安，貪人之有者殘（註五）。殘滅之政，累世受患。造作過制，雖成必敗（註六）。舍己而教人者逆（註七），正己而化人者順。逆者亂之招，順者治之要。

註釋

註一　釋近謀遠：不顧自己國內事務的整治，而致力於對外領土的擴張。

註二　佚而有終：安逸而有好結果。

註三　佚政：讓人民休養生息的政策。

註四　務廣地者荒：光是一味擴張領土，國政反會荒殆。

註五　能有其有者安，貪人之有者殘：能夠保有自己的人民，才得以安全安寧；只會貪圖人家的所有，反而會遭受摧殘。

註六　造作過制，雖成必敗：過度勞民傷財，雖有一時的成功，終歸於失敗。

註七　舍己而教人者逆：不端正自己行為，而去教訓別人，就叫做悖逆。

【原典四】

道、德、仁、義、禮，五者一體也。道者人之所蹈，德者人之所得，仁者人之所親，義者人之所宜，禮者人之所體（註一），不可無一焉。故夙興夜寐（註二），禮之制也；討賊報仇，義之決也；惻隱之心，仁之發也；得己得人，德之路也（註三）；使人均平不失其所，道之化也（註四）。

出君下臣，名曰命（註五）；施於竹帛，名曰令（註六）；奉而行之，名曰政。夫命失，則令不行；令不行，則政不正；政不正，則道不通；道不通，則邪臣勝；邪臣勝，則主威傷。

註釋

註一　禮者人之所體：禮是人所依循的規範。

註二　夙興夜寐：指人們日常生活秩序。

註三　得己得人，德之路也：修養自己，又有愛人之心，這是通過德才達到的。

註四　使人均平不失其所，道之化也：使人平等，各得其所，這是通過道的感化教化才形成的。

註五　出君下臣，名曰命：從君主的口說出，下達給臣下，這就名叫「命」。

註六　施於竹帛，名曰令：把「命」寫到竹帛上，這就叫做「令」。

【原典五】

千里迎賢，其路遠；致不肖，其路近（註一）。是以明王舍近而取遠，故能全功尚人，而下盡力（註二）。廢一善，則眾善衰；賞一惡，則眾惡歸。善者得其祐，惡者受其誅，則國安而眾善至。

眾疑無定國（註三）；眾惑無治民（註四）。疑定惑還，國乃可安。一令逆則百令失（註五），一惡施則百惡結（註六）。故善施於順民，惡加於凶民，則令行而無怨。使怨治怨，是謂逆天（註七）。使仇治仇，其禍不救（註八）。治民使平，致平以清，則民得其所而天下寧。

註釋

註一 致不肖，其路近：要招引姦惡之徒，就在附近（身旁）有。

註二 全功尚人，而下盡力：成就功業，尊崇賢能的人，而部屬也會盡自己的力量。

註三 眾疑無定國：人民如果都心存疑慮，國家就不能處於安定和諧。

註四 眾惑無治民：人民如果都困惑，不知所從，就不能要求人民守秩序。

註五 一令逆則百令失：有一項政令背逆了民意，就會造成所有的政令，也全部都失去作用。

註六 一惡施則百惡結：有一項惡政得以施行，就會結下眾多惡行，結出眾多惡果。

註七 使怨治怨，是謂逆天：用人民所怨恨的政令，來治理心懷怨恨的人民，這叫做背逆天道。

註八 使仇治仇，其禍不救：用人民所仇恨的法令規章，來治理心懷仇恨的人民，其所釀成的禍亂，真是無法加以拯救。

【原典六】

犯上者尊，貪鄙者富，雖有聖王，不能致其治。犯上者誅，貪鄙者拘，則化行而眾惡消。清白之士，不可以爵祿得；節義之士，不可以威刑脅。故明君求賢，必觀其所以而致（註一）焉。致清白之士修其禮，致節義之士修其道，而後士可致而名可保（註二）。

夫聖人君子，明盛衰之源，通成敗之端，審治亂之機，知去就之節。雖窮不處亡國之位（註三），雖貧不食亂邦之祿。潛名（註四）抱道（註五）者，時至而動，則極人臣之位。德合於己，則建殊絕之功（註六）。故其道高而名揚於後世。

註釋

註一 必觀其所以而致：必先觀察他的志趣德性，才來進行招賢的活動。

註二 士可致而名可保：賢能的人才能招到，也保全了君主的名分。

註三 雖窮不處亡國之位：意指君子雖然處於困頓的環境，也不任將要滅亡之國的職位。

註四 潛名：隱姓埋名。

註五 抱道：一言一行不離道，堅守自己的理念。

註六 德合於己，則建殊絕之功：君主之德行與己相合，便能建立不朽的春秋大業。

【原典七】

聖王之用兵，非樂之也，將以誅暴討亂也。夫以義誅不義，若決江河而溉爝火（註一），臨不測而擠欲墜，其克必矣。所以優游恬淡而不進者，重傷人物也（註二）。夫兵者，不祥之器，天道惡之，不得已而用之，是天道也。夫人之在道，若魚之在水，得水而生，失水而死。故君子者常畏懼而不敢失道。

豪傑（註三）秉（註四）職，國威乃弱；殺生在豪傑，國勢乃竭。豪傑低首（註五），國乃可久；殺生在君（註六），國乃可安。四民（註七）用虛，國乃無儲；四民用足，國乃安樂。

註釋

註一　爝火：小火炬。

註二　所以優游恬淡而不進者，重傷人物也：形容聖王用兵，非樂之也（不得已的）；軍隊之所以不急，甚至不願進兵，是因為不想傷害過多生命，不要耗損太多的物力財力啊！

註三　豪傑：這裡指豪強權臣。

註四　秉：把持。

註五　豪強低首：要使豪強俯首聽命。
註六　殺生在君：生殺大權要掌握在君主手上。
註七　四民：士、農、工、商。泛指一般人民。

【原典八】

賢臣內，則邪臣外（註一）；邪臣內，則賢臣斃。內外失宜，禍亂傳世。

大臣疑主（註二），眾姦集聚；臣當君尊（註三），上下乃昏；君當臣處（註四），上下失序。

傷賢者，殃及三世；蔽賢者，身受其害；嫉賢者，其名不全（註五）；進賢者，福流子孫。故君子急於進賢而美名彰焉。

利一害百，民去城郭（註六）；利一害萬，國乃思散。去一利百，人乃慕澤；去一利萬，政乃不亂。

註釋

註一　賢臣內，則邪臣外：賢臣受到進用，那些姦邪之臣，就會被排除在外。

註二　大臣疑主：位高權重的大臣，好像已有君主的樣子。疑，通擬，比擬之意。

註三　臣當君尊：身為臣下，居有君主的尊貴地位。

註四　君當臣處：身為君主，却處於如臣下的地位。

註五　嫉賢者，其名不全：嫉妒賢能的人，他自己的名譽，也得不到保全。

註六　利一害百，民去城郭：為一己之私利，不惜損害許多人，全城的人都會想要出走。

第七部 司馬穰苴兵法

司馬穰苴，本姓田，名穰苴，是吾國春秋晚期齊景公時代的大司馬（軍事首長）。「司馬」是周代的官兵，後成為姓。因此，《司馬穰苴兵法》，後世也簡稱《司馬法》，亦有稱《田穰苴兵法》。

吾國大兵法家姜太公，封在齊國，傳到田穰苴乃集其大成。曾有一說，齊威王將更早的司馬法，加上田穰苴的兵法，編成《司馬法》。

世傳之《司馬穰苴兵法》，有仁本、天子之義、定爵、嚴位、用眾，共五篇，列為本部之五章。

第一章 仁本第一

【原典一】

古者以仁為本。以義治之謂正（註一），正不獲意則權（註二）。權出於戰，不出於中人（註三）。是故殺人安人，殺之可也；攻其國愛其民，攻之可也；以戰止戰，雖戰可也。故仁見親，義見說，智見恃，勇見方，信見信（註四）。內得愛焉，所以守也；外得威焉，所以戰也。

戰道（註五）：不違時，不歷民病（註六）。不加喪，不因凶（註七），所以愛夫其民也。冬夏不興師，所以兼愛民也。故國雖大，好戰必亡；天下雖安，忘戰必危。天下既平，天子大愷（註八），春蒐秋獮（註九）。諸侯春振旅，秋治兵，所以不忘戰也。

註釋

註一　正：正常的方法。

註二　權：權變，變通的方法。

註三　中人：中庸和仁愛。人，通仁。

註四　仁見親，義見說，智見恃，勇見方，信見信：意思說：君主應以仁愛為人民所親近，以道義為人民所歡喜，以智慧為人民所依靠，以勇敢為人民效法，以誠信為人民所信任。

註五　戰道：作戰原則。

註六　不歷民病：不在疫情流行的時候，興作打仗。歷，選擇。

註七　不加喪，不因凶：不在敵方有國喪、有災荒時，興兵作戰。

註八　大愷：周代軍隊的凱旋樂。也作「大凱」。

註九　春蒐秋獮：古代往往利用田獵時機，校閱軍隊，進行演習訓練。蒐，春天打獵。獮，秋天打獵。

【原典二】

古者逐奔不過百步（註一），縱綏（註二）不過三舍（註三），是以明其禮也。不窮（註四）不能而哀憐傷病，是以明其仁也。成列而鼓（註五），是以明其信也。爭義不爭利，是以明其義也。又能舍服（註六），是以明其勇也。知終知始，是以明其智也。六德（註七）以時合教，以為民紀之道也，自古之政也。

先王之治，順天之道，設地之宜，官（註八）民之德，而正名治物（註九）。立國辨職，以爵分祿（註十）。諸侯說懷，海外來服，獄弭而兵寢（註十一），聖德之治也。

註釋

註一　逐奔不過百步：追趕敗逃的敵人，不超過一百步。古代稱「一步」，是左右脚各邁出一步。

註二　縱綏：縱，進擊。綏，退軍。縱綏，是指進擊退卻的敵軍。

註三　舍：古代部隊行軍，以三十里為一舍。

註四　窮：使……陷於困境。

註五　成列而鼓：古代敵我兩方作戰，都要等雙方都布陣完成，才可以擊鼓進軍。這是古代打仗的規矩，彰顯禮節和誠信。

註六　舍服：赦免投降之敵。

註七　六德：指本文所稱禮、仁、信、義、勇、智之六種德行。

註八　官：任命官吏。

註九　正名治物：端正名分，治理人民。

註十　立國辨職，以爵分祿：分封諸侯，建立諸侯國，並按公、侯、伯、子、男的不同爵位，分享俸祿。

註十一　獄弭而兵寢：訟止獄空，不必動用到軍隊。

【原典三】

其次賢王，制禮樂法度，乃作五刑（註一），興甲兵以討不義。巡狩（註二）省方（註三），會諸侯，考不同。其有失命亂常、背德逆天之時，而危有功之君，偏告于諸侯，彰明有罪；乃告于皇天上帝，日月星辰，禱于后土，四海神祇，山川冢社，乃造于先王（註四）。

然後冢宰（註五）徵師于諸侯曰：「某國為不道，征之；以某年月日，師至于某國，會天子正刑（註六）。」冢宰與百官布令于軍曰：「入罪人之地，無暴神祇（註七），無行田獵，無毀土功（註八），無燔牆屋，無伐林木，無取六畜、禾黍、器械。

見其老幼，奉歸勿傷。雖遇壯者，不校勿敵（註九）。敵若傷之，醫藥歸之。」既誅有罪，王及諸侯修正其國，舉賢立明，正復厥職（註十）。

註釋

註一　五刑：古代五種重刑有：墨（刺面）、劓（割鼻）、剕（斷足）、宮（閹割生殖器）、大辟（殺頭）。

註二　巡狩：也作巡守。古代天子視察諸侯國。

註三　省方：視察各地方。

註四　造于先王：到祖廟向先王禱告。

註五　冢宰：亦稱大宰，周朝官名，百官之長，類似宰相的職位。

註六　正刑：平正典刑。

註七　無暴神祇：指不得褻瀆當地神明。

註八　土功：有關農田水利、建築之工程。

註九　雖遇壯者，不校勿敵：即使遇到年輕力壯者，只要不抵抗，就不把他當敵人看待。

註十　正復厥職：恢復其（指被伐之國）原來的職責。

【原典四】

王霸（註一）之所以治諸侯者六：以土地形諸侯（註二），以政令平諸侯，以禮信親諸侯，以材力說諸侯，以謀人維諸侯（註三），以兵革服諸侯。同患同利以合諸侯，比小事大（註四）以和諸侯。

會（註五）之以發禁（註六）者九：憑弱犯寡則眚之（註七）；賊賢害民則伐之；暴內陵外則壇之（註八）；野荒民散則削之；負（註九）固不服則侵之；賊殺其親則正（註十）之，放弒其君則殘之；犯令陵政則杜（註十一）之；外內亂、禽獸行則滅之。

註釋

註一　王霸：此處王指天子；霸，是霸主。
註二　以土地形諸侯：用土地的大小，比較諸侯大小。
註三　以謀人維諸侯：用智謀之士的謀略來維繫諸侯。
註四　比小事大：大國親近小國，小國事奉大國。比，親近也。
註五　會：會合，指天子、霸主會合諸侯。
註六　發禁：頒發禁令。
註七　憑弱犯寡則眚之：凡是恃強凌弱，以大欺小，就削弱他。眚，消瘦、削弱。
註八　暴內陵外則壇之：對待自己國人殘暴，持強侵凌鄰國，就廢除他。壇，通墠，清掃土地。
註九　負：恃、倚仗。
註十　正：正法、治罪。
註十一犯令陵政則杜之：違犯禁令，凌駕王命者，就斷絕孤立他。杜，杜絕、斷絕。

第二章　天子之義第二

【原典一】

天子之義，必純取法天地而觀于先聖。士庶之義，必奉于父母而正于君長（註一）。故雖有明君，士不先教，不可用也。

古之教民，必立貴賤之倫經（註二），使不相陵。德義不相踰，材技不相掩（註三），勇力不相犯，故力同而意和也。古者，國容不入軍，軍容不入國（註四），故德義不相踰。

上貴不伐之士（註五），不伐之士，上之器（註六）也。苟不伐則無求，無求則不爭。國中之聽（註七），必得其情；軍旅之聽，必得其宜，故材技不相掩。

從命為士上賞（註八），犯命為士上戮（註九），故勇力不相犯。既致教其民，然後謹選而使之。事極修則百官給（註十）矣，教極省則民興良（註十一）矣，習貫成則民體俗矣（註十二），教化之至也。

註釋

註一　正于君長：正確的按照君主所要求教導。
註二　倫經：人倫、天道的常規、法則。
註三　材技不相掩：有才能的人不被埋沒。
註四　國容不入軍，軍容不入國：國家的禮儀法度不用於軍隊，軍隊的禮儀法度不用於國家。容者、指禮儀、法度。
註五　上貴不伐之士：君主敬重不自誇的人。此處的上，指君而言；伐，當誇耀，不伐之士是不自誇者。
註六　不伐之士，上之器：不自誇的人，正是君主好用的人才。
註七　聽：治理、處理。
註八　從命為士上賞：對服從命令的人，給他最高賞賜。
註九　上戮：最重刑罰。
註十　事極修則百官給：意思說：國家的各項事業，如果都經營得很完善，各級公務員的給養就很富足。
註十一　教極省則民興良：教育內容要精簡，人民才容易產生興趣。興是引起，良是好感、和悅，即興趣。
註十二　習貫成則民體俗：習慣一經養成，人就會按照習俗來行事了。貫，後作慣。

【原典二】

古者逐奔不遠，縱綏不及（註一），不遠則難誘，不及則難陷（註二）。以禮為固，以仁為勝，既勝之後，其教可復（註三），是以君子貴之也。

有虞氏戒于國中（註四），欲民體（註五）其命也。夏后氏（註六）誓于軍中，欲民先成其慮也。殷（註七）誓於軍門之外，欲民先意以待事也。周將交刃而誓之（註八），以致民志也。

註釋

註一 縱綏不及：追擊敗退的敵軍，不一定要追上。此句和〈仁本〉「縱綏不過三舍」義同，都有對敵表示禮讓和仁慈之心，這是上古時代的戰爭思想。

註二 不遠則難誘，不及則難陷：都表示追擊敗逃的敵人，不要追太遠，就不容易被敵方所誘，不追上也不會落入敵人的圈套。

註三 其教可復：指對人民的教育方法，可反覆運用。

註四 有虞氏戒于國中：虞舜在國內告誡民眾。有虞氏是吾國上古部落，居於蒲阪（今山西永濟西蒲州鎮），舜是部落的領導。

註五 體：理解、體察。

註六 夏后氏：我國上古部落，禹是他們的領導。

註七 殷：就是商朝。因商的第十代君王盤庚，從奄（今山東曲阜），遷到殷（今河南安陽西北），所以商也叫殷，或殷商。

註八 周將交刃而誓之：指武王伐紂時，在兩軍即將交戰時，作〈牧誓〉，以激勵軍民意志。武王滅商後，建都於鎬（今陝西西安西南灃水東岸）。

【原典三】

夏后氏正其德也，未用兵之刃（註一），故其兵不雜（註二）。殷，義也，始用兵之刃矣。周，力也，盡用兵之刃矣。

夏賞于朝，貴善也。殷戮于市，威（註三）不善也。周賞于朝、戮于市，勸君子，懼小人（註四）也。三王彰其德，一也（註五）。

註釋

註一 未用兵之刃：意思說：夏朝的建立，是用端正的道德取天下，沒有用到軍事武力。

註二 兵不雜：軍隊沒有使用多種不同兵器。

註三 威：威懾、震懾。

註四 懼小人：震駭小人。

註五 三王彰其德，一也：意指夏、商、周三代君王，做法雖有不同，但在彰顯他們所倡導的德行，這方面都是一樣的。

【原典四】

兵不雜則不利（註一）。長兵以衛，短兵以守。太長則難犯（註二），太短則不及。太輕則銳，銳則易亂（註三）。太重則鈍，鈍則不濟（註四）。

戎車（註五）：夏后氏曰鉤車，先正（註六）也。殷曰寅車，先疾也。周曰元戎，先良也。旂：夏后氏玄首（註七），人之埶（註八）也。殷白，天之義也。周黃，地之道也。章（註九）：夏后氏以日月，尚明也。殷以虎，尚威也。周以龍，尚文也（註十）。

註釋

註一 兵不雜則不利：軍隊作戰要有各種兵器配合，沒有搭配不同兵器使用，就不利於克敵制勝。

註二 太長則難犯：意指兵器太長，不便於打擊敵人。

註三　太輕則銳，銳則易亂：意說：兵器太輕，或因細小，也不方便使用，反而容易致亂。

註四　不濟：不中用。

註五　戎車：戰車。

註六　先正：優先重視平正穩定才好用。

註七　旂：夏后氏玄首：旗幟，夏朝用黑色作標識。旂是旗幟。玄是黑色。首有標示之義。

註八　埶：古通勢。

註九　章：徽章。

註十　周以龍，尚文也：周朝用龍的圖滕做徽章，是崇尚文采。周文化對我中國文化，影響最深遠，可能因此後來經長久演化，龍成了中國人的象徵。

【原典五】

師多務威則民詘（註一），少威則民不勝（註二）。上使民不得其義，百姓不得其敘（註三），技用不得其利，牛馬不得其任，有司陵之（註四），此謂多威。多威則民詘。

上不尊德而任詐慝（註五），不尊道而任勇力，不貴用命而貴犯

命，不貴善行而貴暴行，陵之有司，此謂少威，少威則民不勝。

軍旅以舒（註六）為主，舒則民力足。雖交兵致刃，徒不趨，車不馳，逐奔不踰列（註七），是以不亂。軍旅之固，不失行列之政（註八），不絕人馬之力，遲速不過誡命（註九）。

註釋

註一　師多務威則民詘：軍隊過於追求威嚴，士卒就會有壓抑。古代兵農合一，平時為民，戰時為兵，此處之民是指士卒。詘，同屈，受屈、壓抑。

註二　民不勝：不能懾服人民。

註三　百姓不得其敘：百官職位的安排，次第不恰當。古代「百姓」是對貴族的總稱，後來才演變成一般平民。敘，是按等級資格等條件，授以適當官職。

註四　有司陵之：官吏盛氣凌人。

註五　任詐慝：信任欺詐邪惡的人。

註六　舒：從容、舒緩。

註七　徒不趨，車不馳，逐奔不踰列：接上句「交兵致刃」（兩軍作戰）時，也要做到步兵不快走，戰車不奔馳，追擊敗逃的敵人不脫離行列，以保持隊形的從容。以現代觀之，難以理解這種作戰模式，步兵不快走，戰車不奔馳，豈不像散步！

註八　政：同正，整齊、有序。

註九　遲速不過誡命：指軍隊在戰場的動作，不論快慢疾徐，都不超出命令的規定。

【原典六】

古者，國容不入軍，軍容不入國。軍容入國則民德廢，國容入軍則民德弱。故在國言文而語溫，在朝恭以遜，修己以待人，不召不至，不問不言（註一），難進易退（註二）。

在軍抗而立（註三），在行遂而果（註四），介者（註五）不拜，兵車不式（註六），城上不趨（註七），危事不齒（註八）。故禮與法表裡也，文與武左右也。

註釋

註一　不召不至，不問不言：此處指身為臣者，國君若未召見，不擅自前往，國君沒有問話，不隨便發言。

註二　難進易退：古時臣見君主，三揖而進，告退時一辭而退，故稱。

註三　抗而立：昂首挺立。
註四　在行遂而果：在戰場上行動果決。
註五　介者：穿著鎧甲的人。介，鎧甲。
註六　兵車不式：在兵車上不行禮。
註七　城上不趨：在城上（應指城牆上執行任務）時，看到君主，不必趕著去行禮。
註八　危事不齒：是說：碰到有危急的事情發生，要儘快挺身而出，不考慮長幼輩分的規矩。

【原典七】

古者賢王，明民之德，盡民之善，故無廢德，無簡民（註一）。賞無所生，罰無所試。有虞氏不賞不罰而民可用，至德也。夏賞而不罰，至教也。殷罰而不賞，至威也。周以（註二）賞罰，德衰也。賞不踰時，欲民速得為善之利也。罰不遷列（註三），欲民速覩為不善之害也。大捷不賞，上下皆不伐善（註四）。上苟不伐善，則不驕矣（註五）；下苟不伐善，必亡等（註六）矣。上下不伐善若此，讓之至也。大敗不誅（註七），上下皆以不善在己。上苟以不善在己，必悔其過；下苟以不善在己，必遠其罪。上下分惡（註八）若此，讓之至也。

註釋

註一 無廢德，無簡民：沒有敗壞道德的事，也沒有懶惰怠慢的人。簡民，懶惰之民，似今之無業遊民。

註二 以：使用、利用。

註三 罰不遷列：懲罰要就地執行。

註四 上下皆不伐善：上下都不爭誇是自己的功勞。

註五 上苟不伐善，則不驕矣：在上位的人如果不誇功，就不會驕傲自滿。

註六 亡等：沒有比較之心。亡，無、沒有。

註七 誅：懲罰。

註八 分惡：承擔過錯的責任。

【原典八】

古者戍軍（註一），三年不興（註二），覩民之勞也。上下相報若此，和之至（註三）也。得意則愷歌（註四），示喜也。偃伯（註五）靈臺（註六），答民之勞，示休（註七）也。

註釋

註一　戍軍：戍守邊疆的軍人。

註二　三年不興：指在邊疆戍守（服役一輪），三年內不再徵調他入伍服役。

註三　和之至：最團結的表現。

註四　愷歌：即凱旋樂，或勝利歸來所唱的歌。

註五　偃伯：即休戰。偃，停止。伯，通霸。

註六　靈臺：西周臺名，周文王所建。

註七　休：休養生息。

第三章　定爵第三

【原典一】

凡戰，定爵位，著（註一）功罪，收遊士（註二），申教詔，訊厥眾（註三），求厥技，方慮極物（註四），變嫌推疑（註五），養力索巧，因心之動（註六）。

凡戰，固眾，相（註七）利，治亂，進止（註八），服正（註九），成恥，約法，省罰，小罪乃殺，小罪勝，大罪因（註十）。

順天、阜財（註十一）、懌（註十二）眾、利地、右兵（註十三），是謂五慮。順天奉時，阜財因敵，懌眾勉若（註十四），利地守隘險阻，右兵弓矢禦、殳矛守、戈戟助。凡五兵（註十五）五當，長以衛短；短以救長。迭戰則久，皆戰則強。見物與侔，是謂兩之（註十六）。

註釋

註一　著：明白規定。

註二　收遊士：收羅四方遊說之士。

註三　訊厥眾：徵詢眾人的意見。訊，問、詢問。

註四　方慮極物：研究辨別計畫的好壞優缺，探索必須發動戰爭的問題根源。方是辨別或分析，慮是計畫或設想，極物是探索事物的根源。

註五　變嫌推疑：分辨和推演疑難問題。變，通辨，識別。

註六　因心之動：順應民心而採取行動。

註七　相：審察。

註八　進止：前進、停止。這裡指服從指揮，進止有序。

註九　服正：從膺正義。

註十　小罪乃殺，小罪勝，大罪因：犯了小罪就要被殺，這樣小罪就被阻止了，但大罪卻因之而起。

註十一　阜財：準備富足的財力。

註十二　懌：喜悅。

註十三　右兵：重視兵器。右，重視。

註十四　懌眾勉若：悅服民心，就是要順從民意。勉是盡力，若是順從。

註十五　五兵：古代作戰用的五種兵器。

註十六　見物與侯，是謂兩之：發現敵方有新武器，就取敵之長，仿效製造，這樣才能與敵相抗衡。侯是看齊，兩之是敵我。

【原典二】

主固勉若（註一），視敵而舉。將心，心也；眾心，心也。馬、牛、車、兵佚飽（註二），力也。教惟豫（註三），戰惟節（註四）。將軍，身也；卒，支也；伍，指拇也。

凡戰，權也。鬥，勇也。陳，巧也（註五）。用其所欲，行其所能，廢其不欲不能，于敵反是（註六）。

凡戰，有天，有財，有善。時日不遷（註七），龜勝微行（註八），是謂有天。眾有，有，因生美，是謂有財（註九）。人習陳利，極物以豫，是謂有善。人勉及任，是謂樂人（註十）。

註釋

註一　主固勉若：作為主將，要努力順從民心。

註二　佚飽：休養整備、以逸待勞。

註三　教惟豫：軍隊的教育訓練，平時就要做好，事先都要完成準備。

註四　戰惟節：意指平時做好教育訓練，到作戰時才有嚴整的紀律，成為有節制之師。

註五　陳，巧也：陣勢佈署，巧妙安排。

註六　廢其不欲不能，于敵反是：自己不想做的、沒有能力做的，都停止不做；對於敵人，就採相反做法。（意即：誘使敵人做他願做和不能做的事。）

註七　時日不遷：不延宕作戰時機。

註八　龜勝微行：經占卜得到勝利徵兆，可以出戰，行動都要保持隱密。

註九　眾有，有，因生美，是謂有財：民眾富有，國力充足，條件俱備，這樣叫做財力足夠。

註十　人勉及任，是謂樂人：人人都盡力完成自己所承擔的任務，這就叫做樂於效命。

【原典三】

大軍以固，多力以煩（註一），堪物簡治（註二），見物應卒（註三），是謂行豫。輕車輕徒，弓矢固禦，是謂大軍。密靜多內力（註四），是謂固陳。因是進退，是謂多力。上暇人教，是謂煩陳（註五）。然有以職，是謂堪。因是辨物，是謂簡治。

稱眾（註六），因敵令陳（註七）。攻戰守，前後序，車徒因（註八），是謂戰參（註九）。不服、不信、不和、怠、疑、猒（註十）、懾、枝（註十一）、拄（註十二）、詘、頓、肆（註十三）、崩、緩，是謂戰患。驕驕、懾懾、吟曠（註十四）、虞懼、事悔，是謂毀折。大小、堅柔、參伍（註十五）、眾寡、凡兩（註十六），是謂戰權。

註釋

註一　多力以煩：戰力強而頻繁演練。煩，意指頻繁、繁多、煩瑣。

註二　堪物簡治：勝任管理事物，且能化繁為簡的治理。

註三　見物應卒：洞察事物狀況，應對突發事件。

註四　密靜多內力：行動隱密靜肅，增強自身戰力。

註五　煩陳：頻頻演習布陣，使士卒熟練。

註六　稱眾：權衡、考量我軍兵力。

註七　令陳：確定己方陣形。

註八　車徒因：戰車、步兵相配合。因，配合。

註九　戰參：當成作戰的研究、參考之用。

註十　猒：同厭。

註十一　枝：音其，分散、渙散。

註十二拄：頂住、支撐。
註十三詘、頓、肆：詘同屈，委屈。頓，困頓。肆，放縱、放肆。
註十四吟曠：呻吟、歎息。
註十五參伍：或三或五，指軍隊的臨時編組。
註十六凡兩：凡事都要從正反兩面去考量。

【原典四】

凡戰，間遠（註一）觀邇（註二），因時因財，貴信惡（註三）疑。作兵義（註四），作事時，使人惠（註五）。見敵靜，見亂暇（註六），見危難無忘其眾。

居國（註七）惠以信，在軍廣以武，刃上果以敏。居國和，在軍法，刃上察（註八）。居國見好，在軍見方，刃上見信（註九）。

註釋

註一　間遠：派出間諜，在遠方偵測敵情。
註二　邇：近。
註三　惡：討厭。
註四　作兵義：發動一個戰事，要出於正義。

註五　使人惠：用人，要施給恩惠。

註六　見亂暇：看到敵方動亂，己方要保持從容。

註七　居國：掌管、治理國家。

註八　刃上察：在戰場上與敵交戰，要能明察秋毫。

註九　居國見好，在軍見方，刃上見信：治理國家要讓人民看得見美好的地方，率領軍隊要讓士卒看得見公平方正之處，在戰場上與敵交戰要讓敵人看得見我軍之誠信。

【原典五】

凡陳，行惟疏，戰惟密，兵惟雜（註一）。人教厚，靜乃治，威利章（註二）。相守義，則人勉。慮多成，則人服。時中服（註三），厥次治（註四）。物既章（註五），目乃明。慮既定，心乃強。進退無疑（註六），見敵無謀，聽誅（註七）。無誑其名（註八），無變其旗。

凡事善則長，因古則行。誓作章（註九），人乃強，滅厲祥（註十）。滅厲之道：一曰義。被（註十一）之以信，臨之以強，成基一天下之形（註十二），人莫不說，是謂兼用其人（註十三）。一曰權。成其溢（註十四），奪其好，我自其外，使自其內（註十五）。

註釋

註一　凡陳，行惟疏，戰惟密，兵惟雜：大凡作戰布陣，行列寬疏才活動自如，接戰時要集中才能合殲敵人，各種兵器要配才能長短互補。
註二　威利章：命令要明確。威是威令，利是敵宜，章同彰，顯明。
註三　時中服：當時的人都心悅誠服。
註四　厥次治：其他要做的事也能依次辦好。
註五　物既章：軍隊旗幟鮮明。物，多種顏色的軍旗。
註六　疑：定、安定。「進退無疑」，即進退不定。
註七　聽誅：應該接受懲罰。
註八　無誑其名：不要對士卒隱瞞軍隊的名號。
註九　誓作章：作戰前，軍隊的誓詞，要明顯振作精神。
註十　滅厲祥：消滅厲鬼的凶兆。厲，厲鬼，此處是指敵人。祥，凶兆。
註十一　被：加上。
註十二　成基一天下之形：造成在基礎面上，足以統一天下的形勢，已經俱備。
註十三　兼用其人：（承接上意，統一天下的形勢已俱備）敵國的人民也是我的國民，為我所用。
註十四　成其溢：助長敵人的自滿情緒。
註十五　我自其外，使自其內：意思說：我軍部署兵力從外部進攻，另所派間諜從內部策應。

【原典六】

一曰人，二曰正，三曰辭，四曰巧，五曰火，六曰水，七曰兵，是謂七政（註一）。榮、利、恥、死，是謂四守。容色（註二）積威（註三），不過改意（註四）。凡此道也。

唯仁有親，有仁無信，反敗厥身（註五）。人人，正正，辭辭，火火（註六）。

凡戰之道，既作（註七）其氣，因發其政（註八）；假之以色，道之以辭。因懼而戒，因欲而事，蹈敵制地（註九），以職命之，是謂戰法。

註釋

註一　人、正、辭、巧、火、水、兵：意思是：任用賢能、端正法紀、簡明辭令、講究技巧、運用火攻、演練水戰、改良兵器，這是七種軍國大政。

註二　容色：寬容人的臉色。（意有揚善）

註三　積威：積久而成的威嚴。（意在懲惡）

註四　不過改意：不過是為了使人改惡從善。

註五　反敗厥身：反而使自己身敗名裂。

註六　人人、正正、辭辭、火火：意同註一。

註七 作：振作、鼓舞。

註八 因發其政：頒布軍中獎懲的條文。政，指刑賞之政，有關軍隊的法令規章。

註九 蹈敵制地：佔領了敵國領土，就要控制其地。

【原典七】

凡人之形（註一），由眾求以，試以名行，必善行之（註二）。若行不行，身以將之（註三）。若行而行，因使勿忘，三乃成章。人生之宜，謂之法。

凡治亂之道，一曰仁，二曰信，三曰直，四曰一（註四），五曰義，六曰變，七曰專（註五）。

註釋

註一 人之形：做人的方法、準則。

註二 試以名行，必善行之：試著依名稱去做事，必須好好的加以施行。

註三 若行不行，身以將之：如果做了而沒有達到預期效果，人君就要親自帶頭去做。將，帶領。

註四 一：專一。

註五 專：權力集中，統一指揮。

【原典八】

立法，一曰受，二曰法，三曰立，四曰疾（註一），五曰御其服（註二），六曰等其色（註三），七曰百官宜無淫服（註四）。

凡軍，使法在己曰專，與下畏法曰法。軍無小聽（註五），戰無小利（註六）。日成行微曰道（註七）。

凡戰，正不行則事專（註八），不服則法，不相信則一（註九）。若怠則動之，若疑則變之，若人不信上則行其不復（註十），自古之政也。

註釋

註一 受、法、立、疾：意說建立法制的規則：讓人能接受、法令內容要明確、立法穩固不任意變動、執法要從快。

註二 禦其服：官吏的等級與其服制相合。

註三 等其色：服裝的顏色區分等級。

註四 淫：僭越、超越本分。

註五 小聽：流言、傳言。

註六 小利：指貪圖小利。

註七　日成行微日道：每日按作戰計畫去執行，每日都有顯著成果，作戰行動力求隱密不露，這就是領兵作戰的方法。

註八　正不行則事專：正常方法行不通，就用專斷的方法去處理。

註九　不相信則一：軍隊的作戰指揮，如果有人對規定之事產生了不相信之情，就要全軍進行統一再認識。

註十　若人不信上則行其不復：如果有人不相信上級的領導，就應做到令行禁止，命令不能改變。

第四章　嚴位第四

【原典一】

凡戰之道，位欲嚴（註一），政欲栗（註二），力欲窕（註三），氣欲閑（註四），心欲一。

凡戰之道，等道義（註五），立卒伍，定行列，正縱横，察名實。立進俯，坐進跪（註六）。畏則密，危則坐。遠者視之則不畏，邇者勿視則不散（註七）。位下左右，下甲坐（註八），誓徐行之。

位逮徒甲，籌以輕重（註九）。振馬譟（註十），徒甲畏，亦密之；跪坐、坐伏，則膝行而寬誓之。起，譟鼓而進，則以鐸（註十一）止之。

御枚誓糗（註十二），坐，膝行而推之。執戮禁顧（註十三），譟以先之。若畏太甚，則勿戮殺，示以顏色，告之以所生（註十四），循省（註十五）其職。

註釋

註一　位欲嚴：上下的階級職位要嚴於區分。
註二　政欲栗：軍隊紀律要嚴肅。政，是政令、紀律。栗，是威嚴、嚴肅。
註三　力欲窕：兵力要保持機動。窕，通佻，敏捷。
註四　氣欲閑：指將士的氣度要沉靜從容。
註五　等道義：以道義為依據區分人員的等級。（利於授予相應職位和任務）。
註六　立進俯，坐進跪：立陣（陣形的一種）時，前進要彎腰，坐陣時前進用膝行。
註七　邇者勿視則不散：指對在近處的敵人，不要去觀察，專心聽指揮作戰，以免分散戰力。
註八　位下左右，下甲坐：士卒在陣中的位置，按前後左右分布，屯兵駐止採坐陣。（下甲，語意不明，可能指軍隊屯駐。）
註九　籌以輕重：依據輕重緩急的不同狀況，策劃士卒在陣中適合的位置。
註十　振馬譟：驚馬嘶鳴。
註十一　鐸：古樂器，形如大鈴，宣布教令或軍事均用之。
註十二　誓糗：（語意不明）。可能是告誡士卒做好準備。
註十三　執戮禁顧：兩軍交戰時，以誅殺重懲，來阻止顧盼不前者。
註十四　所生：求生的方法。
註十五　循省：巡視、檢查。

【原典二】

凡三軍，人戒分日（註一），人禁不息（註二），不可以分食。方其疑惑，可師可服（註三）。

凡戰，以力久，以氣勝，以固久，以危勝（註四），本心固，新氣勝（註五），以甲固，以兵勝（註六）。

凡車以密固（註七），徒以坐固（註八），甲以重固（註九），兵以輕勝（註十）。

人有勝心，惟敵之視（註十一）。人有畏心，惟畏之視（註十二）。兩心交定，兩利若一（註十三）。兩為之職，惟權視之（註十四）。

註釋

註一　人戒分日：懲戒士卒，以半日為限。

註二　人禁不息：監禁士卒，只在極短時間。

註三　方其疑惑，可師可服：乘敵軍處於疑惑不定的時候，出師進擊，可以制敵取勝。

註四　以危勝：即「置之死地而後生」之意。

註五　本心固，新氣勝：將士有心樂於求戰，陣勢就能穩固，士氣高昂必可取勝。

註六　以甲固，以兵勝：用盔甲恐固防禦，用兵器戰勝敵人。

註七　車以密固：戰車以密集隊形最堅固。

註八　徒以坐固：步兵以坐陣最堅固。

註九　甲以重固：鎧甲要厚重才牢固。

註十　兵以輕勝：兵器以輕巧順手為佳。

註十一　人有勝心，惟敵之視：我軍雖有求勝之心，還必須觀察敵情狀況。

註十二　人有畏心，惟畏之視：我軍士卒有畏懼之心，身為指揮官的人，就必須去注意了解，到底他們是在畏懼什麼事情！

註十三　兩心交定，兩利若一：指勝心和畏心都確定了解，兩者的利害關係，要一體同等看待。

註十四　兩為之職，惟權視之：指將帥對軍隊中士卒的勝心和畏心，兩者都了然於胸，就權衡其利弊，取其最佳方案行之。

【原典三】

凡戰，以輕行輕則危（註一），以重行重則無功（註二），以輕行重則敗（註三），以重行輕則戰（註四），故戰相為輕重（註五）。

舍（註六）謹兵甲，行慎行列，戰謹進止。

凡戰，敬則慊（註七），率則服（註八）。上煩輕（註九），上暇重（註十）。奏鼓輕，舒鼓重（註十一）。服膚輕，服美重（註十二）。凡馬車堅，甲兵利，輕乃重（註十三）。

註釋

註一 以輕行輕則危：用小兵力對戰小兵力是危險的。

註二 以重行重則無功：用大部隊與大部隊戰，難以取得成功。

註三 以輕行重則敗：只有小部隊的兵力，要對戰一支大部隊，必然會招致失敗。

註四 以重行輕則戰：大部隊對付小部隊，一戰而勝。

註五 故戰相為輕重：所以作戰一事，只不過是一種雙方兵力大小，所進行的對比和較量。

註六 舍：屯兵、駐紮。

註七 敬則慊：將帥尊敬部屬，士卒會感到滿意。慊，滿足、滿意。

註八 率則服：各級幹部以身作則，戰士就會服從指揮。

註九 上煩輕：上級命令太過煩雜，士卒會輕率行動。

註十　上暇重：上級命令簡潔單純，士卒遇事會穩重。

註十一奏鼓輕，舒鼓重：進攻時，擊鼓又急又快，就是加速前進的號令；擊鼓舒緩，是減速前進的號令。

註十二服膚輕，服美重：士卒身上的服飾輕便，動作就敏捷；服飾厚重，動作就遲鈍。膚，輕薄之意。美，質地厚重之意。

註十三凡馬車堅，甲兵利，輕乃重：凡是戰馬強壯，戰車堅固，甲冑兵器精良，雖小兵力，也可以產生強大的戰力作用。

【原典四】

上同無獲（註一），上專多死（註二），上生多疑（註三），上死不勝（註四）。

凡人，死愛（註五），死怒（註六），死威，死義，死利。凡戰之道，教約人輕死（註七），道約人死正（註八）。

凡戰，若勝，若否，若天，若人（註九）。

凡戰，三軍之戒，無過三日；一卒之警，無過分日（註十）；一人之禁，無過皆息（註十一）。

凡大善用本（註十二），其次用末（註十三）。執略守微（註十四），本末唯權，戰也。

註釋

註一　上同無獲：將帥的見識學養，和一般人都相同，就不會取得什麼戰功。
註二　上專多死：主將專橫，戰士多犧牲。
註三　上生多疑：主將貪生怕死，部下疑惑重重。
註四　上死不勝：主將輕生死拼，有勇無謀，就不可能取得戰爭的勝利。
註五　死愛：為愛而死。
註六　死怒：被激怒拼命而死。以下三句同。
註七　教約人輕死：以命令約束士卒，使他們不怕死。
註八　道約人死正：以道義約束士卒，他們就會為正義而作戰犧牲。
註九　這句的意思是：凡是作戰，有勝有敗，有時得天時之利，有時得人和之利。
註十　警：警戒。
註十一皆息：形容極短暫的時間。
註十二本：指謀略。即「上兵伐謀」之意。
註十三末：指次要。即「其次伐交、伐攻」之意。
註十四執略守微：指身為將帥的人，應掌握大局，分析狀況，權衡本末，這才是將帥的高度。

【原典五】

凡勝，三軍一人勝（註一）。

凡鼓，鼓旌旗，鼓車，鼓馬，鼓徒，鼓兵（註二），鼓首（註三），鼓足（註四），七鼓兼齊。

凡戰，既固勿重（註五）。重進勿盡，凡盡危（註六）。

凡戰，非陳之難，使人可陳難（註七）；非使可陳難，使人可用難；非知之難，行之難。

人方有性（註八），性州異（註九），教成俗，俗州異，道化俗（註十）。

註釋

註一　按句意，這句可以有兩種解釋：㈠三軍都團結得有如一個人，即萬眾一心，就能制敵必勝。㈡三軍取勝之道，在於將帥一人，故凡勝利，乃將帥的正確判斷和指揮而取勝。

註二　鼓兵：用鼓聲指揮兵器的調度。

註三　鼓首：用鼓聲調整陣形或序列。

註四　鼓足：用鼓聲指揮進、停、起、坐。

註五　既固勿重：已經堅固的陣容，不必再加強。

註六　重進勿盡，凡盡危：投入重兵進擊，兵力不可用盡（意指要留預備隊），凡盡（意指兵力全部投入，沒有留預備隊），都是很危險的。

註七　可陳：用以布陣的方法。

註八　人方有性：不同地方的人，各有不同秉性。

註九　性州異：不同州郡的人，秉性有別。

註十　道化俗：通過道德教化，可以移風易俗。

【原典六】

凡眾寡，若勝若否。兵不告利（註一），甲不告堅，車不告固，馬不告良，眾不自多（註二），未獲道（註三）。

凡戰，勝則與眾分善（註四）；若將復戰，則重賞罰。若使不勝，取過在己。復戰，則誓以居前（註五），無復先術（註六），勝否勿反（註七），是謂正則。

註釋

註一　兵不告利：意指：做為將帥者，沒有諭告下級，要把武器保養得無比鋒利。本小節有四個告，都是指上級對下級的吩咐、諭告。告，告，後作誥。

註二 眾不自多：兵眾不自己擴充。

註三 未獲道：沒有把握用兵法則。

註四 勝則與眾分善：取得勝利後，將領要與士卒分享功勞。

註五 誓已居前：將帥要誓誡鼓舞士氣，身先士卒。

註六 無復先術：不重複用過的戰術。

註七 勝否勿反：無論勝敗都不違反原則。

【原典七】

凡民，以仁救（註一），以義戰，以智決，以勇鬥，以信專（註二），以利勸，以功勝。故心中（註三）仁，行中義。堪物智也（註四），堪大勇也，堪久信也。讓以和，人自洽（註五），自予以不循（註六），爭賢以為人，說其心，效其力。

凡戰，擊其微靜（註七），避其強靜（註八）。擊其倦勞，避其閑窕（註九）。擊其大懼（註十），避其小懼（註十一），自古之政也（註十二）。

註釋

註一 以仁救：執政者以仁愛之心，救民於苦難。

註二　以信專：以誠信來使人意志專一。
註三　中：合乎、符合。
註四　堪物智也：掌理萬事萬物，要靠智慧。
註五　洽：和諧、融洽。
註六　自予以不循：即把過錯留給自己的意思。自予，給自己。不循，是不循常規而犯的過失。
註七　微靜：兵力弱小而故作鎮靜之敵人。
註八　強靜：兵力強大又冷靜的敵人。
註九　避其閑窕：避開從容而又靈活機動的敵人。
註十　擊其大懼：攻擊恐慌大亂的敵人。
註十一　小懼：指有所警備的敵人。
註十二　自古之政：自古以來的帶兵作戰方法。

第五章　用衆第五

【原典一】

凡戰之道，用寡固（註一），用衆治（註二）；寡利煩（註三），衆利正。用衆進止，用寡進退。衆以合寡，則遠裹而闕之（註四）。若分而迭（註五）擊，寡以待衆，若衆疑之，則自用之（註六）。擅利則釋旗，迎而反之（註七）。敵若衆，則相衆而受裹；敵若寡若畏，則避之開之。

註釋

註一　用寡固：用小部隊作戰，應力求營陣穩固。

註二　用衆治：用大部隊作戰，應力求嚴整不亂。

註三　寡利煩：小部隊有利於多變靈活，出奇制勝。

註四　衆以合寡，則遠裹而闕之：以優勢兵力打少數敵軍，要從遠處形成包圍，留一缺口給敵人。

註五　迭：輪替。

註六　則自用之：採用非常規戰術。

註七　擅利則釋旗，迎而反之：對於占據有利地形的敵軍，令我軍丟棄旗幟，佯退誘敵，然後迎頭反擊。

【原典二】

凡戰，背風背高（註一），右高左險，歷沛歷圮（註二），兼舍環龜（註三）。

凡戰，設而觀其作（註四），視敵而舉。待則循而勿鼓，待眾之作（註五）。攻則屯而伺之（註六）。

註釋

註一　背風背高：戰場陣地的選擇，要背著風向、背靠高地的地方。

註二　歷沛歷圮：經過沼澤地和崩塌之地，要快速通過。歷，通過。沛，有水有草的沼澤地。圮，崩塌。

註三　兼舍環龜：駐營地要四面有險可守，中間較高的地形。龜，四面較低，中間隆起。

註四　設而觀其作：先敵展開，觀察敵軍動向。

註五 待則循而勿鼓，待眾之作：如果敵軍有準備向我進攻，我軍就依循這個情況，不急於進攻，等待觀察敵軍主力的行動。

註六 攻則屯而伺之：如果敵人來攻，我方就要集中兵力，尋找對我有利戰機，與敵決戰。

【原典三】

凡戰，眾寡以觀其變（註一），進退以觀其固（註二），危而觀其懼，靜而觀其怠，動而觀其疑，襲而觀其治（註三）。擊其疑，加其卒（註四），致其屈（註五），襲其規（註六）。因其不避（註七），阻其圖，奪其慮，乘其懼（註八）。

註釋

註一 眾寡以觀其變：派出或多或少的兵力，對敵軍進行試探，以觀察他們應變的情況。

註二 進退以觀其固：派出部隊，騷擾敵人，我軍忽進忽退，觀察敵營是否鞏固。以下的危而、靜而、動而、襲而各句，與《孫子兵法》所述「策之、角之」，都是相同原理。

註三 治：治軍情況。

註四　卒：通猝，突然。
註五　屈：力量受阻、施展不開。
註六　襲其規：指襲擊敵人規整的部隊，打亂其部署。
註七　不避：形容敵軍不避我軍，敢於冒險輕進。
註八　奪其慮，乘其懾：改變敵人的原計畫，乘敵軍恐懼動搖時，適時進軍攻擊。

【原典四】

凡從奔（註一）勿息。敵人或止於路，則慮之。
凡進敵都，必有進路；退，必有反慮（註二）。
凡戰，先則弊（註三），後則懾（註四），息則怠，不息亦弊，息久亦反其懾（註五）。

註釋

註一　從奔：追擊敗逃的敵軍。
註二　反慮：就是撤退計畫。
註三　先則弊：指作戰的時候，過早地先敵而行動，容易使士卒疲困。

註四　後則慴：行動太晚，又容易使士卒有恐懼感。
註五　息久亦反其慴：休息太久，反而使士卒產生怯戰心理。

【原典五】

書（註一）親絕，是謂絕顧（註二）之慮。選良次兵（註三），是謂益人之強（註四）。棄任節食，是謂開人之意（註五）。自古之政也。

註釋

註一　書：軍人征戰在外的家書。
註二　絕顧：斷絕想家的念頭。
註三　次兵：（語意不明）可能「持授兵器」之意。
註四　益人之強：增強戰力。
註五　棄任節食，是謂開人之意：拋棄所帶物品，少帶糧食，以激發士卒決一死戰之心。

陳福成著作全編總目

壹、兩岸關係

①決戰閏八月
②防衛大台灣
③解開兩岸十大弔詭
④大陸政策與兩岸關係

貳、國家安全

⑤國家安全與情治機關的弔詭
⑥國家安全與戰略關係
⑦國家安全論壇。

參、中國學四部曲

⑧中國歷代戰爭新詮
⑨中國近代黨派發展研究新詮
⑩中國政治思想新詮
⑪中國四大兵法家新詮：孫子、吳起、孫臏、孔明

肆、歷史、人類、文化、宗教、會黨

⑫神劍與屠刀
⑬中國神譜
⑭天帝教的中華文化意涵
⑮奴婢妾匪到革命家之路：復興廣播電台謝雪紅訪講錄
⑯洪門、青幫與哥老會研究

伍、詩〈現代詩、傳統詩〉、文學

⑰幻夢花開一江山
⑱赤縣行腳・神州心旅
⑲「外公」與「外婆」的詩
⑳尋找一座山
㉑春秋記實
㉒性情世界
㉓春秋詩選
㉔八方風雲性情世界
㉕古晟的誕生
㉖把腳印典藏在雲端
㉗從魯迅文學醫人魂救國魂說起
㉘六十後詩雜記詩集

陸、現代詩（詩人、詩社）研究

㉙三月詩會研究
㉚我們的春秋大業：三月詩會二十年別集
㉛中國當代平民詩人王學忠
㉜讀詩稗記
㉝嚴謹與浪漫之間
㉞一信詩學研究：解剖一隻九頭詩鵠
㉟囚徒
㊱胡爾泰現代詩臆說
㊲王學忠籲天詩錄

柒、春秋典型人物研究、遊記

㊳山西芮城劉焦智「鳳梅人」報研究
㊴在「鳳梅人」小橋上
㊵我所知道的孫大公

㊶為中華民族的生存發展進百書疏
㊷金秋六人行
㊸漸凍勇士陳宏

捌、小說、翻譯小說

㊹迷情・奇謀・輪迴、
㊺愛倫坡恐怖推理小說

玖、散文、論文、雜記、詩遊記、人生小品

㊻一個軍校生的台大閒情
㊼古道・秋風・瘦筆
㊽頓悟學習
㊾春秋正義
㊿公主與王子的夢幻、
(51)洄游的鮭魚
(52)男人和女人的情話真話
(53)台灣邊陲之美
(54)最自在的彩霞
(55)梁又平事件後

拾、回憶錄體

(56)五十不惑
(57)我的革命檔案
(58)台大教官興衰錄
(59)迷航記、
(60)最後一代書寫的身影
(61)我這輩子幹了什麼好事
(62)那些年我們是這樣寫情書的
(63)那些年我們是這樣談戀愛的
(64)台灣大學退休人員聯誼會第九屆理事長記實

拾壹、兵學、戰爭

(65)孫子實戰經驗研究
(66)第四波戰爭開山鼻祖賓拉登

拾貳、政治研究

(67)政治學方法論概說
(68)西洋政治思想史概述
(69)中國全民民主統一會北京行
(70)尋找理想國：中國式民主政治研究要綱
(71)大浩劫後：日本311天譴說
日本問題的終極處理

拾參、中國命運、喚醒國魂

(72)台大逸仙學會

拾肆、地方誌、地區研究

(73)台北公館台大地區考古・導覽
(74)台中開發史
(75)台北的前世今生
(76)台北公館地區開發史

拾伍、其他

(77)英文單字研究
(78)與君賞玩天地寬（文友評論）
(79)非常傳銷學
(80)新領導與管理實務

2015 年 9 月後新著

編號	書　　　　名	出版社	出版時間	定價	字數(萬)	內容性質
81	一隻菜鳥的學佛初認識	文史哲	2015.09	460	12	學佛心得
82	海青青的天空	文史哲	2015.09	250	6	現代詩評
83	為播詩種與莊雲惠詩作初探	文史哲	2015.11	280	5	童詩、現代詩評
84	世界洪門歷史文化協會論壇	文史哲	2016.01	280	6	洪門活動紀錄
85	三搞統一：解剖共產黨、國民黨、民進黨怎樣搞統一	文史哲	2016.03	420	13	政治、統一
86	緣來艱辛非尋常－賞讀范揚松仿古體詩稿	文史哲	2016.04	400	9	詩、文學
87	大兵法家范蠡研究－商聖財神陶朱公傳奇	文史哲	2016.06	280	8	范蠡研究
88	典藏斷滅的文明：最後一代書寫身影的告別紀念	文史哲	2016.08	450	8	各種手稿
89	葉莎現代詩研究欣賞：靈山一朵花的美感	文史哲	2016.08	220	6	現代詩評
90	臺灣大學退休人員聯誼會第十屆理事長實記暨 2015～2016 重要事件簿	文史哲	2016.04	400	8	日記
91	我與當代中國大學圖書館的因緣	文史哲	2017.04	300	5	紀念狀
92	廣西參訪遊記（編著）	文史哲	2016.10	300	6	詩、遊記
93	中國鄉土詩人金土作品研究	文史哲	2017.12	420	11	文學研究
94	暇豫翻翻《揚子江》詩刊：蟾蜍山麓讀書瑣記	文史哲	2018.02	320	7	文學研究
95	我讀上海《海上詩刊》：中國歷史園林豫園詩話瑣記	文史哲	2018.03	320	6	文學研究
96	天帝教第二人間使命：上帝加持中國統一之努力	文史哲	2018.03	460	13	宗教
97	范蠡致富研究與學習：商聖財神之實務與操作	文史哲	2018.06	280	8	文學研究
98	光陰簡史：我的影像回憶錄現代詩集	文史哲	2018.07	360	6	詩、文學
99	光陰考古學：失落圖像考古現代詩集	文史哲	2018.08	460	7	詩、文學
100	鄭雅文現代詩之佛法衍繹	文史哲	2018.08	240	6	文學研究
101	林錫嘉現代詩賞析	文史哲	2018.08	420	10	文學研究
102	現代田園詩人許其正作品研析	文史哲	2018.08	520	12	文學研究
103	莫渝現代詩賞析	文史哲	2018.08	320	7	文學研究
104	陳寧貴現代詩研究	文史哲	2018.08	380	9	文學研究
105	曾美霞現代詩研析	文史哲	2018.08	360	7	文學研究
106	劉正偉現代詩賞析	文史哲	2018.08	400	9	文學研究
107	陳福成著作述評：他的寫作人生	文史哲	2018.08	420	9	文學研究
108	舉起文化使命的火把：彭正雄出版及交流一甲子	文史哲	2018.08	480	9	文學研究

109	我讀北京《黃埔》雜誌的筆記	文史哲	2018.10	400	9	文學研究
110	北京天津廊坊參訪紀實	文史哲	2019.12	420	8	遊記
111	觀自在綠蒂詩話：無住生詩的漂泊詩人	文史哲	2019.12	420	14	文學研究
112	中國詩歌墾拓者海青青：《牡丹園》和《中原歌壇》	文史哲	2020.06	580	6	詩、文學
113	走過這一世的證據：影像回顧現代詩集	文史哲	2020.06	580	6	詩、文學
114	這一是我們同路的證據：影像回顧現代詩題集	文史哲	2020.06	540	6	詩、文學
115	感動世界：感動三界故事詩集	文史哲	2020.06	360	4	詩、文學
116	印加最後的獨白：蟾蜍山萬盛草齋詩稿	文史哲	2020.06	400	5	詩、文學
117	台大遺境：失落圖像現代詩題集	文史哲	2020.09	580	6	詩、文學
118	中國鄉土詩人金土作品研究反響選集	文史哲	2020.10	360	4	詩、文學
119	夢幻泡影：金剛人生現代詩經	文史哲	2020.11	580	6	詩、文學
120	范蠡完勝三十六計：智謀之理論與全方位實務操作	文史哲	2020.11	880	39	戰略研究
121	我與當代中國大學圖書館的因緣（三）	文史哲	2021.01	580	6	詩、文學
122	這一世我們乘佛法行過神州大地：生身中國人的難得與光榮史詩	文史哲	2021.03	580	6	詩、文學
123	地瓜最後的獨白：陳福成長詩集	文史哲	2021.05	240	3	詩、文學
124	甘薯史記：陳福成超時空傳奇長詩劇	文史哲	2021.07	320	3	詩、文學
125	芋頭史記：陳福成科幻歷史傳奇長詩劇	文史哲	2021.08	350	3	詩、文學
126	這一世只做好一件事：為中華民族留下一筆文化公共財	文史哲	2021.09	380	6	人生記事
127	龍族魂：陳福成籲天錄詩集	文史哲	2021.09	380	6	詩、文學
128	歷史與真相	文史哲	2021.09	320	6	歷史反省
129	蔣千最後的邂逅：陳福成中方夜譚春秋	文史哲	2021.10	300	6	科幻小說
130	大航海家鄭和：人類史上最早的慈航圖證	文史哲	2021.10	300	5	歷史
131	欣賞亞媺現代詩：懷念丁穎中國心	文史哲	2021.11	440	5	詩、文學
132	向明等八家詩讀後：被《食餘飲後集》電到	文史哲	2021.11	420	7	詩、文學
133	陳福成二〇二一年短詩集：躲進蓮藕孔洞內乘涼	文史哲	2021.12	380	3	詩、文學
134	中國新詩百年名家作品欣賞	文史哲	2022.01	460	8	新詩欣賞
135	流浪在神州邊陲的詩魂：台灣新詩人詩刊詩社	文史哲	2022.02	420	6	新詩欣賞
136	漂泊在神州邊陲的詩魂：台灣新詩人詩刊詩社	文史哲	2022.04	460	8	新詩欣賞
137	陸官 44 期福心會：暨一些黃埔情緣記事	文史哲	2022.05	320	4	人生記事
138	我躲進蓮藕孔洞內乘涼–2021 到 2022 的心情詩集	文史哲	2022.05	340	2	詩、文學
139	陳福成 70 自編年表：所見所做所寫事件簿	文史哲	2022.05	400	8	傳記
140	我的祖國行腳詩鈔：陳福成 70 歲紀念詩集	文史哲	2022.05	380	3	新詩欣賞

141	日本將不復存在：天譴一個民族	文史哲	2022.06	240	4	歷史研究
142	一個中國平民詩人的天命：王學忠詩的社會關懷	文史哲	2022.07	280	4	新詩欣賞
143	武經七書新註：中國文明文化富國強兵精要	文史哲	2022.08	540	16	兵書新注

陳福成國防通識課程著編及其他作品

（各級學校教科書及其他）

編號	書　　　名	出版社	教育部審定
1	國家安全概論（大學院校用）	幼　獅	民國 86 年
2	國家安全概述（高中職、專科用）	幼　獅	民國 86 年
3	國家安全概論（台灣大學專用書）	台　大	（臺大不送審）
4	軍事研究（大專院校用）（註一）	全　華	民國 95 年
5	國防通識（第一冊、高中學生用）（註二）	龍　騰	民國 94 年課程要綱
6	國防通識（第二冊、高中學生用）	龍　騰	同
7	國防通識（第三冊、高中學生用）	龍　騰	同
8	國防通識（第四冊、高中學生用）	龍　騰	同
9	國防通識（第一冊、教師專用）	龍　騰	同
10	國防通識（第二冊、教師專用）	龍　騰	同
11	國防通識（第三冊、教師專用）	龍　騰	同
12	國防通識（第四冊、教師專用）	龍　騰	同

註一　羅慶生、許競任、廖德智、秦昱華、陳福成合著，《軍事戰史》（臺北：全華圖書股份有限公司，二〇〇八年）。

註二　《國防通識》，學生課本四冊，教師專用四冊。由陳福成、李文師、李景素、頊臺民、陳國慶合著，陳福成也負責擔任主編。八冊全由龍騰文化事業股份有限公司出版。